U0524942

陕西省重点学科建设项目——工商管理

陕西省人文社科特色学科——现代企业管理与陕西企业成长

强农惠农政策
促进陕西农民增收研究

郭世辉 范云芳 著

中国社会科学出版社

图书在版编目（CIP）数据

强农惠农政策促进陕西农民增收研究／郭世辉，范云芳著 . —北京：中国社会科学出版社，2015.11
ISBN 978-7-5161-5722-0

Ⅰ.①强… Ⅱ.①郭… ②范… Ⅲ.①农业政策—影响—农民收入—研究—陕西省 Ⅳ.①F323.8 ②F320

中国版本图书馆 CIP 数据核字（2015）第 053118 号

出 版 人	赵剑英	
责任编辑	喻　苗	
责任校对	胡新芳	
责任印制	王　超	

出　　版	中国社会科学出版社	
社　　址	北京鼓楼西大街甲 158 号	
邮　　编	100720	
网　　址	http://www.csspw.cn	
发 行 部	010-84083685	
门 市 部	010-84029450	
经　　销	新华书店及其他书店	
印刷装订	三河市君旺印务有限公司	
版　　次	2015 年 11 月第 1 版	
印　　次	2015 年 11 月第 1 次印刷	
开　　本	710×1000　1/16	
印　　张	14.75	
插　　页	2	
字　　数	249 千字	
定　　价	49.00 元	

凡购买中国社会科学出版社图书，如有质量问题请与本社营销中心联系调换
电话：010-84083683
版权所有　侵权必究

序 言

农业乃国民经济的基础。新中国成立以后的几十年间，我国农业部门通过向非农部门提供廉价原料、土地、劳动力资源并向国家财政上缴农业税等，强力支持了国民经济发展。30多年前，我国的改革开放，首先在农业部门推行。伴随非农业部门高速发展，以及农村原料、劳动力资金向城市的持续转移，逐步造成农业部门"空心化"，农业部门对GDP、对财政收入的贡献率愈来愈低，甚至演变为经济发展的短板和瓶颈。面对市场作用形成的这一格局，政府这只"看得见的手"通过制定扶农、惠农、强农、富农等支持政策，实现非农部门反哺农业，使农村居民能与城市居民享受基本均等的公共产品和公共服务的同时，促进农业工业化、产业化、信息化和农村城镇化，就显得十分迫切与必要。

郭世辉、范云芳同志所著《强农惠农政策促进陕西农民增收研究》一书，通过在陕西农村走村入户实地调研取得的一手资料，并查阅大量文献，较系统地梳理了改革开放后包括土地承包政策、土地承包经营权流转政策、农村基础设施建设政策、全面取消农业税政策以及新农合、新农保及农村低保政策等多项重要扶农、惠农政策的利弊得失，深入分析了制约陕西农民增收的主要因素，并提出增加陕西农民劳务性收入、经营性收入、财产性收入、转移性收入和保障性收入的具有可操作性的政策建议。

郭世辉、范云芳同志的这一研究成果，有三个特点：其一，一手资料丰富。通过进村入户，发放调查问卷，并与农民座谈，获取了关中、陕北、陕南各地农民对各项农业政策的评价和期望，并以这些一手资料作为研究基础。其二，以强农惠农政策为研究对象。专门研究个别政策对农民增收效应影响的文献很多，但将多项强农惠农政策作为一个整体研究政策体系效应的文献如凤毛麟角。作者能将各单项政策作为一个"政策篮"，系统、综合且以发展眼光动态评估其正负效应，因而，所给出的政策建议就具有较强的理论上的合理性和实践上的可行性。其三，观点独到。如作者提出的土地所有权确权，净化、美化农村居民居住环境，用包括PPP在内的多项措施加强农村公共基础设施建设等多项政策建议，都是能保证农民持续增加收入的具有长远眼光的战略考量，绝非争夺一城一池的短期措施。

综观《强农惠农政策促进陕西农民增收研究》全书，选题意义重大，主题突出，逻辑结构合理，文献充足，数据翔实，所运用的调查研究和问题导向型研究的方法到位，研究结论可靠，经研究给出的增加农民收入的政策建议对有关政府部门制定"三农"政策有很好的借鉴意义。

何炼成
2015.10.20

摘　要

经过30余年发展，陕西农民人均纯收入已从1978年的133元提高到2012年的5763元，增幅居全国第10位，连续6年高于全国平均水平。从纯收入结构看，陕西农民经营性收入占比高但增速慢，2010年前一直在陕西农民纯收入中占首要地位；2011年，首次出现劳务性收入超越经营性收入状况，2012年劳务性收入占比高出经营性收入占比7.5个百分点。转移性收入占纯收入的9.4%，财产性收入占比一直很低，2012年财产性收入200元，同比增长21%，增长幅度在四项收入中最大，但占比仍然很低，仅为3.5%。

陕西城乡居民收入比2001年突破3.5、2003年突破4之后，一直保持4以上高位，2012年有所降低，城乡收入比为3.60:1，较上年缩小0.03，但仍然高于全国平均水平，反映出陕西城乡居民收入差距较大。陕西农民收入甚至达不到西部地区平均水平，更远低于中东部、东北地区农民收入平均值。

陕西农民收入呈三大特征：其一，收入增速低于全国平均水平，除2010年和2011年外，1994年以来全国农民纯收入均高于陕西50%以上；其二，陕西农民收入增速赶不上同期GDP增速；其三，陕西农民收入增长态势不稳定。

一系列强农惠农政策的施行，在促进陕西农民增收的同时，在实践中也暴露出诸多缺陷。

其一，土地承包政策。这一政策在20世纪70年代末80年代初特定历史条件下，由于产权关系的相对明晰，适应了"理性人"、"经济人"要求，使农民由"为大家干"变成"为我干"，劳动生产率和土地利用效率空前提高。但是这一政策的缺陷近些年也逐渐表现出来：一是土地承包政策的产权制度不完善，不但影响农民对农地的长期性投入，而且影响其对农地的短期投入。现行制度强调土地公有制，农民家庭不享有所有权，或者承包土地的所有权模糊不清，缺乏明确的产权边界，农民与土地难以建立稳定的利益关系，难以真正享受土地增值收益。农民无心对土地投资，既导致土地肥力递减，还存在因不法官商勾结、利用建设征地牟取暴利而农民个体却因土地的集体属性而难以维权的可能性。二是现行土地政策的一大特点是"人均一亩三分地，户均不过十亩"，土地的碎片化，不利于规模经营和产业化经营，不利于农业生产率的提高，甚至危及国家粮食安全。三是陕西农村出现"空心化"现象。由于粮食价格长期偏低而农业生产资料价格不断上涨，单纯在土地上务农获得的收入占总纯收入的比重不断下降，加之农业投资相对于工商业收益较低，无法有效吸收资本金，随着城镇化、工业化对劳动力的庞大需求，陕西成批青壮年劳动力脱离土地外出务工经商，农村劳动力、资金均出现了"空心化"。

其二，土地承包经营权流转政策。土地承包经营权流转政策的施行，一方面拓宽了陕西农民增收渠道，加速了陕西二元经济结构向城乡一体化转变，推进了农村金融及农村土地的资本化与市场化。另一方面，这一制度目前尚未成熟，其应有效应未得到充分发挥：一是由于农民对土地所有权的缺失，农地流转仍是凤毛麟角，仍未形成规模化经营，农地流转不普遍，土地流转速度远落后于农业劳动力向非农部门流转速度；二是有限的流转还存在市场不规范、规模化经营难实施，很多农户仅是口头协议或者私下自发进行，大多存在着手续不完备、不规范等问题，一旦出现侵权行为，被侵害的一方很难依法维护合法权益；三是在流转中政府既是规则制定者又是参与人，这种同时兼任"裁判员"和"运动员"双重身份的特殊性，极易产生寻租行为，存在地方政府部门与开发商共同侵害农民利益现象。

其三，农村基础设施建设政策。陕西农村水利、乡村公路、广播通信等基础设施建设取得骄人成绩，农村公共物品供给以及公共服务水平大幅度提高。但农村基础设施建设仍不够完善：一是由于政府多部门之间未实现有效衔接、村庄建设规划滞后、缺乏统一规划、引导与管理，农村基本建设投资基本处于散乱无序状态，投资分散，效益低下；二是由于管理机构、人员不到位，缺乏必要的管理维护经费，除日常管理不到位外，一些基建工程存在安全隐患，环卫管理与城乡一体化发展不配套，农村基础设施重建轻管甚至失于管理的问题突出。

其四，陕西促进农民增收"七大工程"政策措施。近年陕西促进农民增收"七大工程"的实施，通过发展"一村一品"特色产业、抓粮果畜菜等比较优势的农产品生产，对促进陕西农民增收成效显著。但是这些政策仍旧存在诸多问题：一是政策覆盖不全面，偏重于经营性收入和劳务性收入，对种植业进行投入多，对农民就业和创业的支持力度不够，几乎未涉及财产性收入和转移性收入。二是农业经营方式粗放，生产效率低下，多种因素的结合使得相当部分农户不得不靠天吃饭，同时面临自然和市场双重风险。"七大工程"对农民面临的生产风险保障不足，难以从根本上改变农民的生产种植模式，对其面临的诸如虫害、自然灾害、市场波动等风险不能提供全面的防范和政策性援助。三是政策实施透明度有待进一步提高，存在着项目资金违规使用以及农民补助款发放不及时、不到位等问题。

其五，新农合、新农保及农村低保制度。广覆盖、低水平的新农合、新农保及农村低保制度，在制度建设、保障服务网络建设、稳定社会、促进基本公共服务均等化方面贡献巨大，但新农保对农民的吸引力不够，保障力度太小，新农合筹资机制尚不完善，没法真正使农民病有所医、老有所养，目前的制度设计无法防范农民因病返贫、因灾致穷风险，无法消除农民生产生活的不稳定性，政策规定尚需完善。

其六，全面取消农业税政策措施。全面取消农业税使农民减负的同时，却瓦解了农村公共品以及基本公共服务供给的内生性，加之政府在为农村提供基本公共物品及公共服务中存在失灵，导致农村公共产品与服务供给乏力等显著问题。

制约陕西农民增收因素因收入方式不同而不同。

第一，农村剩余劳动转移量、户籍制度及农民受教育程度、农村劳动力供求弹性、区域城镇化水平、产业结构、农民工就业的法律保障以及工会的力量等多个因素制约陕西农民劳务性收入提高。

第二，通过对关中地区粮食种植的成本—收益分析发现，在现行土地碎块化经营背景下，由于农产品价格涨幅总赶不上农资成本涨幅，每亩粮食种植的年收益仅58元。微薄的收益，是大量农村劳动力离土离乡放弃农业生产、撂荒土地或潦草种植的重要原因。阻碍陕西农民经营性收入进一步提高的主要因素，一是现行土地制度未赋予农民土地所有权；二是农业机械总动力、财政农林水务支出及人均耕地面积等农业生产投入不足；

三是农业发展中的外部性现象明显；四是农村金融服务水平较低；五是其他诸如税收政策、价格调控等国家宏观调控政策不到位。

第三，陕西农民财产性收入绝对数小，至 2012 年人均财产性收入 200 元，在农民收入结构中占比极低。陕西农民拥有的土地面积及房屋间数比城镇居民高出许多，但并未有效增加财产性收入，除区位因素、公共设施条件不到位因素外，最根本原因在于农民未获得土地和房产（宅基地）所有权，从而使财产估值大为降低，加之农地、宅基地流转市场缺乏，农地转让收入大部分不能被农民获得，农民缺乏转让土地的机会和愿望，也妨碍了农民获得应有收益。

第四，制约陕西农民转移性收入增加的因素较多，较为重要的，一是转移分配政策不完善；二是政策执行过程不透明，缺乏有效监督；三是转移性支出结构单一；四是转移性支付力度偏小。

第五，陕西农民虽能得到一定程度社会保障，尤其政府对农村合作医疗补助每年增幅较大，但与高速发展的陕西经济、超高速发展的陕西财政收入和日益上涨的物价水平相比，每月 55 元的养老金及支付给享受低保者每月 85 元的低保标准则显过低。无论是新农合、新农保还是低保政策，普遍都存在受惠面较窄、保障水平低、程序过于烦琐、筹资来源单一、筹资结构不稳定、基层管理薄弱等诸多问题。其中，能否大幅提高社保标准，成为制约农民保障性收入的决定性因素。

有必要进一步采取一系列扶农、帮农、惠农、强农、富农组合政策，促进陕西农民增收。

首先，加大陕西农村城镇化、农业工业化和产业化步伐，促进劳动力外部转移和就地消化，构建就业保障和促进方面的地方法规，组建陕西省公益性职业介绍网络，强化陕西省农村居民的技能培训和职业指导，改革现行户籍制度，统筹城乡发展，这些应成为促进陕西农民劳务性收入增加的政策着力点。

其次，促进陕西农民经营性收入增加，需美化净化农村，创造良好的人居与旅游环境；需劳动力资源、社会资本聚拢和土地的集中规模经营；需陕西各地挖掘产业优势，走特色经营之路；需打破小农经营方式对陕西农民增收的瓶颈约束，走农业产业化、工业化、规模化发展之路；需政府提供更充分的农村基础设施投资、教育投资、公共医疗、农资价格干预政策、农资综合补贴及农民风险防范制度等公共产品和服务。

再次，促进陕西农民财产性收入增加，需尽早界定土地所有权，并核发土地所有权凭证，还地权于农民，为保障陕西农民财产权益提供制度依据；需改革现行土地征用政策，建立土地流转中介机构，逐步引导农民变目前小规模、分散化土地经营为公司化、规模化、集约化土地经营模式；需改变农村宅基地制度，明确界定农户对宅基地及其房屋的所有权，培育规范的农村房屋产权流转市场，为农村居民住房商品化、市场化创造条件。

复次，促进陕西农民转移性收入增加，除需要随物价上涨等因素提高农业补贴标准外，还可将良种补贴和粮食直补合并成粮食种植补贴，以当年播种面积为准，给予粮食种植者补贴；陕南陕北的转移支付政策，不再以粮食而以当地主导农作物生产为补贴依据。

最后，建议将保障性收入从转移性收入统计口径中分离出来，单独反映与评价。现阶段，政府有责任也有能力保障农民基本生存生活条件，城市反哺农村既符合国际惯例，符合现代社会相对富裕群体接济相对弱势群体的价值观，也是对新中国成立几十年来广大农民巨大牺牲的必要补偿。建议将保障性支出纳入政府预算，依法管理；建议大幅提高陕西农村基本养老金标准、农村五保供养最低标准及其他各类低保标准，并考虑物价上涨和经济增长因素，按一定年增长率递增。近年陕西省政府对参加新型农村合作医疗保险的农民每年增加50元补助金额的举措，对吸引农民持续参保增加医疗保障意义重大。若能将这一思路制度化，并按照某一增长率逐年递增，更为妥当。陕西筹集农村社保资金，要多元并举，除争取中央财政更多转移支付、部分国企股份转由省社保基金持有等渠道外，还应积极争取试点，开征社会保障税、从农村土地收益中提取农村社会保障资金、发行农村社会福利彩票等措施，多渠道全方位筹集陕西农村社保资金，努力为和谐农村、和谐陕西构筑安全防护网。

目　录

第一章　引言 ………………………………………………………（1）
　第一节　问题提出的背景 …………………………………………（1）
　第二节　研究目的、主要研究内容及方法 ………………………（3）
　第三节　本书可能的贡献 …………………………………………（4）

第二章　强农惠农政策及农民增收国内外研究综述 ……………（6）
　第一节　国内外学者关于强农惠农政策含义及边界的认识 ……（6）
　第二节　国外学者有关惠农政策效应与农民增收的研究 ………（9）
　第三节　国内学者关于惠农政策效应及农民增收的研究 ……（14）
　第四节　对过往研究的评价及本书的研究思路 ………………（26）

第三章　陕西农民收入现状的多角度描述 ………………………（29）
　第一节　陕西农民人均收入统计性描述 ………………………（29）
　第二节　陕西农民收入的结构性描述 …………………………（30）
　第三节　1978年以来陕西农民收入增长性描述 ………………（33）
　第四节　陕西城乡居民收入差距描述 …………………………（34）
　第五节　陕西与西部、中部、东部以及东北农民
　　　　　收入水平比较 …………………………………………（38）
　第六节　陕西农民收入状况的特征 ……………………………（46）

第四章　各项强农惠农政策效应评估 ……………………………（49）
　第一节　影响陕西农民增收的重要政策梳理 …………………（49）
　第二节　促进农民增收类政策及评价 …………………………（57）
　第三节　为农民减负政策效应评价 ……………………………（78）

第四节　农民保障性政策及评价 …………………………………（84）
　　第五节　促进农民增收的其他政策效应 …………………………（91）
　　第六节　对一系列惠农政策的总体评价 …………………………（93）

第五章　制约陕西农民收入增加的因素分析 …………………（95）
　　第一节　劳务性收入及其决定因素 ………………………………（96）
　　第二节　经营性收入及其决定因素 ………………………………（105）
　　第三节　财产性、转移性收入及其制约因素 ……………………（127）
　　第四节　保障性收入及其背后的问题 ……………………………（138）

第六章　完善强农惠农政策的若干建议 ………………………（145）
　　第一节　促进陕西农民劳务性收入增加政策的着力点 …………（145）
　　第二节　促进农民经营性收入增加的思路 ………………………（155）
　　第三节　土地、住宅财产权变革与农民财产性收入增加 ………（168）
　　第四节　进一步增加陕西农民转移性收入 ………………………（174）
　　第五节　政府在确保农民保障性收入方面大有可为 ……………（176）

附　录 ……………………………………………………………（188）
　　附录1　陕西省农民收入来源及支出调查问卷（一） …………（188）
　　附录2　陕西省强农惠农政策落实情况调查问卷（二） ………（191）
　　附录3　陕西省农民收入现状与强农惠农政策调查问卷分析 …（195）

后　记 ……………………………………………………………（223）

# 第一章

引 言

第一节 问题提出的背景

从 20 世纪 70 年代末我国最初推进土地联产承包责任制,到近年普及新型农村合作医疗制度、农村社会养老保险制度、农村土地流转制度及各项惠农补贴政策,各项强农惠农政策使陕西农民收入逐年较快增长。诺贝尔经济学奖获得者诺斯认为,一个社会崛起的原因是制度和组织在资源配置上的有效性。[①] 适时、客观评价和总结强农惠农的制度与政策的社会合意性,并在此基础上研究如何增加农民收入、改善农民生活状况,十分必要。

2010 年,陕西农民人均纯收入 4105 元,与全国比,陕西农民收入水平仍然偏低。2011 年,陕西省农民人均纯收入 5028 元,比上年增长 22.5%,增速位居全国第二。这已是陕西省农民人均纯收入增幅连续 5 年超过全国平均水平。[②] 全省农村居民纯收入水平位次超越西藏(2008 年超过青海),位居全国第 26 位。与全国平均值及中、东部比,陕西城乡居民收入比持续过高,全省城乡收入比近年虽呈下降趋势但仍偏高,2006 年为 4.10∶1,2007 年为 4.07∶1,2008 年为 4.10∶1,2009 年为 4.11∶1,2010 年及 2011 年有较大回落,分别为 3.82∶1 和 3.63∶1,[③] 一方面表明陕西城乡收入差距较大和陕西农民的相对贫困,另一方面也意味着陕西对"三农"政策的需求大、政策发挥效力的潜力大。2012 年,陕西省农村居

[①] 叶静怡:《发展经济学》,北京大学出版社 2007 年第 2 版,第 347 页。
[②] 《2011 年陕西省农民人均纯收入增速居全国第二》,中央政府门户网站(http://www.gov.cn/gzdt/2012—02/03/content_ 2057562.htm)。
[③] 国家统计局陕西调查总队:《2011 年陕西城乡居民收入结构及对比分析》,陕经网(http://www.sei.gov.cn/ShowArticle.asp?ArticleID=220674)。

民人均纯收入5763元，同比名义增长14.6%，扣除价格因素实际增长11.2%，城乡收入比为3.60∶1，较上年缩小0.03。陕西省农村居民人均纯收入增幅居全国第10位，连续6年高于全国平均水平。[①]

众所周知，陕西尤其关中地区是中国"黄土文明"的发源地、封建社会与大一统国家的摇篮、周秦汉唐的立国之基、丝绸之路的起点，在历史上创造了灿烂显赫的文明，陕西农民也曾经是"秦王扫六合"的锐气所依。[②] 然而现在陕西农民的纯收入却长期低于全国平均水平，大大低于东部地区农民人均收入水平，即便与西部省区相比，陕西农民收入水平也无明显优势。在西部12省、自治区、直辖市中，2012年，陕西农民收入排名第7位，尚未达到中位数。

那么，陕西农民收入现状到底怎样？制约陕西农民收入进一步增加的主要因素何在？已有的强农惠农政策对陕西农民的作用如何？陕西农民增加收入还需哪些方面的政策支持？本书正是基于这些亟须解决的重大问题进行调查和研究。

公平与效率是政府所追求的两大经济社会发展目标。改革开放以来，我国经济和社会事业发展迅猛，与此同时，城乡差距也日益扩大。过大的城乡差距，既导致社会总福利降低，与政府所追求的效率目标背道而驰，又可能引起社会城乡不同群体之间的摩擦与矛盾，与政府所追求的公平目标也不相符合。"包容性增长"是2007年由亚洲开发银行在《新亚洲、新亚洲开发银行》研究报告中最初提出的一个全新发展理念。"包容性增长"有多种内涵，包括让更多人享受经济发展成果、让弱势群体得到保护、在经济增长过程中保持平衡等。在现阶段我国及陕西省，构建和谐社会、实现包容性增长的核心内容，应该是缩小贫富差距尤其是城乡差距。罗尔斯认为，最公平的配置是使社会中境况最糟糕的人的效用最大化。[③] 防止社会弱势群体被社会边缘化是政府的职能之一。通过怎样的保障制度和政策，能增加陕西农民的收入，使陕西每一位农民病有所医、残有所依、老有所养，过上有起码尊严的生活，无疑是现实给理论研究和政府行

[①] 陕西省统计局、国家统计局陕西调查总队：《2012年陕西省国民经济和社会发展统计公报》，陕西传媒网（http：//www.sxdaily.com.cn/n/2013/0303/c266—5084822—8.html）。

[②] 秦晖、金雁：《田园诗与狂想曲：关中模式与前近代社会的再认识》，语文出版社2010年版，第45页。

[③] 转引自任保平、宋宇《微观经济学》，科学出版社2009年版，第264页。

政提出的重大课题。在现阶段及今后相当长时期内，研究如何让广大农民依托政策增加收入使生活得到基本保障，比研究创造条件让部分人先富起来更具紧迫性和社会价值。

第二节 研究目的、主要研究内容及方法

2011—2012年，受全国农业资源区划办公室的委托，由陕西省农业资源区划办公室和西北大学组成的课题组对陕西省强农惠农政策实施状况及农民增收问题进行调查研究。最初确定的调研目的有四：其一，了解陕西农民近年收入状况；其二，评估已有惠农政策的实施对陕西农民生产生活及收入增长产生的效应；其三，陕西农民增收还需哪些政策扶持；其四，为有关政府部门制定尽可能切合实际的强农惠农富农政策提供依据。

课题组在关中、陕南、陕北①各地选取了一些村镇，通过实地走访1000户农村居民，现场发放现场填写现场回收调查问卷，经过筛选共获得有效问卷784份，形成《陕西省农民收入现状与强农惠农政策调查问卷分析》。在问卷调查基础上，课题组还查阅了相关统计资料，运用数据分析、图表和文字表述，描述陕西农民收入现状与发展态势，运用历史分析方法，梳理、总结近年来各项大的强农惠农政策效应，从历史的描述和分析中评价各项政策的社会合意性。运用逻辑推理方法和归纳法，在相关公理假设等条件下，对政策中涉及的经济学、社会学现象和规律进行分析、描述和说明。运用管理学、经济学、社会学等理论，采用静态分析与动态分析相结合、实证分析与规范分析相结合的研究方法，在对陕西省农民收入现状多角度实证描述的基础上引入价值判断，评价已有重大支农惠农政策对陕西农民增收的贡献和局限性。运用系统科学分析方法，将各项强农惠农政策看成一个系统，研究各项政策在结构和功能上的相互关系，阐释一些政策为何在一个时间段会发挥效力而在另一个时间段会失效，探

---

① 本书中的关中、陕南、陕北是陕西三大地理单元：关中在自然地理上指黄土高原以南、秦岭以北的关中平原，在行政上指渭南、铜川、西安、咸阳和宝鸡地区（不包括上述行政区边缘延伸至深山区的部分）；陕南在自然地理上指秦岭腹地以及秦岭以南位于陕西区划内的地区，在行政上指商洛、安康和汉中地区；陕北在自然地理上指黄土高原位于陕西区划内的地区，在行政上指延安和榆林地区。

讨土地使用权流转等重大政策在实践中遭遇的困境并加以理论解释，研究陕西农民最期望的政策需求并据以提出能促使陕西农民持续增收的政策建议。

展现在读者面前的这本由中国社会科学出版社出版的《强农惠农政策促进陕西农民增收研究》一书，是在由笔者牵头完成并提交给全国农业资源区划办公室及陕西省农业厅的研究报告《完善强农惠农政策拓宽陕西农民增收渠道研究》基础上，增添内容、扩展数据、推敲观点后进一步修改而成。

本书着力研究陕西农民收入现状，评价已有强农惠农政策对增加陕西农民收入的贡献与局限，分析制约陕西农民进一步增收的主要因素，对政府部门提出有针对性且有可操作性的促进农民增收的政策建议。

第三节　本书可能的贡献

本书对过去一系列重大涉农政策的基本评价是：一系列强农惠农政策，确实在促进陕西农民增加收入方面发挥了重要作用，但这些政策还存在制度设计有缺陷、缺乏实施细则、缺乏系统协调性从而导致在施行中相互抵触等缺陷。

本书可能的贡献之一是，陕西农民（乃至各地农村居民）在经营性收入、劳务性收入、财产性收入和转移性收入的划分之外，还应有保障性收入。即农村居民也应像城镇居民一样，享受基本医疗保障、基本养老保险。在缴费比例上，建议80%—90%由中央及陕西省两级财政负担，被保障农村居民只缴纳10%—20%即可。

本书还提供了增加陕西农民收入的一系列具体政策建议，如为保障农民粮、棉、油、菜、果等经营安全，建议由政府替农民统一缴纳保险费，即便农产品价格剧烈波动甚至遭受自然灾害，保险公司的赔付仍能保障农民平稳渡过难关，防止农民因灾返贫；提出明晰农民土地所有权及宅基地和住宅所有权，并核发所有权凭证，依法律形式规定允许土地和房屋所有权流转的政策建议，为防止各种侵害农民权益增加陕西农民财产性收入提供制度依据；通过对农民工在劳动力市场上的相对于工资的供求弹性，提出政府运用政策手段对农民工工资宏观调控政策建议；提出大幅增加政府对农村基础教育、技能教育、公共医疗、乡村公路、水利设施的投资力度的政策建议，使陕西农民也能像城镇居民一样，享受到基本的公共服务和公共产品，促使农民增收同时又能节约开支。配第—克拉克定理指出，伴随经济的发展，产业结构也随之进行由低级到高级的演变。陕西区域经济的发展同样能带来产业结构的优化与升级。本书还论证并提出了推进陕西农业产业化、工业化、规模化、城镇化的政策主张，打破小农经营方式对陕西农民增收制约的瓶颈约束。最后本书还提出了增加环保投资，绿化、净化、美化农村，促使资金及劳动力资源回流农村，以及通过资金资源聚拢促进农民增收等政策建议。

第二章

强农惠农政策及农民增收国内外研究综述

第一节 国内外学者关于强农惠农政策含义及边界的认识

国内外研究普遍认为，强农惠农政策主要包括农业保护政策、农业补贴政策、农业支持政策等主要内容。我国实施的惠农政策涉及农业、林业、畜牧业、渔业、社会保障、农机、日用品、新农村建设、就业培训等，种类达80多种。这些政策可大致分为四类：一是解决民生问题的利民政策，如"村村通"工程、农村人畜饮水工程补贴、农机具购置补贴等；二是拉动内需增长的经济政策，如建材下乡、家电下乡等；三是促进农业发展的产业扶持政策，如种粮直接补贴、水稻良种补贴等；四是解决农村居民社会保障问题的政策，如新型农村合作医疗、新型农村社会养老保险等政策。[1]

一 农业保护政策

农业保护政策是政府使用法律或行政手段保护农民在出售农产品时能够以高于市场均衡价的价格出售，以保护其收入水平的各种政府行为。其基本特征是由政府主导提高农民收入水平，实质是依靠增加农民收入来刺激粮食产量增加，保证粮食安全。[2] 农产品由于生产周期长，且需求弹性较小，价格较小幅度的下跌都会挫伤农民的生产积极性，影响国家的粮食

---

[1] 汤辉、夏光兰：《国家惠农政策对农村信息消费需求影响研究》，《农村经济与科技》2013年第12期，第136—137页。

[2] 张哲、和丕禅：《农业保护与农业支持辨析》，《中国农村经济》2002年第1期，第30—32页。

安全和经济发展。日本学者速水佑次郎、神门善久研究认为，农业保护政策指政府对农业市场的产品制定出高于市场均衡价格的水平，并减少农民生产资料消费水平以减少农业生产投入，或者对农民直接补贴以提高农民收入的各种相关政策。农业保护政策所保护的生产资料指在流通市场上可以买卖的私有资料，不包括大部分农民公共使用的灌溉设施等公共产品。因市场很难对公共产品进行市场调节，所以政府应承担农业公共产品的供给责任，因而政府农业保护指对农业私有产品资料的相关保护。[1]

对农业实施保护，早已成为国际惯例。胡子君等研究表明，即便美国农业生产大农场经营模式已十分成熟，农业的专业化程度极高，农产品经常过剩，美国政府仍一如既往通过财政扶持政策、金融扶持政策、农业保险政策等，保障农业生产者的收入、分散农业风险。[2] 李勤昌、石雪从经济原因、政治原因、利益集团、选举制度等多角度分析了日本的农业保护政策，认为日本长期对本国农业实行支持与保护政策，在全球多边农业谈判和双边自由贸易谈判中始终拒绝大幅降低农业保护水平。近年来，在多哈农业谈判受阻和世界经济萧条的背景下，日本政府又通过立法强化了农业保护。日本顽固的农业保护政策有其深厚的政治经济背景，今后也难以发生根本性的改变。[3] 美国、欧盟、日本等发达国家对农业实施直接补贴、信贷支持、农业保险及农产品价格支持等保护政策[4]，印度等发展中国家，政府也通过各种措施强化农业保护。[5]

二 农业补贴政策

农业补贴政策是政府使用财政政策，在农产品的生产、流通和买卖环节对农民的转移支付。[6] WTO将农业国内支持政策分为三类：其一，不会对农业的产品结构和市场供给造成扭曲的支持政策为"绿箱政策"，又被

---

[1] [日] 速水佑次郎、神门善久：《农业经济论》，中国农业出版社2003年版，第55—85页。

[2] 胡子君、齐楠：《美国农业保护政策研究》，《世界农业》2014年第4期，第74—77页。

[3] 李勤昌、石雪：《日本强化农业保护的经济与政治原因》，《农业经济》2014年第2期，第48—58页。

[4] 马梦晨：《农业支持政策促进农民增收的国际经验与启示》，《经济研究导刊》2014年第5期，第67—68页。

[5] 赵和楠：《印度农业补贴政策及其启示》，《地方财政研究》2013年第4期，第34—40页。

[6] 卢锋：《消除补贴误解加快入世进程》，《调研世界》2001年第5期，第12页。

称为"广义的农业补贴",指政府对农业的所有投资,因政府大部分投资是对农业科技、环境保护、水利设施进行的投资。其二,对生产或贸易具有扭曲效应的支持政策为"黄箱政策",又被称为"狭义的农业补贴",指对农产品的价格进行补贴,包括出口或其他方式的补贴,这些补贴会对农业的产品结构和市场供给造成明显的扭曲,属于保护性补贴。其三,在限产计划下给予的直接支付则被称为"蓝箱政策"[1]。WTO《农业协议》不赞同"黄箱政策",并试图通过多边贸易协议加以限制和削减。[2]

三 农业支持政策

农业支持政策,学者们从不同研究角度给出了不同定义:一些学者通过农业支持的目标、方式和效应对其进行定义。张哲等认为,农业支持是政府为了改善农业生产的基本条件,通过政府财政投资于农业教育、基础设施、科技、水利、环境保护等农业公共产品的方式,为农业发展夯实基础,实质是通过农业支持来增加农民收入,走可持续发展道路;[3] 马晓春2010年的研究则认为,农业支持是政府通过财政手段或干预农产品价格对农民进行的各种补贴与支持,主要表现为降低生产成本、提高农业生产率、促进农民增收等各种政策。[4] 两种定义提出的政策指向相同,均为增加农民收入保护农民利益,但提出的政策手段不同,前者强调政府应加大对农村的各项基础建设投资,后者则强调对农民的价格保护和财政补贴措施。

王华巍的研究表明,美国、欧盟、日本等发达国家的农业政策日益趋于法律化和制度化,在不同发展阶段制定有针对性的农业保护政策已成常态,农业支持正在成为世界农业的主流政策,政策支持是发达国家农民收入的主要来源。[5] 在不同时期,无论发达国家或发展中国家,都在设法以

---

[1] 林学贵:《美国、欧盟、日本的"绿箱"支持政策及其评价》,《经济与管理》2013年第1期,第56—63页。
[2] 肖琴:《我国农业补贴现状及改革建议》,《当代经济》2011年第1期,第72—73页。
[3] 张哲、和丕禅:《农业保护与农业支持辨析》,《中国农业经济》2002年第1期,第30—32,39页。
[4] 马晓春:《中国与主要发达国家农业支持政策比较研究》,博士学位论文,中国农业科学院,2010年,第6—7页。
[5] 王华巍:《世界主要发达国家农业政策的比较研究》,博士学位论文,吉林大学,2005年,中国博士学位论文全文数据库。

政策支持农业。美国、欧盟、日本、韩国、巴西、印度、中国台湾等国家或地区分别采取财政农业投入支持、农产品价格支持、农业补贴支持、金融支持、农业生态补偿支持等不同形式的农业支持政策保护各自的农业产业。[①]

第二节 国外学者有关惠农政策效应与农民增收的研究

即便农业政策的出发点是好的，但往往一项政策出台，既有正效应，也有负效应。一项政策是优是劣，可在实践中由政策的社会合意性加以判断。政策的社会合意性，指社会成员对一项政策的认可及满意程度。惠农政策要被社会认可，只有在理论上讲得通，在实践中才能获得社会认可度和满意度。

一 国外学者关于惠农政策效应与农民增收的定性研究

亚当·斯密在《国富论》中强调农业对国民财富增加和经济增长的作用十分重要，政府应当向农业进行投资，使农业资本达到充足状态。亚当·斯密指出了一些国家不重视政府投资农业所带来的严重后果，基本上所有的国家都采取过错误的农业改革，导致农业发展受到阻碍。作为极其赞成靠市场力量自发调节经济而极力反对政府干预的经济学家，亚当·斯密却是政府干预农业思想的拥护者，反映出斯密对农业政策特殊作用和效果的认识。凯恩斯则明确提出了政府对经济的必要干预，认为政府通过公共支出可以促进投资和消费，同时也能够提供就业，表明政府在农业方面的相关政策具有明显促进农民增收的效果。

（一）关于农村基础设施建设相关政策效应的研究

关于农村基础设施建设相关政策，有学者以美国、澳大利亚等国为对象，研究指出政府对农业基础设施的投入可明显增加农民收入、降低农业成本。Iassussan 2005 年的研究认为，农村基础设施建设可以起到吸收农村剩余劳动力、缩小城乡差距等重要作用，而政府则应在农村基础设施建

[①] 杜辉：《部分国家和地区农业支持经验与启示分析》，《湖北农业科学》2013 年第 2 期，第 484—487 页。

设中发挥主导作用。① 也有一些研究有不同的观点：卡斯特罗·莱亚尔（Castro Leal）认为农村基础设施建设对农民增加收入的作用不明显；② 罗泽尔等（Rozelle et al.）则认为一些贫困户的状况会因此变得更差，③ 安德森（Anderson）指出农村公共物品供给者之间相互信任可以增加农村公共品的供给。④

（二）关于土地流转政策效应的研究

雅各比（Jacoby）等研究认为，一般研究都在强调土地流转造成地权不稳定，因此会影响农业投入和产出。正因为如此，大多学者的相关研究就集中在分析土地流转的影响方面。⑤ 罗泽尔等（Rozelle et al., 2002）就从农地产权安全、农地转让权以及农地自主经营权几个角度分析中国农村土地制度对生产率产生的影响，认为安全、稳定的土地产权对农村长期投资具有促进作用，而由农业征地、土地再分配造成的农地产权不安全会影响农村投资。⑥ 伊丽莎白等（Elizabeth et al., 2002）研究指出土地流转会使土地经营规模和利用方式发生变化，而农村土地细碎化严重阻碍规模农业的发展。⑦

（三）关于农业补贴政策效应研究

P. G. 杰恩斯（P. G. Jarnes, 1970）、莱特和斯科特（Littlet & Scott, 1970）、安德森等人（Kym Anderson & Yujiro Hagami, 1985）的观点指出：发达国家应该采取农业补贴政策，这对世界农产品价格、贸易会有重

---

① Band Iassussan, Siva Ram Vremurl, "Telecommunications Infrastrueture Facilitating Sustainable Development of Rural and Remote Communities in Northern Australia", *Telecornmunications Poliecy*, Vol. 2, No. 3, 2005, pp. 237-249.

② Castro Leal F., Dayton J., "Public Spending on Health Care in Africa: Do the Poor Benefit?", *Blletin of the Wbrld Health Organization*, Vol. 1, 2000, pp. 66-75.

③ Scott Rozelle, Hanan G. Jaeoby, Guo Li, "Hazards of Expropriation: Tenure Insecurity and Investment in China", *American Eeonomic Review*, Vol. 92, No. 5, 2002, pp. 1420-1447.

④ Lisa R. Anderson, Jennifer M. Mellor, Jeffrey Milyo, "Social Capital and Contributions in a Public-Goods Experiment", *The American Eeonomic Review*, No. 1, 2004, pp. 373-376.

⑤ 宋英英：《国家惠农政策对农牧民收入的影响》，硕士学位论文，兰州大学，2010年，第9—10页。

⑥ Scott Rozelle, Hanan G. Jaeoby, Guo Li, "Hazards of Expropriation: Tenure Insecurity and Investment in China", *American Economic Review*, Vol. 92, No. 5, 2002, pp. 1420-1447.

⑦ Elizabeth Brabec, Chip Smith, "Agricultural Land Fragmentation: The Spatial Effects of Three Land Protection Strategies in the Eastern United States", *Landscape and Urban Planning*, Vol. 58, 2002, pp. 255-268.

要的影响，农业在发展过程中都会经历从农业征税向农业补贴的转变，农业补贴可能持续增长和更加普遍。① 杨等（Young et al.）研究了美国农产品主要种植区的情况，发现政府发放农业补贴扩大了种植面积并提高了总产量。② 加德纳等（Gardner et al.）研究则得出不同的结论，认为增加非农业收入是农民增收的根本途径，农业补贴并不会对农民造成多大的影响，因为农业补贴会造成土地价格上升从而导致农业经营成本增加。③ 冯（Von）2005 年的研究发现，若将农业补贴直接发放，基尼系数则会降低。④ 弗莱德·盖尔等（Fred Gale et al.）指出，中国已开始认识到农业是需要扶持的，中国农业政策已进入农业补贴逐渐取代农业税的新时代。⑤

（四）有关农业保险政策效应的研究

关于农业保险政策，杨等（Young et al., 2001）研究了美国农作物主产区的情况，得出农业保险对增加农民收入的作用不显著的结论。格劳伯（Glauber）2007 年研究指出，农业保险对农业生产的作用一直未得到明确的结论。⑥

（五）有关合作医疗政策效应的研究

关于合作医疗政策，G. 布罗姆等（2002）认为不同发展水平的农村在合作医疗的筹资方式中应采用不同方法：富裕地区可以利用当地资源作为合作医疗资金来源；而贫困地区则应由政府来承担合作医疗的资金支持。⑦ 古亭（Jutting, 2003）研究了合作医疗相关制度，认为只有合作医

---

① 马晓春：《中国与主要发达国家农业支持政策比较研究》，博士学位论文，中国农业科学院，2010 年，第 11—12 页。

② Young, C. Edwin, Monie L. Vandeveer and Randall D. Schnepf, "Production and Price Impacts of U. S. Crop Insurance Programs", Alnerican Journal of Agricultural Eeonomics, Vol. 83, No. 5, 2001, pp. 1196-1203.

③ Gardner, Bruce, U. S. Cornrnodity Polieies and Land Prices, Paper Prepared for the Conference on Government Policy and Farmland Markets, USDA—ERS, Washington, D. C., 2002.

④ Von Braun, J., "Globalization and Challenges for Smallholders", Journal of Nanjing Agricultural University (Soeial Sciences edition), No. 2, 2005, pp. 8-21.

⑤ Fred Gale, Bryan Lohmar, Franeis Tuan, China's New Farm Subsidies, Elcetronic Outlook Report from the Economic Research Service, WRS-05-01, Febrary 2005.

⑥ Gardner, Bruce, U. S. Cornrnodity Polieies and Land Prices, Paper Prepared for the Conference on Government Policy and Farmland Markets, USDA—ERS, Washington, D. C., 2002.

⑦ 李娟娟：《新型农村合作医疗参与主体行为研究》，博士学位论文，西北农林科技大学，2010 年，第 11—13 页。

疗组织保证其非营利性，才能保证合作医疗政策的持续发展。[1]

由此可见，国外学者对强农惠农政策的有效性基本持肯定态度，尤其是对基本设施建设、合作医疗政策等。当然，他们也对各种政策的运行条件和有效机制进行了积极的探讨。

二 国外学者关于惠农政策效应及农民增收的定量研究

国外学者对农业政策效果的定量研究，主要通过测量农业支持水平和建立相关指标的计量模型进行分析。皮尔逊（Pearson，1981）发表《西非粮食生产中的政策干预》，第一次对农业政策效应进行了估计，比较了农产品的私人价格和社会价格的差异，是 PAM 分析方法的雏形。[2] 后来，皮尔逊建立了一个政策分析矩阵（PAM），并据此分析了葡萄牙农业政策的实施效应。1989 年，E. A. 蒙克等（E. A. Monke et al.）在其《农业发展分析矩阵》一书中详细介绍了 PAM 以及它在农业政策效应定量研究中的作用，同时指出 PAM 方法可以将农业的私人收益和社会收益进行比较，从而界定农业政策造成的影响程度。[3]

近年来，PAM 方法在农业政策效应分析中应用较普遍。莫汉蒂等（Samarendu Mohanty et al.）用 PAM 方法研究了印度棉花生产的竞争力。通过将印度棉花主产区的棉花与其他经济作物的生产效率进行对比并进行 PAM 方法的比较评价，从而分析了棉花的比较优势。[4] 谢哈布丁等（Quazi Shahabuddin et al.）运用比较社会净收益指标和国内资源成本比率（DRCO）测量了孟加拉国主要农产品的生产效率，分析了主要农产品对国内资源分配和利用的效率。得出的结论是该国的农业政策力度不高，大多数农产品缺乏比较优势。[5] 比尔哈等（Mbiha R. R. et al.）学者在分析

---

[1] Jutting J., Do Community—Based Health Insurance Schemes Improve Poor People Aeeess to Health Care—Evidence from Rural Senegal World Development, Vol. 32, No. 2, 2003, pp. 273–288.

[2] Pearson, et al., *Rice in West Africa: Poliey and Economies*, Stanfordc Calif.: Stanford University Press, 1981, pp. 398–424.

[3] Monke, E. A., and S. R. Pearson, *The Policy Analysis Matrix for Agricultural Development*, Cornell University Press, 1989, pp. 1–21.

[4] Samarendu Mohanty, Cheng Fang, Jagadanand Chandhary, "Assessing the Competitiveness of Indian Cotton Produetion: A Policy Analysis Matrix Approach", *Food and Agricultural Policy Research Institute*, 2002, pp. 55–82.

[5] Quazi Shahabuddin, Paul Dorosh, Comparative Advantage in Bangladesh Crop Production, FAO, 2002, pp. 126–141.

坦桑尼亚的农业政策时，通过应用 PAM 方法对农业保护程度和农业比较优势进行了定量分析；用 PAM 建立的名义保护系数（NPC）比较了不同贸易方式的优缺点；同时用有效保护系数（EPC）测算了不同农业区和不同农业政策下的政策扭曲程度。[①] 莫妮卡等（Aye Aye Mon et al.）用 PAM 基础上的 DRC 方法比较了缅甸四个产地的绿豆和黑豆的比较优势，以及相关农业政策造成的影响。同时，他们还利用敏感性分析等综合计量方法测算评价了边界价格等几个因素对比较优势造成的影响，从而进一步拓宽了 PAM 方法的应用渠道。[②]

对农业政策效应的测算的方法和指标常用的还有名义保护率（NRP）、名义支持率（NRA）、有效保护率（ERP）、有效支持率（ERA）、OECD 的生产者补贴等值（Producer Subsidy Equivalent，PSE）等。由于 PSE 方法既考虑了国内农业支持政策的效应，同时也考虑了贸易保护政策的效应，可以说是一种综合的农业政策实施效应测算方法。作为被国际组织和机构普遍认可且比较有效的测算农业政策效应的方法，该方法目前被 WBG、IMF 组织以及一些研究机构和学者所采用。例如，季米特里斯（Dimitris）以欧盟、美国、日本的数据为基础，利用 PSE 方法和乌拉圭农业协议（URAA）的 T 指标比较分析了农业政策调整带来的效果；OECD（1999）评价了韩国农业政策的演变过程（1979—1997），测算了 1997 年韩国的农业支持水平；奥尔加（Olga Melyukhina，2002）比较了俄罗斯、立陶宛、保加利亚、罗马尼亚、爱沙尼亚、拉脱维亚、斯洛文尼亚等七国的 PSE 值来分析经济转型下的农业政策。[③]

OECD 农业评价体系也经过一系列演变，并测算了一些国家的农业支持水平。OECD 从 1986 年开始测度各成员国的农业政策，要求其成员国增加促进农民增收的政策，减少会"引起农产品贸易扭曲"的政策。OECD（2002）将 1999 年版的 OECD 农业政策评价体系进行了详细介绍，把实际农业支持和名义农业支持水平进行对比，并测算了 1986—1999 年

[①] Mbiha R. R., Turuka F. M., Temu A. E., Mdoe N. S. Y., Mlabiti M. E., *Comparative Economic Advantage Analysis of Alternative Agricultural Production Options in Tanzania*, Sokoine University of Agriculture Press, 1998, pp. 93-151.

[②] Aye Aye Mon, Thanda Kyi, Dolly Kyaw, *Comparative Advantage of Black Gram and Green Gram in Myanrnar*, Rome: Food and Agrieulture Organization, 2002, pp. 202-238.

[③] 侯锐：《中国农业支持政策研究》，博士学位论文，华中农业大学，2006 年，第 7 页。

的 OECD 成员国的实际农业支持水平。OECD（2005）还测度了中国农业政策的支持水平。OECD（2008）则详细介绍了第三版农业政策评价体系，将 PSE 进行重新分类。

第三节 国内学者关于惠农政策效应及农民增收的研究

近年来国内有关农业发展方面的研究文献很多，本书着重对有关强农惠农政策效应评估及农民增收方面的研究进行归纳。

一 国内关于惠农政策效应的研究

（一）有关惠农政策的定性研究

国内学者对强农惠农政策效应研究，主要涉及对农业政策的总体评价、对农业基础设施建设政策、土地流转政策、农业粮食补贴政策、农业保险政策、新型农村合作医疗政策及农产品价格支持等政策效应的研究。

1. 关于我国农业政策总体评价的研究

2004 年以来，我国政府出台了一系列发展农业、繁荣农村、促进农民增收的政策，故近年关于我国农业政策总体评价的研究很多。陈锡文指出，2004 年中央 1 号文件要求对种粮农民进行直接补贴，同时减免农业税，另外对粮食主要产区的粮食品种实施了最低收购价政策，这些直接给农民的实惠仅 2004 年就达到 450 亿元。[①] 程漱兰等研究表明，2005 年中央 1 号文件的一个突出特点就是国家财政开始越来越多地倾斜于"三农"，政府在更加积极地支持"三农"建设和发展。[②] 王彬、高强 2011 年的研究指出制度变迁可以划分为强制性制度变迁和诱致性制度变迁，在我国农业政策的变化过程中，诱致性政策变化对农业发展产生了巨大的推动作用（如家庭联产承包责任制），而强制性政策变化的效果却较差。[③]

[①] 陈锡文：《当前我国的农村经济和农村政策》，《改革》2004 年第 3 期，第 5—11 页。

[②] 程漱兰、任爱荣：《新农业政策与 2005 年的期待》，《农业经济问题》2005 年第 3 期，第 25—29 页。

[③] 王彬、高强：《我国农业政策制定的基础和作用的研究综述》，《中小企业管理与科技》2011 年第 2 期，第 80—81 页。

2. 关于农业基础设施建设相关政策的研究

张贵友等 2009 年分析了农产品流通基础设施对农业生产的影响，得出农产品流通基础设施对农业生产有明显的积极作用的结论。① 余国新等分析了水利基础设施建设对农民增收的正面影响。② 也有学者从不同角度进行了研究，例如彭代彦、赖谦进 2008 年通过调查取样和计量分析研究指出，村庄道路的建设不足显著降低了农民的生活满意度，灌溉困难降低了专业农户的生活满意度，我国农村基础设施建设总体仍很落后。③

3. 关于农村土地流转政策效应的研究

学者普遍支持农村土地流转政策并认为需要进一步深化改革，同时需进一步完善农村土地流转中农民利益保障和耕地保护政策。④ 范云芳 2012 年的研究认为，农村土地流转促进了现代农业发展，促进农民增收，拉动了投资，促进了农业多元化发展。⑤ 但学者们在土地流转改革的形式上有不同的意见，支持土地股份合作制者有之，主张维持集体所有制者有之，支持土地国有化者亦有之。⑥ 黄少安等比较研究了 1949—1978 年的土地产权政策，得出的结论是实行农地私有而采取合作或者适度统一经营的制度会有相对较好的效果。⑦ 20 世纪 90 年代以来，我国政府出台了各项推动农村土地流转的政策，但实施效果并不理想，目前我国并未建立成熟的农业土地经营权流转市场，农业土地市场流转发生率较低。⑧ 新时期我国农村土地纠纷现象较为普遍，陈丹、陈柳钦 2011 年的研究将土地纠纷划分为集体所有权权属纠纷、承包经营权权属纠纷、土地流转纠纷和土地征

---

① 张贵友、詹和平、朱静：《农产品流通基础设施对农业生产影响的实证分析》，《中国农村经济》2009 年第 1 期，第 49—57 页。
② 余国新、张建宏：《水利基础设施建设与农业经济增长——基于新疆的实证分析》，《乡镇经济》2005 年第 6 期，第 75—79 页。
③ 彭代彦、赖谦进：《农村基础设施建设的福利影响》，《管理世界》2008 年第 3 期，第 175—176 页。
④ 王小映：《关于进一步完善我国土地制度的若干思考与建议》，《中国经贸导刊》2009 年第 5 期，第 7—9 页。
⑤ 范云芳：《新时期农村土地流转问题研究——西安市农村土地流转现状调研》，《中国发展》2012 年第 2 期，第 55—59 页。
⑥ 沈志群：《中国农村土地制度创新研究综述》，《现代经济探讨》2009 年第 3 期，第 62—66 页。
⑦ 黄少安、孙圣民、宫明波：《中国土地产权制度对农业经济增长的影响——对 1949—1978 年中国大陆农业生产效率的实证分析》，《中国社会科学》2005 年第 3 期，第 38—49 页。
⑧ 刘艳：《农地使用权流转研究》，博士学位论文，东北财经大学，2007 年，第 35—36 页。

收补偿纠纷四种类型,分析了其深层次的根源,并据此提出解决思路:长远角度上要加强制度建设的长效机制和短期视角上要构建整合纠纷解决机制。[①] 由此可见,我国农村土地流转需要新的政策思路和发展方向,值得进一步研究和探讨。

4. 关于农业粮食补贴政策效应的研究

一些研究分析了粮食补贴政策存在的问题,介绍了粮食直补试点的经验,提出相关的解决和改进措施。农业部产业政策法规司课题组将湖北、河南、安徽、吉林等粮食主要产区的粮食补贴改革试点经验进行分析,得出农民对政府的粮食补贴政策实施基本满意,企业和政府也对此表示基本满意的结论。[②] 肖海峰等通过对河南、辽宁农民进行问卷调查,也得出农民对政府的粮食补贴政策表示满意并希望进一步提高补贴标准的结论。[③] 也有不同的研究结果,认为粮食补贴政策效果有限,不能过高估计其作用。李国祥通过推算得出的结论是:粮食直补只占农民人均纯收入的2.8%,只占人均农牧业生产的6.3%,所以粮食补贴对农民增收的作用十分有限。[④] 肖国安则认为粮食消费者是粮食补贴的最大受益者,粮食的生产者农民的得利相对较少,因而粮食补贴政策可能加速粮食产量波动。[⑤] 吴连翠、陆文聪2011年研究认为粮食直补是按计税面积补贴,对粮食生产没有激励作用,随着生产要素成本的增加,粮食补贴对粮食增产的促进效应下降明显,且该效应远小于生产要素成本增加对粮食生产造成的负面影响。[⑥] 龙方、卜蓓研究了粮食补贴政策对粮食增产的效应,分析表明,粮食补贴政策主要是通过两条路径即播种面积扩张和技术进步实现粮食增产的,而且后者的增产效应要大于前者。要充分发挥粮食补贴政策对我国粮食生产的激励作用,就必须继续稳定、强化和完善扶持粮食生产的补贴

---

① 陈丹、陈柳钦:《新时期农村土地纠纷的类型、根源及其治理》,《河北经贸大学学报》2011年第6期,第71—78页。

② 农业部产业政策法规司课题组:《粮食补贴方式改革探讨》,《农业经济问题》2003年第5期,第4—9页。

③ 肖海峰、李瑞峰、王姣:《农民对粮食直接补贴政策的评价与期望——基于河南、辽宁农户问卷调查的分析》,《中国农村经济》2005年第3期,第18—23页。

④ 李国祥:《现阶段我国农业补贴政策选择》,《经济研究参考》2004年,第72—72页。

⑤ 肖国安:《粮食补贴政策的经济学解析》,《中国农村经济》2005年第3期,第12—17页。

⑥ 吴连翠、陆文聪:《粮食补贴政策的增产增收效应》,《江西农业大学学报(社会科学版)》2011年第3期,第60—66页。

政策。①

5. 有关农业保险政策效应的研究

余科等 2009 年的研究指出,由于农业保险具有高赔付率、高亏损率和高风险率,政府必须支持农业保险政策。② 张艳萍同年对我国农保政策力度、农保模式和农民参保意愿进行研究,在分析黑龙江、江苏、新疆等地的农保实施情况后指出,由于农民风险意识不足、保费偏高等原因,农民对农业保险的需求不足,所以政府需要提高农业保险补贴水平。③

6. 关于农村合作医疗政策效应的研究

高梦滔等学者在分析云南省 3 个农村合作医疗试点县的政策实施效果基础上得出结论:提高基层医疗补偿有助于提高农村贫困人口收入,减少不公平现象;同时由于家庭账户的存在,参合率并没有持续提高,弱化了农村合作医疗的大病风险管理的作用。④ 赵亮等评估了采用商业保险模式的浙江省农村合作医疗的效果后指出,在发达地区,商业保险模式可持续健康发挥作用。⑤ 胡绍雨 2009 年的研究指出,我国现行的农村合作医疗政策并没有解决资金筹集中的"逆向选择"问题,而且会与其他管理体制产生冲突而引发"结构性问题"。⑥ 不同发展水平的农村在合作医疗的筹资中应采用不同方法:富裕地区可利用当地资源为合作医疗出资;而贫困地区则应由政府提供资金支持。⑦

7. 关于农产品价格支持政策效应的研究

冯涛 2007 年的研究发现,价格支持政策会阻碍贸易自由化,在 20 世纪 80 年代之前,农业价格支持政策是各国运用最普遍的农业政策,但在

---

① 龙方、卜蓓:《粮食补贴政策对粮食增产的效应分析》,《求索》2013 年第 2 期,第 18—20 页。

② 余科、刘刚:《农业保险"遮风挡雨"——关于完善农业保险的初探》,《农业经济》2009 年第 6 期,第 42—44 页。

③ 张艳萍:《从供需分析看新疆农业保险发展》,《新疆财经大学学报》2009 年第 1 期,第 26—28 页。

④ 高梦滔、高广颖、刘可:《从需求角度分析新型农村合作医疗制度运行的效果——云南省 3 个试点县的实证研究》,《中国卫生经济》2005 年第 5 期,第 9—12 页。

⑤ 赵亮、高广颖、魏炜、海闻:《新型合作医疗引入商业保险模式效果评价研究》,《中国医院管理》2007 年第 1 期,第 60—63 页。

⑥ 胡绍雨:《新型农村合作医疗制度的执行评估与完善对策》,《农村经济》2009 年第 7 期,第 89—92 页。

⑦ 李娟娟:《新型农村合作医疗参与主体行为研究》,博士学位论文,西北农林科技大学,2010 年,第 11—13 页。

1986—1994年的乌拉圭回合谈判之后各国开始减少农产品的价格支持。[①] 中国从20世纪90年代开始施行农产品的价格保护政策，但学者们关于农产品价格支持政策的作用一直存在分歧。程国强等认为农产品价格支持政策对我国农业发展有促进作用。[②] 刘宇等2009年的研究认为，农产品价格支持政策对我国农业的总体影响比较中性，不同农产品受价格支持政策的影响程度不同，但农产品价格支持政策会在一定程度上使农民间的收入差距扩大。[③] 钟甫宁等2008年的研究更倾向于支持粮食补贴和减免农业税政策而非农产品价格支持政策，认为粮食补贴和农业税减免政策可以提高土地价格，增加农民收入，故能在一定程度上缩小农民间的收入差距。[④]

综上所述，已有研究对各项惠农政策在实施后对农民增收和农村经济发展的推动作用总体上持肯定意见，但由于政策落实不力以及地区实际情况差异，我国强农惠农政策也有一些不尽如人意的地方。

（二）有关惠农政策效应的定量研究

1. 对我国农业政策效应的量化研究

国内学者一般利用规范分析和实证分析相结合的方法对我国农业政策的效应进行量化分析。

黄季焜等构建了一个中国农业政策分析和预测模型（CAPSIM），并运用它分析各种农业政策的效应，即对我国农产品市场、生产消费、价格和贸易造成的影响程度。同时，他们提供了如何测定模型中各种需求和供给弹性的方法，将理论与实际有效地结合起来。[⑤] 穆月英等中外学者一道提出了空间性一般均衡模型（SCGE）。这个模型可以测度农业政策变化在国内造成的影响，同时也可以测度在国外即对其他国家造成的影响。三位学者就运用该模型模拟分析了农业政策在中国及他国如何影响需求、农

[①] 冯涛：《农业政策国际比较研究》，经济科学出版社2007年版，第38—100页。

[②] 程国强、刘合光：《多哈农业谈判：取消出口补贴的影响分析》，《管理世界》2006年第7期，第61—84页。

[③] 刘宇、黄季焜、杨军：《新一轮多哈贸易自由化对中国农业的影响》，《农业经济问题》2009年第9期，第16—24页。

[④] 钟甫宁、顾和军、纪月清：《农民角色分化与农业补贴政策的收入分配效应——江苏省农业税减免、粮食直补收入分配效应的实证研究》，《管理世界》2008年第5期，第65—71页。

[⑤] 黄季焜、李宁辉：《中国农业政策分析和预测模型——CAPSIM》，《南京农业大学学报（社会科学版）》，2003年第3期，第30—41页。

产品价格及收益水平等方面。① 不过该模型结构复杂，不仅掌握该模型比较困难，而且在农业政策变化中对其运用也是一大问题。蓝庆新选择我国农业具有代表性的农产品，运用 PAM 模型描述了我国 2000—2002 年农产品的比较优势和农业政策的保护效果，得出结论：近年来我国农业保护政策在较小程度上符合了我国农产品的比较优势，但总体上二者是不符合的，因此这种状况是缺乏效率的。② 钱克明量化分析了 2004 年粮食产量增加的因素并衡量了各因素的贡献率。2004 年粮食增产的主要因素是单产的增加，占 74.5%；次要因素是粮食耕种面积的增加，占 23.9%；另外的因素是单产增量和面积增量的相互作用，占 1.6%。贡献率方面，"两减免、三补贴"政策对粮食增产的贡献率达到 19.8%，气候适宜的贡献率为 28.4%，粮食价格上涨的贡献率则为 51.8%。③ 可见，农业支持政策对鼓励农民增产增收作用功不可没。

我国也有不少研究应用了 OECD 的评估方法来评价我国的农业政策效应。满中华（2007）尝试直接使用 OECD 的模型评估中国粮食直接补贴政策。④ 何树全考虑到中国与 OECD 数据结构及市场功能假设（如 OECD 粮食生产以大规模商业生产为主，而中国则以家庭生产为主）的差异，通过修改 OECD 的政策评估模型，以稻谷和小麦为例，评价了中国粮食直接补贴政策和生产投入补贴政策产生的效应，认为粮食生产投入补贴政策的效应大于粮食生产直接补贴政策的效应，主张扩大粮食生产投入补贴范围、加大粮食生产投入补贴力度。⑤

宗义湘等比较了之前各种研究的结论指出，学者们测度出的我国的农业政策支持水平不一致且差异较大，这是由于各研究统计的时期不同、数据来源不同、参数处理方法不同。⑥ 当然，这些研究也达成一些共识：一

---

① 穆月英、[日]小池淳司、[日]笠原浩三：《中国农业关税政策的空间性应用一般均衡模型构建及分析》，《数量经济技术经济研究》，2004 年第 8 期，第 19—27 页。
② 蓝庆新：《我国农业比较优势与 PAM 的应用》，《浙江社会科学》2004 年第 7 期，第 48—54 页。
③ 钱克明：《2004 年中央"一号文件"执行效果的调查分析》，《农业经济问题》2005 年第 2 期，第 8—12 页。
④ 满中华：《中国农业支持政策效应评估》，《山东工商学院学报》2007 年第 1 期，第 20—24 页。
⑤ 何树全：《中国农业支持政策效应分析》，《统计研究》2012 年第 1 期，第 43—48 页。
⑥ 宗义湘、李先德：《中国农业政策评价：农业支持水平与结构》，《中国经济评论》2006 年第 1 期，第 22—25 页。

方面我国的农业政策支持水平还处于较低水平，特别是对农民利益的保护水平很低；另一方面，在已有的农业政策框架下我国政府主要是采取市场价格支持举措，主要体现在政府对国际贸易扭曲程度较大的农产品和我国不具备比较优势的农产品的价格支持水平较高。

2. 对我国财政支农效应的量化研究

我国学者从财政的农业投入效应、区域财政农业绩效、财政农业投入与农业 GDP 和农民收入关系等角度对财政支农效应进行评估，大多研究认为财政支农效应效果不明显。

（1）关于财政农业投入效应的量化研究。胡德仁等从微观和宏观两个层面评价我国财政支农的效应，认为在微观上，财政农业投入效率通过农民人均来自第一产业收入与农业财政总量之比的关系表现出来；在宏观上，财政农业投入效率通过农业 GDP 与农业财政总量之比的关系表现出来，而我国在 1996—2001 年财政农业投入的微观和宏观效率都不高。[1] 程莹则用农业财政投入宏观效率指标衡量了我国"一五"至"九五"期间的财政支农效率，发现我国财政支农效率一直较低。[2] 林森、张亚斌 2011 年运用超效率 DEA 模型测度我国的财政支农绩效，模型的分析结果与我国的基本情况大致相符，得出我国目前财政支农绩效水平仍处于较低层次的结论。[3]

（2）关于区域财政农业绩效的量化研究。李燕凌以湖南 14 个地区的截面数据为基础，用 DEA—Tobit 回归模型分析了地方财政农业投入的效应，得出的结论是只有合适的财政投入规模才能提高支农效应水平。[4] 陆文聪等运用灰色关联度方法分析了上海市 1996—2006 年的财政农业投入结构，得出的结论是上海市财政农业投入结构不太合理，没有获得最佳的投入效应。[5] 刘勇等 2009 年将 1980—2004 年我国 25 个区域财政农业投入

---

[1] 胡德仁、刘亮：《我国财政支农政策绩效及政策选择》，《调研世界》2003 年第 10 期，第 20—22 页。

[2] 程莹：《财政支农效益评价、成因及对策》，《南京审计学院学报》2004 年第 1 期，第 38—42 页。

[3] 林森、张亚斌：《我国省际财政支农支出绩效的实证研究》，《湖南社会科学》2011 年第 3 期，第 132—135 页。

[4] 李燕凌：《基于 DEA—Tobit 模型的财政支农效率分析——以湖南省为例》，《中国农村经济》2008 年第 9 期，第 52—62 页。

[5] 陆文聪、朱志良：《上海财政支农结构及政策优化评析——基于灰色关联分析理论》，《技术经济》2008 年第 11 期，第 54—59 页。

与地方农业经济增长的关系用面板数据模型进行截面分析,得出的结论是区域财政农业投入在不同区域是有差异的。[1] 高玉强 2010 年以省际面板数据为基础,实证分析了我国粮食产区的农机购置补贴与财政农业投入的效果,研究得出财政农业投入是有效的。[2]

(3) 关于财政农业投入与农业 GDP 和农民收入关系的研究。张元红检验了财政农业投入对农业产出的短期调控作用,得出我国财政农业投入与农业产出尤其是粮食生产波动相一致的结论。[3] 封明川等 2009 年以 1978—2006 年的相关数据为基础,分析财政农业投入与农业 GDP 的关系,得出农业 GDP 不是完全由财政农业投入引起的结论。[4] 刘桂珍等 2009 年的研究认为,政府财政农业投入增加了农民收入,政府每增加 1% 的财政农业投入,农民收入增加 137.7 元。[5] 杨建利、岳正华的研究表明,财政支农资金的投入是提高农民收入的格兰杰原因,但当前财政支农资金的使用效率相对偏低。从长期看,财政支农资金每提高 1%,农民收入将提高 0.5505%。[6] 刘玉川的分析表明,财政支农支出总量、财政支农支出中的三项费用(农村生产支出和农林水利气象、农村基本设施建设、农村救济费)均对农民纯收入增长具有正向促进作用,且与农民纯收入之间存在一个长期稳定的协调关系。[7] 也有研究指出,财政支农效果并不乐观。胡春香运用实证分析研究 1990—2005 年甘肃省财政农业投入与农民收入的关系,得出的结论是甘肃省财政农业投入对农民增收的效果不

---

[1] 刘勇、田杰:《地方财政支农效率——农业比较优势与农业发展战略的实证分析》,《统计与决策》2009 年第 23 期,第 74—76 页。

[2] 高玉强:《农机购置补贴、财政支农与土地生产率——基于省际面板数据的实证研究》,《山西财经大学学报》2010 年第 1 期,第 72—78 页。

[3] 张元红:《财政政策与中国农业的周期性波动》,《中国农村观察》2000 年第 4 期,第 2—11 页。

[4] 封明川、吴平:《财政支农资金绩效的实证分析——基于发展现代农业的视角》,《四川农业大学学报》2009 年第 1 期,第 124—128 页。

[5] 刘桂珍、徐珍骥:《我国财政支农与农民收入增长关系研究》,《中国集体经济》2009 年第 4 期,第 26—28 页。

[6] 杨建利、岳正华:《我国财政支农资金对农民收入影响的实证分析——基于 1991—2010 年数据的检验》2013 年第 1 期,第 42—46 页。

[7] 刘玉川:《财政支农与我国农民收入关系实证研究》,《财会研究》2010 年第 22 期,第 9—11 页。

明显。①

二　国内关于农民增收的研究

国内关于农民增收的研究很多，主要集中在我国农民增收主要障碍、影响因素及建议等几个方面的研究。

（一）关于我国农民增收主要障碍的研究

农民增收面临多重障碍，王頨2010年将相关研究概括为资源禀赋说、城乡二元结构论、农业结构不合理说。资源禀赋说指出农村劳动力过多、人均耕地少，导致耕地报酬递减、生产率提高缓慢和成本提高迅速；城乡二元结构论指出户籍制度等政策将城市人口和农村人口分割开，形成城乡矛盾；农业结构不合理说指出我国农业产业化发育程度低，整体农产品质量不高、专业品种少、附加值低，导致了农产品销售收入不高和销售难的问题。② 值得关注一些关于农业生产要素流失阻碍农民增收的研究。由于目前我国农村人多地少、农业产业周期长技术含量低等原因，农村投资的收益率相对较低，造成土地、资金、劳动力、技术的流失较大③，土地和资金的流失影响最大。因退耕还林、非农建设占用等原因，1996—2003年我国农村用地流失近1亿亩，对农业综合生产能力造成不可逆的实质损害。由于我国经济发展在城乡之间呈现出递进发展的态势，外部性问题逐渐显现，在资金流动方面，非农产业通过各种方式吸纳农业资金，农业金融资源向非农倾斜，农业资金大量涌入城市，导致农村资金短缺，农民贷款难，也极大制约了农民增收。故要促进农民增收，必须尊重农民在土地流转中的自主权，甚至让政府出面促进土地流转和集中；④ 推进农业产业化经营，建设发展农业企业和农产品生产基地；加强财政投入和全社会力

---

① 胡春香：《甘肃省农民收入与财政支农的实证研究》，《现代农业》2008年第5期，第87—88页。
② 王頨：《新苏南模式下农民增收途径的研究——以江苏昆山为例》，硕士学位论文，上海交通大学，2010年，第10—11页。
③ 张顺：《农业产业化发展过程中存在的问题》，《哈尔滨商业大学学报（社会科学版）》2004年第6期，第91—93页。
④ 彭代彦、吴扬杰：《农地集中与农民增收关系的实证检验》，《中国农村经济》2009年第4期，第17—22页。

量的支持;① 构建农业市场风险和自然风险双重防范机制;促使农业生产要素从城市向农村回流;② 改进现行农村金融制度和服务,防止农村金融资源流失。③

近几年一些学者也提出了自己的研究观点。贾有姣 2011 年研究认为阻碍农民收入增加的主要因素有:我国财政对农业支持力度不够;农村金融服务严重不足;农民的土地权力缺乏有效保障;我国农民数量大,整体素质不高。④ 刘学深于 2010 年研究指出我国农民增收困难的主要原因有:农业是一种风险高、收益低、基础薄弱的产业;农村基础设施和社会事业发展滞后,公共服务严重不足;农民科技文化水平低是农民增收的最大阻碍要素。⑤ 曾建中分析指出制约农民增收的主要因素还包括农业成本过高和资金缺口压力大。⑥

(二) 关于我国农民增收政策建议的研究

除了针对影响农民增收的主要障碍而采取的措施,一些学者做了更具体的变量分析并提出相应的建议。彭代彦、吴扬杰通过计量分析和实证检验得出农地集中并不能总是促进农民增收,关键是要允许农村劳动力在农业和非农业部分自由择业,为此,需要继续改善农民进城务工环境,要充分尊重农民在土地流转中的自主权,必要时要让政府出面促进土地流转和集中。⑦ 余新平、熊晧白、熊德平以 1978—2008 年的数据为基础,实证分析了我国农村金融与农民增收的关系,得出的结论是农村存款、农业保险赔付与农民增收正相关,而农业贷款、农业保险收入与农民增收负相关,乡镇企业贷款在一定程度上抑制了农民增收。但不能因此否定农村金

---

① 吴梅兰、陈晓力、刘勤志:《陕西农民增收问题初探》,《西北工业大学学报(社会科学版)》2010 年第 2 期,第 5—7 页。

② 叶兴庆:《对我国农业政策调整的几点思考》,《农业经济问题》2005 年第 1 期,第 21—25 页。

③ 余新平、熊晧白、熊德平:《中国农村金融发展与农民收入增长》,《中国农村经济》2010 年第 6 期,第 77—86 页。

④ 贾有姣:《当前我国农民增收障碍因素分析与对策》,硕士学位论文,华东理工大学,2011 年,第 14—19 页。

⑤ 刘学深:《新农村建设中的农民增收问题研究——以山东省东平县为例》,硕士学位论文,中国政法大学,2010 年,第 20—23 页。

⑥ 曾建中:《海南农民增收难的原因与对策分析》,《农业经济问题》2009 年第 1 期,第 99—101 页。

⑦ 彭代彦、吴扬杰:《农地集中与农民增收关系的实证检验》,《中国农村经济》2009 年第 4 期,第 17—22 页。

融对农民增收的重要作用，而是要改进现行农村金融制度和服务，防止农村金融资源流失。① 王德祥、李建军研究指出县域经济增长对农民增收作用小，而全面建设新农村的贡献很大，因此文中建议地方政府要进一步加大对"三农"的支持力度，深入开展地方财政改革以完善地方财政体制。② 李广厚（2009）③、叶琪等（2009）④、许振文等（2009）⑤ 研究指出农业结构的调整需要在政府农业政策的框架下，循序渐进经历一个较长的时期。

三 关于陕西农民增收的相关研究

（一）关于陕西农民增收现状及存在问题的研究

吴云勇2008年的研究认为，陕西省农民收入水平、增长速度与全国平均水平、东部地区、中部地区相比有较大差距，甚至低于西部一些省份；陕西省农民收入水平和收入结构都有了改善和提高，但经营性收入仍然是其主要收入来源。1995年至2007年陕西农民收入中经营性收入的比重一直保持在50%以上；劳务性收入是陕西农民收入的第二大来源，该比重近些年呈上升趋势，2001年突破30%，2007年达到39.2%；财产性、转移性收入比重较低，一直不到10%。另外，陕北、关中、陕南三地农民收入的差异较大。⑥

张静2008年研究指出影响陕西省农民增收的主要原因在于：县域经济发展缓慢，与全国县城平均水平还有较大差距；农村产品的工业化、产业化水平低，很难形成对农民增收的强大推动力，主要表现为加工不足、引导不足；龙头企业、优势品种不突出，特色产品特而不优、优而不强；

---

① 余新平、熊晶晶、熊德平：《中国农村金融发展与农民收入增长》，《中国农村经济》2010年第6期，第77—86页。
② 王德祥、李建军：《新农村建设财政支出与农民收入增长》，《农业经济问题》2009年第2期，第42—47页。
③ 李广厚：《滁州市农业结构调整的实践与思考》，《安徽农学通报》2009年第22期，第9—11页。
④ 叶琪、黄茂兴：《改革开放以来福建农业结构调整的演变及展望》，《台湾农业探索》2009年第2期，第44—50页。
⑤ 许振文、孙鹏、郑直：《伊通县域农业结构调整的初步探究》，《长春师范学院学报》2009年第5期，第70—74页。
⑥ 吴云勇：《中国农民持续增收的路径选择研究》，博士学位论文，辽宁大学，2008年，第23—35页。

城镇化进程慢，小城镇存在如发展缓慢、基础设施"小而全"等许多问题。①

李茜研究指出陕西城乡经济发展失衡，城乡产业关联性不强，一体化发展难度加大；城乡社会发展失衡，城镇化依然落后于工业化，二元体制严重制约一体化实施；对农村的歧视政策依然存在；农村基础设施依然薄弱。②

卿明华2010年的研究指出，目前陕西农民收入的现状特征主要为收入持续增长、阶段性特征明显；收入结构持续改善、来源日渐多元化。但同时存在收入水平相对其他地区较低、增速较低、收入结构层次偏低等缺陷。③

（二）关于陕西农民增收途径和政策建议的研究

吴梅兰等认为陕西农民收入中非农产业收入比重将近一半，所以必须要有新的思路来解决陕西农民增收问题。主要途径有：继续进行农业结构调整，这是增加农民收入的根本途径；推进农业产业化经营，建设发展农业企业和农产品生产基地；提高陕西农民的整体素质，加强基础教育、技能培训及科技扶持；推进城镇化建设，建立县城为重点、城乡互动的综合发展体系；加强财政投入和全社会力量的支持。④ 孙江静等2010年的研究也提出类似建议，同时着重提出了要加强农村土地流转管理的政策建议：需要对生活在城镇及周边且拥有土地经营权的人口的那部分土地进行合理的流转，以便集中土地资源进行产业化经营，形成区域农业生产基地。⑤ 卿明华2010年的研究提出要建设农业市场风险和自然风险双重防范机制，成立专门机构加强市场监管，推广灾害防治技术等政策建议。

王志彬等以收入来源构成的视角提出了相关建议，指出经营性收入仍

---

① 张静：《提高陕西农民收入的途径与政策选择》，《商场现代化》2008年第8期，第379—340页。

② 李茜：《推进陕西城乡一体化发展的战略思考》，《理论导刊》2011年第10期，第81—83页。

③ 卿明华：《陕西省农民增收问题及解决途径的研究》，硕士学位论文，西北农林科技大学，2010年，第5—13页。

④ 吴梅兰、陈晓力、刘勤志．：《陕西农民增收问题初探》，《西北工业大学学报（社会科学版）》2010年第2期，第5—7页。

⑤ 孙江静、王青：《陕西省农民增收主要影响因素分析》，《农村经济与科技》2010年第8期，第9—11页。

然是陕西农民收入的主要来源,因此需要对农民的农业生产继续加强补贴和扶持;劳务性收入的比重越来越高,将成为陕西农民增收的主要渠道,因此需要对农民工的专业技能培训进行鼓励和帮助,并积极支持城乡第二三产业发展,为农村劳动力创造有利条件;转移性收入是对农民的经济激励因素,财政的转移性支付应改变思路,由一次性支付转变为对农民的免费教育培训等长期持续的支付,由政策性的补贴逐步转变为向农业生产支援倾斜。[①]

张优智、侯海青以陕西1978—2008年的时间序列数据为基础,运用计量分析对陕西城镇化与农民增收间的关系进行实证分析,结果表明陕西城镇化与农民增收间的关联性较强,长期的作用程度更显著。因此要根据陕西区域性差异的需求,发展多样化差异化的城镇化模式,以不同的城镇化发展模式推动区域经济平衡发展,逐步形成陕西农民增收的长效机制。[②]

苏诚、陈智勇提出了促进陕西农民增收的财政政策建议:继续财政支农资金增长机制,为农民增收提供资金保障;优化财政支农支出结构,支持农民增收的重点项目;提高财政支农的资金使用效益。[③]

第四节 对过往研究的评价及本书的研究思路

一 对已有研究评价

回顾已有研究发现,针对惠农政策的定性研究、定量研究日趋具体、细微、深入,对各级政府部门制定农业政策越来越具有现实借鉴价值。

学者对我国强农惠农富农政策效应总的评价是肯定的,认为强农惠农政策对提高农民收入、发展农业经济发挥着必不可少的重要作用。认为农业是我国的立国之本、衣食之源,我国耕地面积有限,人口众多,保证粮

[①] 王志彬、张钰:《收入来源构成视角下陕西省农民增收影响因素的实证分析》,《北方园艺》2011年第14期,第201—204页。

[②] 张优智、侯海青:《城镇化水平与农民增收:基于陕西数据的分析》,《商业研究》2011年第5期,第168—175页。

[③] 苏诚、陈智勇:《发挥财政职能支持农民增收》,《西部财会》2011年第5期,第4—7页。

食和经济作物的供给尤为重要；但相对于其他产业，农业比较收益较低，要素禀赋状况和技术水平较弱，面对的自然风险、市场风险极大，加之近年城乡贫富差距扩大的趋势，均表明我国实施各项保护和支持农业的政策十分必要。国外研究表明，农业采取保护、支持、补贴政策，是各国政府的普遍做法。

然而，学者们的研究也敏锐观察到我国现有政策的不足之处。已有研究发现，农村土地政策、社会保障政策、农村基础设施建设、公共产品和服务提供政策尚存在较大缺陷，这些缺陷对长期有效增加农民收入、缩小城乡差距制约明显。学者们对各项政策的实施基础、条件、形式等也存在争议。关于粮食补贴政策，一些学者指出粮食直接补贴提高了农民满意度，有些人则指出直接发放补贴的作用不明显，效果有限。关于农村合作医疗政策和农村社会养老政策，有学者认为一些客观因素弱化了合作医疗及农村养老政策的作用，要大幅增加合作医疗和农村养老经费的政府出资；而有些学者则认为不同发展水平和地区应采用不同的方法来筹集社保经费，如陕西这样的落后地区，政府出资比例应较高，京、津、沪及东南沿海发达省区，个人负担比例则应高一些。由于学者各自研究侧重点不同，对事物的判断标准不同，研究方法、样本选取等有所不同，加上所研究的对象（如不同国家、不同省区）市场发育程度不同、农民抗风险能力的差异，农民所需要的支持政策自然就有所不同，学者关于农业政策效应的评价不同甚至持截然相反的观点就不足为怪了。

不可否认，任何政策都会有缺陷，我国的农业支持、保护及补贴政策也不例外。实事求是的态度是，尽可能经过调查研究、理论推演发现这些缺陷，进而弥补缺陷，修正、完善现有政策。

学者们的已有研究特征，可大致概括为"四多四少"：对单个政策及其效应研究多，对系统化政策体系及其效应研究少；对既有政策评价性研究多，对应有政策论证设计性研究少；对政策效应的全国性、普适性研究多，对区域性、特殊性研究少；政策研究中，主观判断多，数据支撑及逻辑推理少。

二 本书的研究思路

本书研究陕西农业政策和农民增收问题的基本思路是：首先，依据2011年8—11月进入关中、陕南、陕北农户访谈调查及该次调查的问卷分析结果，并利用截止到 2012 年底的相关统计数据分析，尽可能客观描述陕西农民收入现状、特征，了解陕西农民对政策社会合意性的评价和最期望获得的政策到底是什么；其次，梳理各项农业政策的正负效应，将多个单个惠农政策视为政策组合，做出系统性、整体性评价，据以寻找现有政策的贡献和不足，对这些政策为什么好或不好给出理论解释；再次，通过理论及实证分析，研究制约陕西农民增收的主要因素，为制定更切实、最可行强农惠农富农政策提供现实依据；最后，在实证分析与规范分析相结合的基础上，勾勒设计能促进陕西农民增收的政策体系，并提出政策建议。

陕西强农惠农政策的调整思路应更注重系统化、制度化：政策重点从解决现实个别问题转向制度化长远政策设计，如陕西农民最倚重的土地不应该停留在残缺不全的经营权流转层面，而是从切实保护农民利益出发，制定农业产业化、工业化、规模化发展思路，制定赋予农民土地所有权的政策；从个别措施、个别项目设计转向着力于为农村提供公共产品和服务的系统性支持政策，包括公共教育、社保、医保、医疗服务、乡村公路及农田水利基础设施建设等系统性政策的规划和设计。

第三章

陕西农民收入现状的多角度描述

第一节 陕西农民人均收入统计性描述

改革开放30多年来，陕西农民纯收入水平呈现不断提高态势。[①] 如图3—1所示，陕西农民人均纯收入由1978年的133元增长到2012年的5763元。[②] 在这30多年的发展中，陕西农民人均纯收入由百元到千元经

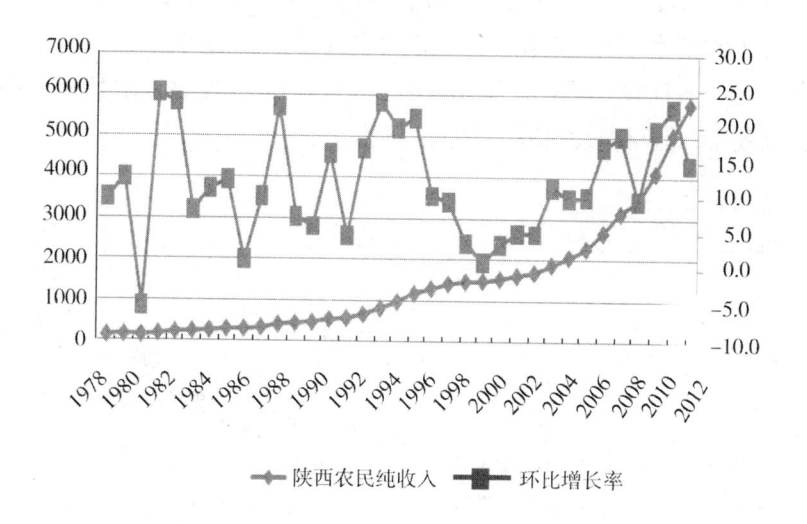

图3—1 1978—2012年陕西农民纯收入以及环比增长率（单位：元、%）

---

① 本书以名义收入为研究对象，未考虑通货膨胀因素。
② 数据和图表由《陕西统计年鉴》整理计算得出。陕西省统计局：《陕西统计年鉴》，中国统计出版社。1996—1997年数据来自1998年版第220页，1998—2003年数据来自2004年版第207页，2004—2007年数据来自2008年版第195页，2008—2009年数据来自2010年版第200页，2010—2011数据来自2012年版第245页，2012年数据来自于《2012年陕西省国民经济和社会发展统计公报》（http://www.sxdaily.com.cn/n/2013/0303/c266—5084822—8.html）。

历了漫长的18年，1996年突破1000元，达到1165元；从1000元跨越到2000元则花费了10年，2005年突破2000元，达到2052元；但从2000元到3000元只花了3年，2008年便达到3136元；之后，从人均3000元到4000元，花了2年，从4000元到5000元则只用了1年。2010达到4105元；2011年突破5000元达到5028元。2012年陕西农民人均纯收入继续保持良好增长势头，达到5763元。

第二节 陕西农民收入的结构性描述

因《陕西统计年鉴》1999年前只有财产性和转移性收入的加总数据，无法得知财产性收入具体数据。故本书此处对陕西农民收入结构研究从1999年起始。如图3—2所示，1999—2010年，陕西农民收入结构大致保持经营性收入占首位，劳务性收入居第二，转移性收入为第三，财产性收入占第四的基本顺位。2011年劳务性收入首次超过经营性收入，但从2006年起，各项收入增长速度出现较大差异，劳务性收入增长率远高于经营性收入，但财产性收入一直无大的增速。

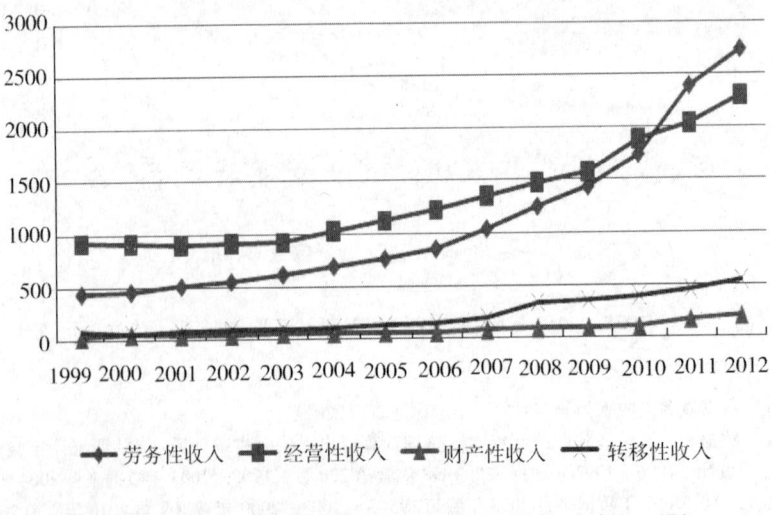

图3—2 1999—2012年陕西农民各项收入变化（单位：元）

一 经营性收入占比高但增速慢

如图3—3所示,陕西农民纯收入绝大部分源自经营性收入。但是,1999年以来的13年间,经营性收入增速不及劳务性收入和转移性收入①,经营性收入占比由63.3%逐步减少到39.8%。如图3—2所示,2010年前,经营性纯收入一直在陕西农民纯收入中占首要地位,2011年,首次出现劳务性收入超越经营性收入状况。

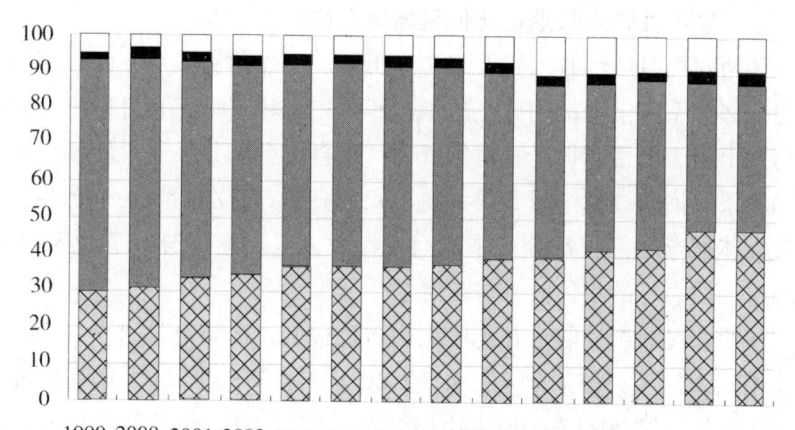

图3—3 1999—2012年陕西农民纯收入结构(单位:%)

二 劳务性收入已跃居陕西农民收入来源首位

1999—2012年,除2005年、2006年、2010年,经营性收入占比在其余年份均呈下降趋势,而劳务性和转移性收入逐年上升。2012年陕西

---

① 数据和图表由《陕西统计年鉴》整理计算得出。陕西省统计局:《陕西统计年鉴》,中国统计出版社。1996—1997年数据来自1998年版第220页,1998—2003年数据来自2004年版第207页,2004—2007年数据来自2008年版第195页,2008—2009年数据来自2010年版第200页。2010—2011数据来自2012年版第245页。2012年数据来自《陕西统计年鉴》2013年版(电子版)表10—17。

农民人均劳务性收入 2728 元,同年人均经营性收入 2295 元。从纯收入结构角度看,劳务性收入在各种收入中的重要性尤其明显。陕西农民劳务性收入在纯收入中的比例在经营性收入逐步下降的同时逐年上升,如图 3—3 所示,经营性收入占纯收入的比例至 2012 年已经下降到了 39.8%,同时劳务性纯收入在人均纯收入中所占的份额逐年上升,在 2001 年突破了 30%,2009 年突破 40%,2011 年占比首次超过经营性收入,达到 47.4%,劳务性收入已经替代经营性收入成为陕西农民第一位的收入来源。

三 财产性收入长期占比低且增速缓慢

陕西农民财产性收入主要来源于土地、房屋和资金三方面。其中,来自土地部分系因土地征用或土地承包经营权流转获得;来自住房部分系通过房屋出租、出售和拆迁补偿等获得;来自资金部分系通过储蓄、民间借贷和股票、债券、基金投资等取得。除家庭私有财产性收入,有些农民还拥有集体财产经营收益分配来的财产性收入,如集体分配股息和红利[①],城中村、城边村的集体收入分配等。

陕西农民财产性收入在纯收入中占比很低,1996 年占 2.3%,2010 年占 2.4%,且一直长期维持低水平,2011 年财产性收入虽取得突破性进展,比上年猛增 70.1%,但占比仍仅为 3.3%。2012 年陕西农民财产性收入达到 200 元,占比为 3.5%。由图 3—2 和图 3—3 可看出,陕西农民财产性收入占比偏低且增速缓慢。

四 转移性收入占比逐渐提高

农民的转移性收入指农户无须付出任何对应物而获得的货物、服务、资金或资产的所有权等,不包括被无偿提供的固定资本。

如图 3—3 所示,近年来陕西农民转移性收入呈上升趋势,其中 2008—2009 年占比逾 10%,2010 年略有下降,2011 年为 8.9%,2012 年

---

① 王文烂:《农民财产性收入增长的制度障碍及其化解》,《技术经济》2010 年第 12 期,第 113—116 页。

上升为 9.3%。①

第三节 1978年以来陕西农民收入增长性描述

如图3—1所示，1978—2012年，陕西农民人均纯收入呈上升趋势，从1978年的133元增长到2012年5763元②，年均增长额165.6元，年几何平均增长率达11.72%，但增长速度有快有慢，呈阶段波动特征。其中，1981年较上年增长25%，为35年间最高，最低年增长率为1980年的-5%。

以增长速度为主要依据，可以将陕西省农民收入划分为五个阶段。

第一阶段：1978—1985年，是农民收入快速增长期。家庭联产承包责任制及提高农副产品收购价格等政策，使这一时期陕西农民生产经营积极性空前提高，拉动农民收入高速增长。1985年底，陕西农民人均纯收入295.26元，比1978年的133元增长122%，年几何平均递增12.07%。

第二阶段：1986—1992年，为波动增长期。由于政府工作重心由农村转移至城市，而土地承包制的正效应递减，以家庭为单元的经营模式固有的资金小而散、抗风险能力差的缺陷开始暴露，忽视公共水利、道路、环境建设，使农业发展后劲匮乏。这一时期，由第一产业推动的农民收入增速减缓。1986年、1989年、1990年、1992年的增长率分别只有1.3%、7.3%、6.0%、4.7%，而1987年、1988年、1991年分别为10.1%、22.7%、16.1%，忽高忽低。1992年，陕西农民人均纯收入为558.79元，

---

① 图3—3和百分比数据均由《中国统计年鉴》和《陕西统计年鉴》整理计算得出。全国平均水平数据来自国家统计局《中国统计年鉴》，中国统计出版社2012年版第365页。2012年数据来自《2012年国民经济和社会发展统计公告》。陕西农民纯收入数据来自陕西省统计局《陕西统计年鉴》，中国统计出版社，1996—1997年数据来自1998年版第220页，1998—2003年数据来自2004年版第207页，2004—2007年数据来自2008年版第195页，2008—2009年数据来自2010年版第200页，2010—2011年数据来自2012年版第245页，2012年数据来自《陕西统计年鉴》2013年版（电子版）表10—17。因《中国统计年鉴》中无农民总收入数据，故此处采用纯收入分析。

② 数据由1978—2010年陕西农民纯收入计算得来。1978—2009年陕西农民纯收入数据来自连林慧《陕西城乡居民收入差距实证研究》，《陕西行政学院学报》2011年第1期，第89—102页。2010—2011年数据来自于陕西省统计局《陕西统计年鉴》，中国统计出版社2012年版，第245页。2012年数据来自《陕西统计年鉴》2013年版（电子版）表10—17。

较1985年的295.26元上升89.3%,年几何平均增长9.5%。

第三阶段:1993—1998年的快速增长期。这一时期,农村经济逐步向市场体制迈进,包括农产品流通体制改革、农业产业化、加快小城镇发展等政策的实施,客观上促进了农民非农收入增加。1998年,陕西农民人均纯收入1405.59元,比1992年的558.79元猛增152%,年几何平均递增16.6%。

第四阶段:1999—2003年的缓慢增长阶段。由于农产品价格自1997年连续四年偏低,全省农产品收购平均价下降32%,导致农民增产不增收。2003年,陕西农民人均纯收入1675.66元,较1998年的1405.59元增长19.2%,年几何平均增长率仅为3.6%。

第五阶段:2004—2012年的新一轮高速增长期。该时期陕西农民收入年几何平均增长15.1%,其中,2011年增幅最大,人均收入5028元,比上年增长22.5%。

第四节 陕西城乡居民收入差距描述

一 陕西城乡居民收入比偏大

从表3—1及图3—4可看出,近20年来,陕西城乡居民的收入不断提高的同时,城乡居民收入差距也在不断扩大。城乡居民收入比是反映城乡居民收入差距最常用指标。数据显示,1990年陕西城乡居民收入比为2.58,1995年增至3.44,2000年后,随着增收步伐的加快,收入差距不断拉大,在2003年首次达到4.06,2003—2009年均在4倍以上,2010—2012年以来有下降趋势。

表3—1　　　　　陕西城乡居民收入水平差距比较　　　　　单位:元

年份	城镇居民家庭人均可支配收入	农村居民家庭人均纯收入	城乡居民收入差	城乡居民收入比
1990	1369	530	869	2.58
1991	1498	534	964	2.81

续表

年份	城镇居民家庭人均可支配收入	农村居民家庭人均纯收入	城乡居民收入差	城乡居民收入比
1992	1705	559	1146	3.05
1993	2102	653	1449	3.22
1994	2684	805	1879	3.33
1995	3310	963	2347	3.44
1996	3810	1165	2645	3.27
1997	4001	1285	2716	3.11
1998	4220	1406	2814	3.00
1999	4654	1456	3198	3.20
2000	5124	1470	3654	3.49
2001	5484	1520	3964	3.61
2002	6331	1596	4735	3.97
2003	6806	1676	5130	4.06
2004	7492	1867	5625	4.01
2005	8272	2052	6220	4.03
2006	9268	2260	7007	4.10
2007	10763	2645	8118	4.07
2008	12858	3136	9722	4.10
2009	14129	3438	10691	4.11
2010	15695	4105	11590	3.82
2011	18245	5028	13217	3.63
2012	20734	5763	14971	3.60

资料来源：1990—2011年数据来自陕西省统计局《陕西统计年鉴》，中国统计出版社2012年版，第232页；2012年数据来自《陕西统计年鉴》2013年版（电子版）表10—17，表10—2。

图 3—4　1990—2012 年陕西城乡居民收入及收入比（单位：元）

资料来源：1990—2011 年数据来自陕西省统计局《陕西统计年鉴》，中国统计出版社 2012 年版，第 232 页；2012 年数据来自《陕西统计年鉴》2013 年版（电子版）表 10—17，表 10—2。

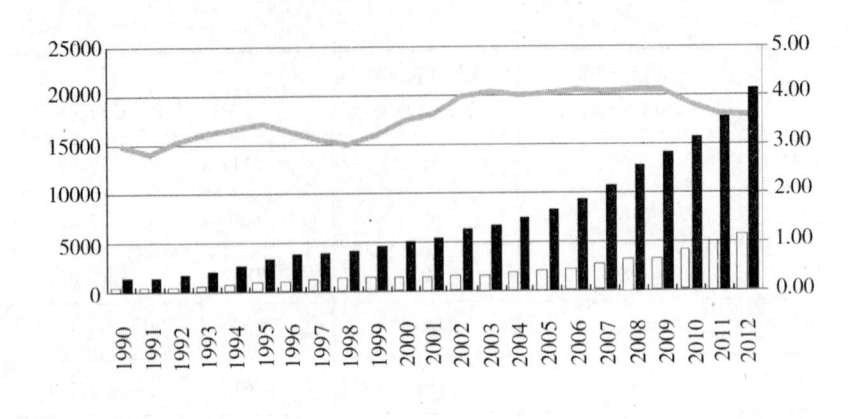

二　陕西城乡居民收入差距与全国平均水平的比较

20 世纪 90 年代我国进行社会主义市场经济改革以来，在效率优先、兼顾公平的发展理念下，我国的个人收入分配差距也开始呈扩大态势。世界银行发表的《2007 年世界发展报告》认为，我国在 2007 年的基尼系数已经达到了 0.47。[①] 根据国际公认的标准，基尼系数低于 0.2 表示收入绝对平均，0.2—0.3 表示收入比较平均，0.3—0.4 表示收入相对合理，0.4—0.5 表示收入差距较大，0.6 以上表示收入差距悬殊。按照国际上通用的考察收入差别的指标基尼系数来讲，我国的收入差别已经进入收入差距较大的行列。

陕西省农民收入与城镇居民收入差距长期高于全国平均水平。全国城乡居民收入比 2000 年为 2.79，2001 年为 2.9，2002 年为 23.11，2003 年为 3.23，2008 年为 3.36，2009 年为 3.33，2010 年为 3.23，2011 年为 3.13，2012 年为 3.10。相较而言，2001 年起陕西省城乡居民平均收入与农民人均收入之比大于 3.5，在 2005 年二者之比则突破 4.0，之后一直高

---

① 世界银行：《2007 年世界发展报告》，中国科学院、清华大学国情研究中心译，清华大学出版社 2007 年版。

居 4.0 以上[①]，到 2010 年才降至 3.82，2011 年为 3.63，2012 年为 3.60，呈现缩小趋势。如图 3—5 所示，陕西农民收入与城镇居民收入差距长期高于全国平均水平，社会公平已经受到威胁。虽然近一两年该差距呈缩小趋势，城乡收入差距仍然偏大。

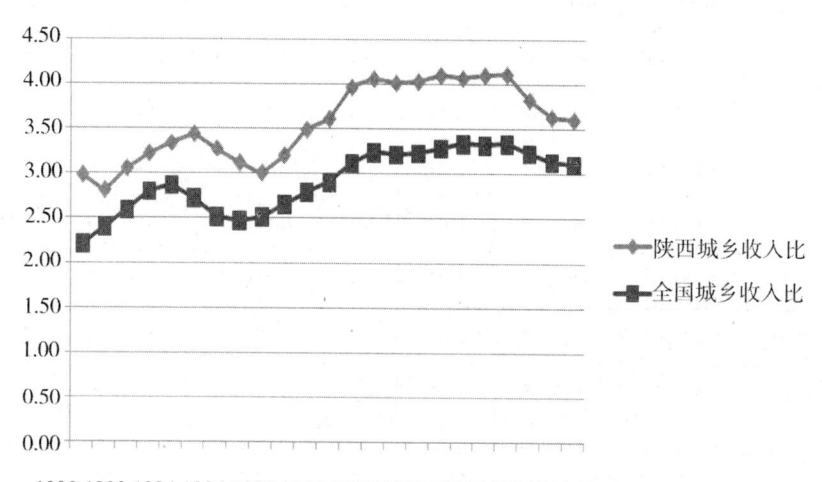

图 3—5　1990—2012 年陕西与全国城乡平均水平收入比

资料来源：1990—2011 年数据来自陕西省统计局《陕西统计年鉴》，中国统计出版社 2012 年版，第 232 页；2012 年数据来自《陕西统计年鉴》2013 年版（电子版）表 10—17，表 10—2。

三　陕西城乡居民收入差距与全国各省份的比较

陕西省城乡居民收入比在数值上超出了全国平均水平，同时在与全国各省市收入比的比较中可以发现陕西城乡居民收入比超出了绝大多数省份。笔者仅就 2012 年全国及各省市（区）城镇居民可支配收入与农村居民纯收入加以比较，如表 3—2 所示，2012 年陕西省城镇居民人均可支配收入与城乡居民收入比为 3.60，仅低于三个西部省份：云南、贵州和甘肃，位列全国第四。

[①] 1990—2009 年数据均来源于连林慧《陕西城乡居民收入差距实证研究》，《陕西行政学院学报》2011 年第 1 期，第 89—102 页。2010 年数据来自国家统计局陕西调查总队《陕西农民人均纯收入 2010 年突破四千元》（http://www.nbs—sosn.cn/index.aspx?menuid=4&type=articleinfo&lanmuid=18&infoid=105&language=cn）。

表 3—2　　　　　2012 年全国及各省市城乡收入比较表　　　　单位：元

	城镇居民	农村居民	城乡收入比		城镇居民	农村居民	城乡收入比
全国	24564.72	7916.58	3.10	河南	20442.62	7524.94	2.72
北京	36468.75	16475.25	2.21	湖北	20839.59	7851.71	2.65
天津	29626.41	14025.54	2.11	湖南	21318.76	7440.17	2.87
河北	20543.44	8081.39	2.54	广东	30226.71	10542.84	2.87
山西	20411.71	6356.63	3.21	广西	21242.80	6007.55	3.54
内蒙古	23150.26	7611.31	3.04	海南	20917.71	7408.00	2.82
辽宁	23222.67	9383.72	2.47	重庆	22968.14	7383.27	3.11
吉林	20208.04	8598.17	2.35	四川	20306.99	7001.43	2.90
黑龙江	17759.75	8603.85	2.06	贵州	18700.51	4753.00	3.93
上海	40188.34	17803.68	2.26	云南	21074.50	5416.54	3.89
江苏	29676.97	12201.95	2.43	西藏	18028.32	5719.38	3.15
浙江	34550.30	14551.92	2.37	陕西	20733.88	5762.52	3.60
安徽	21024.21	7160.46	2.94	甘肃	17156.89	4506.66	3.81
福建	28055.24	9967.17	2.81	青海	17566.28	5364.38	3.27
江西	19860.36	7829.43	2.54	宁夏	19831.41	6180.32	3.21
山东	25755.19	9446.54	2.73	新疆	17920.68	6393.68	2.80

资料来源：根据《中国统计年鉴》2013 年版（电子版）表 11—14 和表 11—21 计算整理得出。

第五节　陕西与西部、中部、东部以及东北农民收入水平比较

我国大陆区域经济，可划分为四大经济地区。四大经济地区由于自然条件与资源状况的不同而农业发展水平各不相同。如图 3—6 所示，不论与哪个经济地区平均值相比，陕西农民纯收入均显偏低。

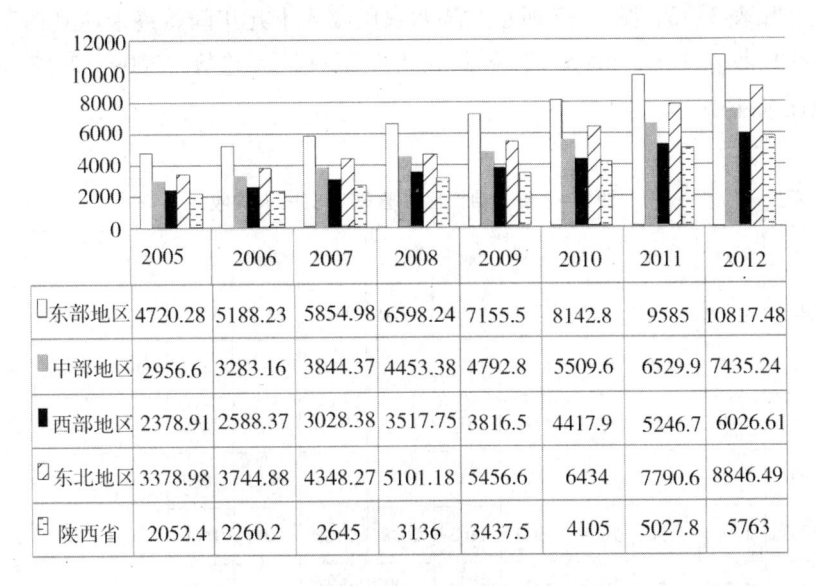

	2005	2006	2007	2008	2009	2010	2011	2012
东部地区	4720.28	5188.23	5854.98	6598.24	7155.5	8142.8	9585	10817.48
中部地区	2956.6	3283.16	3844.37	4453.38	4792.8	5509.6	6529.9	7435.24
西部地区	2378.91	2588.37	3028.38	3517.75	3816.5	4417.9	5246.7	6026.61
东北地区	3378.98	3744.88	4348.27	5101.18	5456.6	6434	7790.6	8846.49
陕西省	2052.4	2260.2	2645	3136	3437.5	4105	5027.8	5763

图 3—6　陕西省和东、中、西部以及东北地区农民纯收入比较（单位：元）

注：由于《中国统计年鉴》在 2005 年之前在地区统计方面按三个地区，未加入东北地区，为了对比陕西省农村居民收入与全国四个地区的差异，此图数据期间为 2005—2012 年，其中四个地区 2009—2011 年数据来自国家统计局农村经济调查司《中国农村统计年鉴》，中国统计出版社 2012 年版。2012 年数据来自《中国统计年鉴》2013 年版（电子版），2011 年数据来自 2012 年版第 295 页，2010 年数据来自 2011 年版第 298 页，2009 年数据来自 2010 年版第 296 页。2005—2008 年数据来自国家统计局《中国统计年鉴》，2005 年数据来自 2006 年版第 377 页，2006 年数据来自 2007 年版第 374 页，2007 年数据来自 2008 年版第 346 页，2008 年数据来自 2009 年版第 345 页。陕西省数据来自陕西省统计局《陕西统计年鉴》，中国统计出版社 2012 年版，第 232 页，2012 年数据来自《陕西统计年鉴》2013 年版（电子版）表 10—17。

一　陕西与西部地区农民收入水平比较

西部地区包括西藏、新疆、青海、甘肃、宁夏、云南、贵州、四川、陕西、重庆、广西、内蒙古等 12 个省、自治区和直辖市。[①] 西部地区幅员辽阔，地势较高，地形复杂，高原、盆地、沙漠、草原相间，大部分地区高寒、缺水，不利于农作物生长，农民收入水平与东、中部差距较大。与西部省区相比，陕西农民收入水平并无优势。在西部 12 个省、自治区、直辖市中，2012 年，陕西农民收入排名第七位，尚未达到中位数。

---

① 本书中的西部地区指广义上的西部大开发经济带。

如表 3—3、图 3—7 所示，陕西农民收入十几年间始终未达到西部省区平均收入水平，2005—2008 年收入差距有扩大趋势，2009—2012 年差距逐渐缩小。

表 3—3　　　　西部 12 省、自治区和直辖市农民人均收入　　　　单位：元

年份	陕西	甘肃	青海	宁夏	新疆	重庆	四川	贵州	云南	西藏	广西	内蒙古
1998	1406	1393	1425	1721	1600	1720	1789	1334	1387	1232	1972	1981
1999	1456	1357	1467	1754	1473	1737	1843	1363	1438	1309	2048	2003
2000	1444	1429	1490	1724	1618	1892	1904	1374	1479	1331	1865	2038
2001	1491	1509	1557	1823	1710	1971	1987	1412	1534	1404	1944	1973
2002	1596	1590	1669	1917	1863	2098	2108	1490	1609	1462	2013	2086
2003	1676	1673	1794	2043	2106	2215	2230	1565	1697	1691	2095	2268
2004	1867	1852	1958	2320	2245	2510	2519	1722	1864	1861	2305	2606
2005	2053	1980	2151	2509	2482	1809	1803	1877	2042	2078	2495	2989
2006	2260	2134	2358	2760	2737	2874	3002	1985	2250	2435	2770	3342
2007	2645	2329	2684	3181	3183	3509	3547	2374	2634	2788	3224	3953
2008	3137	2724	3061	3681	3503	4126	4121	2797	3103	3176	3690	4656
2009	3438	2980	3346	4048	3883	4478	4462	3005	3369	3532	3980	4938
2010	4105	3425	3863	4675	4643	5277	5087	3472	3952	4139	4543	5530
2011	5028	3909	4608	5410	5442	6480	6129	4145	4722	5417	5231	6642
2012	5763	4507	5364	6180	6394	7383	7001	4753	4904	5719	6008	7611

注：西部经济带不包括广西和内蒙古，但是"西部大开发经济带"包括广西和内蒙古。

资料来源：由《中国农村统计年鉴》整理计算而来。国家统计局：《中国农村统计年鉴》，中国统计出版社，各省、自治区、直辖市农民收入 1998—2001 年数据来自 2002 年版第 266 页，2002—2006 年数据来自 2007 年版第 273 页，2007—2009 年数据来自 2010 年版第 275 页。2010—2012 年数据来自《中国统计年鉴》2013 年版（电子版）表 11—20。

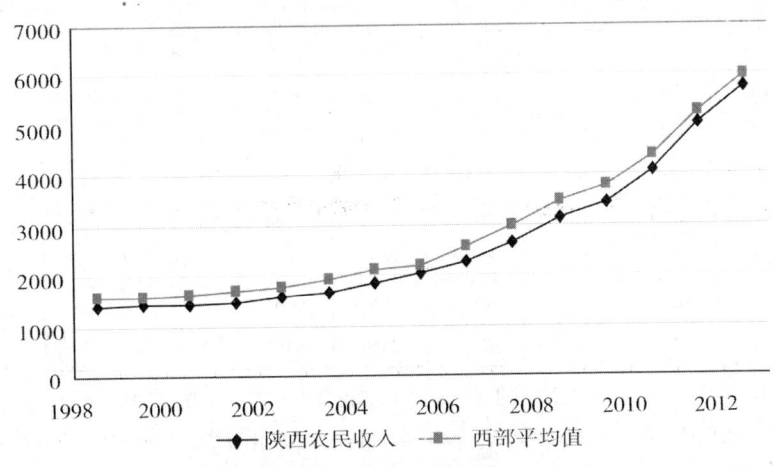

图 3—7 陕西和西部省份收入水平比较（单位：元）

资料来源：由《中国农村统计年鉴》整理计算而来。国家统计局：《中国农村统计年鉴》，中国统计出版社，各省、自治区、直辖市农民收入 1998—2001 年数据来自 2002 年版第 266 页，2002—2006 年数据来自 2007 年版第 273 页，2007—2009 年数据来自 2010 年版第 275 页。2010—2012 年数据来自《中国统计年鉴》2013 年版（电子版）表 11—20。

二　陕西与中部地区农民收入水平比较

中部地区包括山西、安徽、江西、河南、湖北、湖南 6 个省；中部地区位于内陆，北有高原，南有丘陵，众多平原分布其中，属粮食生产基地。

如表 3—4 所示，陕西农民收入落后于中部任何一个省份，农民收入也远低于中部农民收入的平均值。

表 3—4　　　　　　陕西与中部 6 省农民纯收入比较　　　　　单位：元

年份	安徽	河南	湖北	湖南	山西	江西	平均值	陕西
1998	1863	1864	2172	2065	1859	2048	1979	1406
1999	1900	1948	2217	2127	1773	2129	2016	1456
2000	1935	1986	2269	2197	1906	2135	2071	1444
2001	2020	2098	2352	2299	1956	2232	2160	1491
2002	2118	2216	2444	2398	2150	2306	2272	1596
2003	2127	2236	2567	2533	2299	2458	2370	1676
2004	2499	2553	2890	2838	2590	2787	2693	1867
2005	2641	2871	3099	3118	2891	3129	2958	2053

续表

年份	安徽	河南	湖北	湖南	山西	江西	平均值	陕西
2006	2969	3261	3419	3390	3181	3460	3280	2260
2007	3556	3852	3997	3904	3666	4045	3837	2645
2008	4203	4454	4656	4513	4097	4697	4437	3137
2009	4504	4807	5035	4909	4244	5075	4762	3438
2010	5285	5524	5832	5622	4736	5789	5465	4105
2011	6232	6604	6898	6567	5601	6892	6466	5028
2012	7160	7525	7852	7440	6357	7829	7361	5763

资料来源：由《中国农村统计年鉴》整理计算而来。国家统计局：《中国农村统计年鉴》，中国统计出版社，各省农民收入1998—2001年数据来自2002年版第266页，2002—2006年数据来自2007年版第273页，2007—2009年数据来自2010年版第275页。2010—2012年数据来自《中国统计年鉴》2013年版（电子版）表11—20。

如图3—8所示，1998—2012年，中部农民人均收入是陕西农民收入的1.28—1.45倍，收入差距很大，但这种倍数差距在近几年有明显缩小趋势。

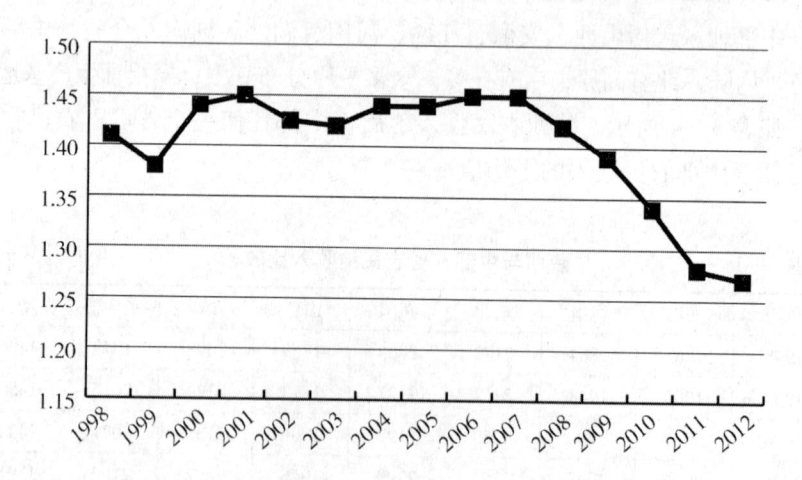

图3—8 中部地区对陕西农民人均收入倍数变化

资料来源：由《中国农村统计年鉴》整理计算而来。国家统计局：《中国农村统计年鉴》，中国统计出版社，各省农民收入1998—2001年数据来自2002年版第266页，2002—2006年数据来自2007年版第273页，2007—2009年数据来自2010年版第275页。2010—2012年数据来自《中国统计年鉴》2013年版（电子版）表11—20。

三 陕西与东部省区农民收入水平比较

东部地区包括北京、天津、河北、山东、上海、江苏、浙江、福建、广东、海南10个省、直辖市。东部地区背负大陆，面临海洋，地势平缓，有良好的农业生成条件。

表3—5与图3—9显示，位于西部地区的陕西农民收入明显低于东部发达省份，近几年陕西省与东部发达省份之间的差距有进一步扩大趋势。

表3—5　　　　　东部10省、直辖市农民纯收入　　　　单位：元

年份	北京	天津	河北	上海	江苏	浙江	广东	福建	海南	山东	均值
1998	3952	3396	2405	5407	3377	3815	3527	2946	2018	2453	3330
1999	4227	3411	2442	5409	3495	3948	3629	3091	2087	2550	3429
2000	4605	3622	2479	5596	3595	4254	3654	3230	2182	2659	3588
2001	5026	3948	2604	5871	3785	4582	3770	3381	2226	2805	3800
2002	5398	4279	2685	6224	3980	4940	3912	3539	2423	2948	4033
2003	5602	4566	2853	6654	4239	5389	4055	3734	2588	3150	4283
2004	6170	5020	3171	7066	4754	5944	4366	4089	2818	3507	4691
2005	7346	5580	3482	8248	5276	6660	4690	4450	3004	3931	5267
2006	8275	6228	3802	9139	5813	7335	5080	4835	3256	4368	5813
2007	9440	7010	4293	10145	6561	8265	5624	5467	3791	4985	6558
2008	10662	7911	4796	11440	7357	9258	6400	6196	4390	5641	7405
2009	11669	8688	5150	12483	8004	10007	6907	6680	4744	6119	8045
2010	13262	10075	5998	13978	9118	11303	7890	7427	5275	6990	9132
2011	14736	12321	7120	16054	10805	13071	9372	8779	6446	8342	10705
2012	16476	14025	8081	17804	12202	14552	10543	9967	7408	9447	12051

资料来源：由《中国农村统计年鉴》整理计算而来。国家统计局：《中国农村统计年鉴》，中国统计出版社，各省直辖市农民收入1998—2001年数据来自2002年版第266页，2002—2006年数据来自2007年版第273页，2007—2009年数据来自2010年版第275页。2010—2012年数据来自《中国统计年鉴》2013年版（电子版）表11—20。

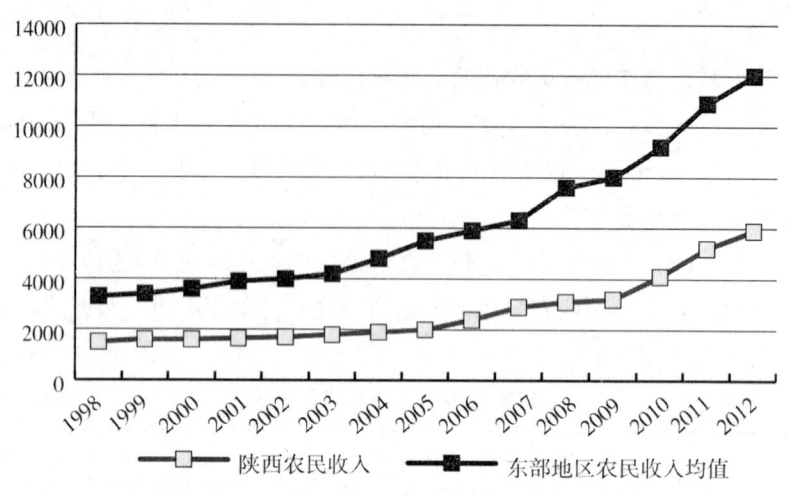

图 3—9 陕西农民人均纯收入与东部地区比较（单位：元）

资料来源：由《中国农村统计年鉴》整理计算而来。国家统计局：《中国农村统计年鉴》，中国统计出版社，各省直辖市农民收入 1998—2001 年数据来自 2002 年版第 266 页，2002—2006 年数据来自 2007 年版第 273 页，2007—2009 年数据来自 2010 年版第 275 页。2010—2012 年数据来自《中国统计年鉴》2013 年版（电子版）表 11—20。

四 陕西与东北省区农民收入水平比较

东北地区包括黑、吉、辽三省，辽阔的东北平原、肥沃的黑土以及适宜的气候，使得这里成为我国最大的商品粮基地和林业基地。东北地区作为"共和国工业的长子"，工业部门齐全，与农业相关的工业比较发达，交通便利，为现代农业奠定了基础，东北地区农业机械化程度较高，生产效率较高。如表 3—6 所示，东北地区农民人均年纯收入大大领先于陕西省农民年人均纯收入，由图 3—10 可以看出，近年来收入差距呈现扩大趋势。

表 3—6　　　　　陕西省与东北地区农民人均纯收入比较　　　　单位：元

年份	黑龙江	吉林	辽宁	均值	陕西
1998	2253	2384	2580	2406	1406
1999	2166	2261	2501	2309	1456
2000	2148	2023	2356	2176	1444
2001	2280	2182	2558	2340	1491

续表

年份	黑龙江	吉林	辽宁	均值	陕西
2002	2405	2301	2751	2486	1596
2003	2509	2530	2934	2658	1676
2004	3005	3000	3307	3104	1867
2005	3221	3264	3690	3392	2053
2006	3552	3641	4090	3761	2260
2007	4132	4191	4773	4365	2645
2008	4856	4933	5577	5122	3137
2009	5207	5266	5958	5477	3438
2010	6221	6237	6908	6455	4105
2011	7591	7510	8297	7799	5028
2012	8604	8598	9384	8862	5763

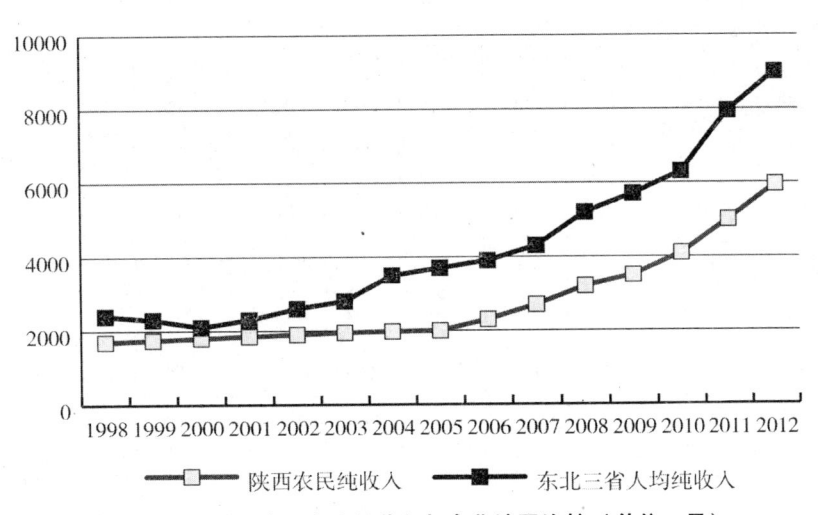

图3—10 陕西农民人均纯收入与东北地区比较（单位：元）

资料来源：由《中国农村统计年鉴》整理计算而来。国家统计局：《中国农村统计年鉴》，中国统计出版社，各省农民收入1998—2001年数据来自2002年版第266页，2002—2006年数据来自2007年版第273页，2007—2009年数据来自2010年版第275页。2010—2012年数据来自《中国统计年鉴》2013年版（电子版）表11—20。

第六节 陕西农民收入状况的特征

一 农民收入平均增速低于全国平均水平

1978年陕西农民的人均纯收入约等于全国平均水平，但收入增速差距造成陕西农民人均收入逐渐落后于全国平均水平，与全国均值差距1996年达到最大，该年陕西农民纯收入仅相当于全国均值的60.5%，之后，该差距逐步缩小，但截至2012年，陕西农民人均收入仍比全国平均水平低2541元，仅相当于全国均值的67.9%。由表3—7及图3—11可以看出，自20世纪90年代中期以来，陕西农民人均纯收入与全国平均水平的差距逐渐扩大。

表3—7　　　　　全国和陕西省农民人均纯收入比较　　　　　单位：元

年份	全国农民纯收入	陕西农民纯收入	绝对值差	比率	年份	全国农民纯收入	陕西农民纯收入	绝对值差	比率
1978	134	133	1	1.00	1991	709	534	175	1.33
1979	180	150	30	1.2	1992	784	559	225	1.40
1980	191	142	49	1.35	1993	922	653	269	1.41
1981	223	177	46	1.26	1994	1221	805	416	1.52
1982	270	218	52	1.24	1995	1578	963	615	1.64
1983	310	236	74	1.31	1996	1926	1165	761	1.65
1984	355	263	92	1.35	1997	2090	1285	805	1.63
1985	398	295	103	1.35	1998	2162	1406	756	1.54
1986	424	299	125	1.42	1999	2210	1456	754	1.52
1987	463	329	134	1.41	2000	2253	1470	783	1.53
1988	475	404	171	1.18	2001	2366	1520	846	1.56
1989	545	434	111	1.26	2002	2476	1596	880	1.55
1990	686	530	156	1.29	2003	2622	1676	946	1.56

续表

年份	全国农民纯收入	陕西农民纯收入	绝对值差	比率	年份	全国农民纯收入	陕西农民纯收入	绝对值差	比率
2004	2936	1867	1069	1.57	2009	5153	3438	1715	1.50
2005	3255	2052	1203	1.59	2010	5919	4105	1804	1.44
2006	3587	2260	1327	1.59	2011	6977	5028	1949	1.39
2007	4140	2645	1495	1.57	2012	7917	5763	2154	1.37
2008	4761	3136	1625	1.52					

资料来源：陕西农民纯收入1978—2009年数据来源于连林慧《陕西城乡居民收入差距实证研究》，《陕西行政学院学报》2011年第1期，第89—102页。2010—2011年数据来自于陕西省统计局《陕西统计年鉴》，中国统计出版社2012年版，第245页。全国农民纯收入数据根据国家统计局《中国农村统计年鉴》整理计算得来，中国统计出版社2012年版，第267页。2012年数据来自《中国统计年鉴》2013年版（电子版）表11—20。各省直辖市1978—2009年数据来源于2010年版第269页。2010—2012年数据来自《中国统计年鉴》2013年版（电子版）表11—20。

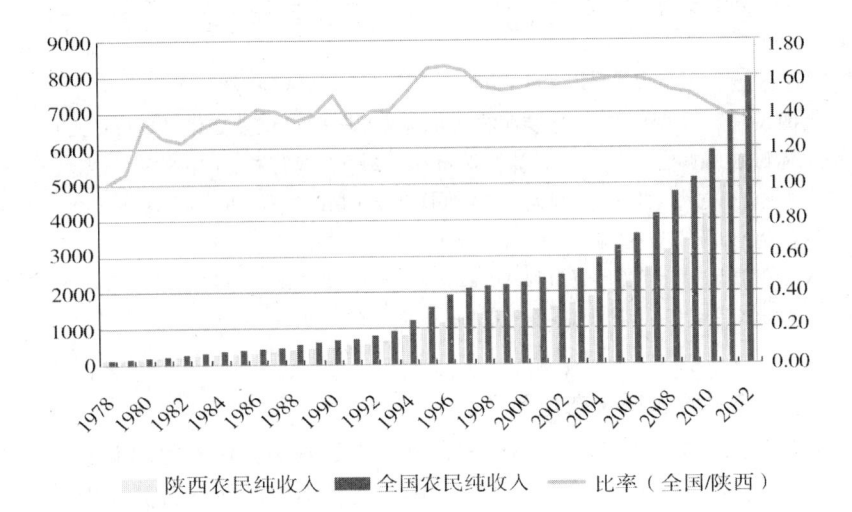

图3—11　1978—2012年陕西与全国农民平均纯收入比较（单位：元）

资料来源：陕西农民纯收入1978—2009年数据来源于连林慧《陕西城乡居民收入差距实证研究》，《陕西行政学院学报》2011年第1期，第89—102页；2010—2011年数据来自于陕西省统计局《陕西统计年鉴》，中国统计出版社2012年版，第245页。全国农民纯收入1978—2009年数据根据国家统计局《中国农村统计年鉴》中国统计出版社2012年版，第267页整理计算得来，2012年全部数据来自《中国统计年鉴》2013年版（电子版）表11—20。

二 农民收入增速落后于同期 GDP 的增速

如图 3—12 所示，陕西农民纯收入的增长速度常年小于陕西 GDP 的增长速度。尤其在 20 世纪 90 年代末之后，增速差距越拉越大，反映出陕西农民收入增长率长期落后于陕西经济增长速度。

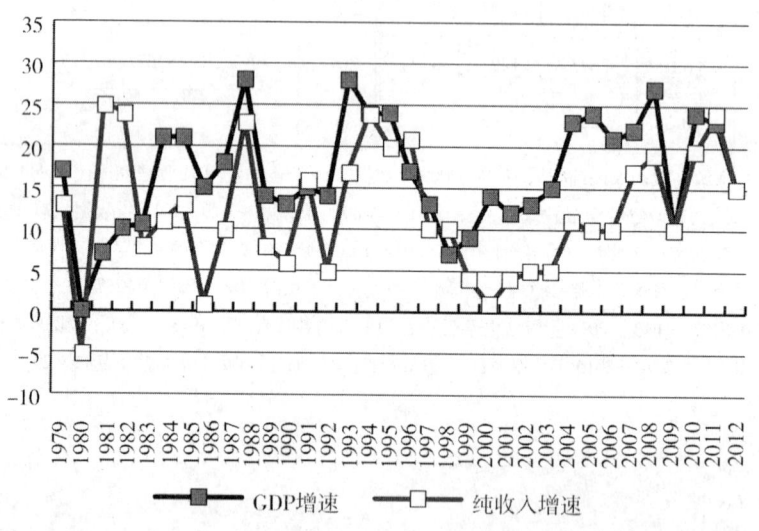

图 3—12　1979—2012 年陕西农民人均收入与 GDP 增速变化（单位：元）

资料来源：由陕西农民纯收入计算得来。1978—2009 年数据来源于连林慧《陕西城乡居民收入差距实证研究》，《陕西行政学院学报》2011 年第 1 期，第 89—102 页。2010—2011 年数据来自陕西省统计局《陕西统计年鉴》，中国统计出版社 2012 年版，第 232 页。1978—2011 年陕西省 GDP 总量数据来源于陕西省统计局《陕西统计年鉴》，中国统计出版社 2012 年版，第 70 页。2012 年数据来自《2012 年陕西省国民经济和社会发展统计公报》。

三 农民收入增长态势不稳定

陕西农民收入增长态势不稳定，呈现剧烈震荡起伏不定的弱势发展特征。由图 3—12 可以看出农民收入的环比增长率忽高忽低且波动剧烈。波动大反映出农民收入增长的不确定性，农民增收风险较大。

第四章

各项强农惠农政策效应评估

政策是主观对客观在某一群体的反映及共识的制度化。由于主观判断可能存在这样那样的偏差，故并不存在完美无缺的政策。加之，随着客观条件的变化，在一个时期提高生产力的政策在另一时期可能成为生产力提高的妨碍。

一系列强农惠农政策的施行，在促进陕西农民增收同时，在实践中也存在一些现实问题。任何政策都有两面性，及时总结这些政策的正负效应，有利于好政策的持续推行，有利于对有缺陷政策的修正、改进。

第一节 影响陕西农民增收的重要政策梳理

概括起来，近10年以来，对陕西农民收入影响较大的政策主要有土地政策、新型农村社会养老保险政策、新型农村合作医疗政策、加强农业基础设施建设政策、发展农业生产方面的政策（尤以近年陕西实施的促进农民增收"七大工程"政策最典型）、减少农产品流通环节促进农民增收的政策、农业税减免政策、农业补贴政策、农村剩余劳动力培训措施、扶贫和退耕还林政策。上述政策，大致可归为三类：一是能直接促进农民增收的政策，包括农地政策、加强农业基础设施建设政策、农业补贴政策；二是为农民减负政策，如农业税减免政策、减免义务教育学杂费政策、减少农产品流通环节政策（如"绿色通道"政策、"农超对接"政策）等；三是降低农民生产生活风险的保障性政策，是为农民系上保险带，使农民生产、生活的不确定性大大降低的政策，如新农合、新农保、农村居民最低生活保障政策等。

一 农村土地政策

我国的农村土地政策主要由土地承包政策和土地流转政策两部分组成。①

(一) 农村土地承包法律政策

为稳定和完善农村土地承包关系,维护农民土地承包权益,国家先后颁布了《农村土地承包法》、《物权法》、《农村土地承包经营纠纷调解仲裁法》,制定了一系列政策,赋予农民更加充分而有保障的土地承包经营权,保持现有土地承包关系稳定并长久不变。国家依法保护农村土地承包关系的长期稳定,保护承包方的土地承包经营权,任何组织和个人不得侵犯。承包期内,除法定事由外,发包方不得收回承包地,不得调整承包地。土地承包期届满,由土地承包经营权人按照国家有关规定继续承包。

(二) 土地流转政策

土地承包经营权流转伴随农村劳动力转移和农村经济发展的长期历史过程,反映了农地合理利用和优化配置的需要,是联结承包农户与规模经营主体、发展多种形式适度规模经营的重要渠道和纽带。国家高度重视农村土地承包经营权流转,相关法律政策主要有以下内容。

(1) 流转前提。确保家庭承包经营制度长期稳定,落实和明晰土地承包经营权是进行土地承包经营权流转的前提。

(2) 流转主体。流转的主体是承包方,承包方有权依法自主决定土地承包经营权是否流转和流转的方式,任何组织和个人不得强迫或阻碍承包方进行土地承包经营权流转。

(3) 流转原则。土地承包经营权流转要遵循平等协商、依法、自愿、有偿原则,流转期限不得超过承包期的剩余期限,受让方须有农业经营能力,在同等条件下本集体经济组织成员享有优先权。

(4) 流转底线。土地承包经营权流转不得改变土地集体所有性质,不得改变土地用途,不得损害农民土地承包权益。

(5) 流转方式。国家允许农民采取转包、出租、互换、转让、股份合作等方式流转土地承包经营权。

---

① 农业部新闻办:《2010年党的强农惠农政策宣传材料》,中华人民共和国农业部网站(http://www.moa.gov.cn/zwllm/zcfg/qnhnzc/201109/t20110928_2312691.htm)。

(6)流转机制。土地承包经营权流转机制是市场，禁止不顾条件、采取下达指标等行政手段推动土地承包经营权流转。

二 新型农村社会养老保险（新农保）政策

起步于 2009 年的新型农村社会养老保险制度，从试点当年覆盖全国 10% 左右的县（市），到 2011 年试点范围扩大到全国 40% 的县[①]，再到 2012 年实现新型农村养老保险制度全覆盖，目标从预期的 2020 年提前至 2012 年实现，比预定时间提前了 8 年。[②] 截至 2012 年底，我国农村居民参保人数达 4.6 亿人，领取养老金人数达 1.31 亿人，全国平均参保率接近 90%。[③] 新型农村社会养老保险之所以被称为"新农保"，是相对于以前各地开展的农村养老保险而言。过去的老农保主要是农民自己缴费，实际上是自我储蓄模式，而新农保最大的特点是采取个人缴费、集体补助和政府补贴相结合的模式，有三个筹资渠道。新农保的基本原则是"保基本、广覆盖、有弹性、可持续"。按照该制度设计，新农保基础养老金由国家财政全部保证支付，这意味着中国农民 60 岁以上都将享受到国家普惠式的养老金。目前确定的基础养老金领取标准是每人每月 55 元。

三 新型农村合作医疗（新农合）政策

新农合是由政府组织、引导、支持，农民自愿参加，个人、集体和政府多方筹资，以大病统筹为主的农民医疗互助共济制度。新农合最初是为解决传统合作医疗衰落后农村广泛存在的"因病致贫、因病返贫"问题。2002 年 10 月，《中共中央、国务院关于进一步加强农村卫生工作的决定》明确指出：要"逐步建立以大病统筹为主的新型农村合作医疗制度"，"到 2010 年，新型农村合作医疗制度要基本覆盖农村居民"，"从 2003 年起，中央财政对中西部地区除市区以外的参加新型合作医疗的农民每年按人均 10 元安排合作医疗补助资金，地方财政对参加新型合作医疗的农民

[①] 周惠华：《2011 年国家支持粮食增产农民增收的政策措施》，《新农村》2011 年第 5 期，第 3—4 页。

[②] 王晓洁、张晋武：《财政保障新型农村养老保险制度实施策略分析——以"全覆盖"目标为视角》，《河北经贸大学学报》2012 年第 6 期，第 58—60 页。

[③] 《未富先老农民叹 55 元养老金不经花：只能买 4 斤肉》，《经济参考报》2013 年 5 月 28 日。陕西传媒网（http://www.sxdaily.com.cn/n/2013/0528/c370—5141150—1.html）。

补助每年不低于人均10元"。新型农村合作医疗制度从2003年起在全国部分县（市）试点，至2009年确立新农合作为农村基本医疗保障制度的地位，到2010年逐步实现基本覆盖全国农村居民，再到2012年农村居民重大疾病医疗保障广泛推广、支付方式改革和商业保险机构参与经办等一系列精细化发展举措，新农合制度日益成熟。①

2010年中央1号文件《中共中央、国务院关于加大统筹城乡发展力度，进一步夯实农业农村发展基础的若干意见》明确提出，要逐步提高新型农村合作医疗筹资水平、政府补助标准和保障水平。2010—2014年，新农合筹资标准分别是每人每年150元、250元、290元、350元和410元，逐年提高。各级财政对新农合的补助平均占80%，补助标准每人每年分别是120元、200元、240元、280元和320元；参保农民个人缴费仅占约20%，每人每年分别为30元、50元、50元、70元和90元。

2014年2月，国务院印发《关于建立统一的城乡居民基本养老保险制度的意见》，部署在全国范围内建立统一的城乡居民基本养老保险制度，提出到"十二五"末，在全国基本实现新型农村社会养老保险和城镇居民社会养老保险制度合并实施，并与职工基本养老保险制度相衔接；2020年前，全面建成公平、统一、规范的城乡居民养老保险制度，与社会救助、社会福利等其他社会保障政策相配套，充分发挥家庭养老等传统保障方式的积极作用，更好地保障参保城乡居民的老年基本生活。

四 加强农村基础设施建设政策

各级政府加强农村基础设施建设政策，主要体现在农田水利建设、电网改造及道路建设等投资领域。

（一）农田水利建设政策

2005年中央财政设立小型农田水利设施建设补助专项资金，采取"民办公助"方式对小型农田水利建设给予适当补助。截至2010年，中央财政累计安排小型农田水利设施建设补助专项资金172亿元，安排小型农田水利重点县建设资金100亿元。2011年中央1号文件《中共中央 国务院关于加快水利改革发展的决定》要求"大兴农田水利建设，到2020

---

① 李珍、刘小青：《重构医疗保险体系视角下的新农合发展研究》，《卫生经济研究》2014年第2期，第3—8页。

年，基本完成大型灌区、重点中型灌区续建配套和节水改造任务"，要求"继续推进农村饮水安全建设，到2013年解决规划内农村饮水安全问题，'十二五'期间基本解决新增农村饮水不安全人口的饮水问题"①。

陕西省积极贯彻中央提出的加强农田水利设施建设的政策，自2002年就颁布《陕西省人民政府关于大力开展今冬明春农田水利基本建设的通知》，重点实施抗旱水源工程、节水改造工程、城乡供水工程、水保生态工程和防洪保安工程五大工程建设，在全省各个地区兴修西安黑河水利枢纽工程、宝鸡峡加坝加闸、三原西郊水库等水利工程，省委、省政府又将"十二五"的开局之年2011年确定为"陕西水利建设年"，部署了包括渭河陕西段综合整治、引汉济渭在内的8项水利重大项目。

（二）电网改造政策

农村电网是农村重要的基础设施，关系农民生活、农业生产和农村繁荣。目前我国农村电网建设仍存在许多矛盾和问题。农村电网的主要问题如农村电网规划不合理、电力设备老化②、线损率较高、电压不稳、供电能力不足、保证率低。③ 另外，伴随农民收入增加及家电下乡等政策拉动，农村电器越来越多，消费水平越来越高，对电力需求日益扩大。据陕西省地方电力集团公司发布的《2011年供电服务报告》，2011年该公司农村电网改造面已达92%，计划于2015年建成经济、优质、安全的新型农村电网。陕西地电集团计划在2015年解决因农村经济发展、"家电下乡"等因素带来的农村电网供电能力不足问题，通过四个目标完成陕西农村电网全面改造，即电网改造面百分之百覆盖陕西所有农村；对已经改造过的电网实施升级；提高电能质量；适当安排110千伏电网项目。④

（三）农村道路建设政策

农村道路作为公共物品，理应由各级政府用经常性收入安排提供。为改变农村居民交通不通、有路难行、人背马驮、进村入户困难状况，改善农民生产生活条件，提高农业经营效率，促进农民增收，我国于2005年

---

① 《中共中央 国务院关于加快水利改革发展的决定》，中央人民政府网站（http://www.gov.cn/gongbao/content/2011/content_ 1803158.htm）。
② 张云：《农村电网存在的问题及应对措施》，《吉林农业》2013年第8期，第14页。
③ 赵景明：《农村电网存在的问题与农网改造探析》，《硅谷》2013年第12期，第166，163页。
④ 《陕西农村电网改造达92%，2015年建成新型农村电网》，西部网（http://news.cnwest.com/content/2012—03/29/content_ 6247637.htm）。

提出了"村村通"工程即"五年千亿元"工程，计划在5年内投入1000亿元修建农村公路，实现所有村庄通沥青路或水泥路，打破农村发展的交通瓶颈，解决9亿农民出行难题。

陕西省"村村通公路"建设成绩骄人。自2006年起陕西建成通村水泥路、沥青路1.4万公里，完成通乡油路和通达工程道路近4000公里，使5000多个建制村的600多万农民群众出门走上了水泥路、沥青路。到2010年陕西省已经实现100%的乡镇通油路、100%的村通公路、80%的村通油路或水泥路的目标。[①]

五 发展农业生产方面的政策

发展农业生产方面的惠农政策很多，具有代表性的有粮食最低价收购政策、粮食主产区的利益补偿政策、农业标准化生产支持政策等。

实行粮食最低收购价政策，是国家调节粮食供求关系的重要手段，也是促进农民种粮的有效政策。2004年，我国全面放开粮食收购市场和收购价格，粮食价格由市场形成。粮食价格放开后，为保护农民利益和种粮积极性，2004年、2006年起国家在主产区分别对稻谷、小麦两个重点粮食品种实行最低收购价政策。2008年以来，针对粮食生产成本上升较快的情况，国家连续六年提高粮食最低收购价格。[②] 2014年生产的小麦（三等）最低收购价提高到每50公斤118元，2014年生产的早籼稻（三等）、中晚籼稻和粳稻最低收购价格分别提高到每50公斤135元、138元和155元。粮食最低收购价政策，对促进我国粮食市场稳定、保护农民利益、保障国家粮食安全发挥着极其重要的作用。

为调动地方政府抓粮积极性，中央财政还以缓解地方财政困难为重点，建立了对粮食主产区的利益补偿机制。2005年以来，中央财政先后出台了产粮大县奖励、产油大县奖励、超级产粮大省奖励政策，对粮食主产区予以奖励，并不断增加奖励资金规模，仅2005—2011年，就累计安排奖励资金810亿元。

[①] 《陕西要求各地确保2010年前100%的行政村通公路》，中央政府门户网站（http://www.gov.cn/jrzg/2007—05/18/content_ 618765. htm）。

[②] 《我国实施粮食最低收购价政策十年述评》，网易财经（http://money.163.com/13/0618/15/91LOQO8Q00254TI5.html）。

实施农业标准化生产是保障农产品质量安全的重要途径。自1988年实施"菜篮子"工程以来,"菜篮子"产品产量大幅增长,品种日益丰富。2010年中央1号文件《中共中央、国务院关于加大统筹城乡发展力度,进一步夯实农业农村发展基础的若干意见》明确提出"推进菜篮子产品标准化生产",支持建设生猪、奶牛规模养殖场(小区),发展园艺作物标准生产基地和水产健康养殖示范场,开展标准化创建活动,推进畜禽养殖加工一体化,支持畜禽良种繁育体系建设。

六 减少农产品流通环节促进农民增收的政策

在减少农产品流通环节、促进农民增收方面,政府采取的主要措施包括节约农产品运输费用的针对鲜活农产品的绿色通道政策和减少流通环节的"农超对接"政策。前者是政府让利于民之举,后者则是政府在农民和超市之间牵线搭桥促使中间流通环节减少、节约农民销售费用,既让农产品卖个好价钱,又使超市节约采购成本的双赢政策。

为提高农产品流通效率、降低农产品流通成本、减少鲜活农产品损失、保障城镇鲜活农产品供给,促进农民增收,2005年交通部、农业部、公安部、商务部、发展改革委、财政部、国务院纠风办七部门联合印发了《全国高效率鲜活农产品流通"绿色通道"建设实施方案》,2006年、2009年分别印发了《关于进一步完善"五纵二横"鲜活农产品流通绿色通道网络,实现省际互通的通知》和《关于进一步完善和落实鲜活农产品运输绿色通道政策的通知》等有关文件。2011年全国所有收费公路全部纳入鲜活农产品运输"绿色通道"网络范围,对整车合法装载运输鲜活农产品车辆免收车辆通行费。将马铃薯、甘薯、鲜玉米、鲜花生列入"绿色通道"产品范围内。

1998年,陕西在全国率先开通果品运输"绿色通道",对省自产的五种鲜果在公路运输当中免收公路通行费。此后,相继开通三条普通收费公路和全部高速公路国家鲜活农产品运输"绿色通道"。

自2008年以来,农业部开展"农超对接"试点作为促进农民专业合作社又好又快发展的一项重点工作。2011年进一步加大"农超对接"政策支持力度,超市从农民专业合作社购进的免税农产品,可按13%的扣除率计算抵扣增值税进项税额。严禁超市向合作社收取进场费、赞助费、摊位费、条码费等不合理费用,严禁任意拖欠货款。超市一般应采取日结的方式收购蔬菜等生鲜农产品，尽量缩短账期。

  陕西省有关部门采取措施经过积极协调，全球跨国零售巨头"家乐福"在周至县建立了猕猴桃直采基地，在洛川县建立了苹果直采基地，并签订了直采销售合同，使周至猕猴桃和洛川苹果直接进入了其在全球的大型超市。

七　全面农业税减免政策

  为从分配体制上理顺国家、集体、农民三者的关系，增加农民收入，中央政府从2000年初开始推行农村税费改革，自2006年1月1日起废止《农业税条例》，全面取消农业税，这意味着在中国自战国以来延续了2600年的按田亩和人头平均税负的传统农业税最终退出中国的历史舞台。[①] 农业税减免被誉为我国继家庭联产承包责任制之后农村最重要的一项改革举措。全面取消农业税，有利于农民减负增收、缩小城乡居民收入差距，有利于拉动内需，是"工业支持农业，城市反哺农村"的一项重大政策措施。

八　农业补贴政策

  我国1980—1992年农业补贴较少，主要是"超购加价"、粮（棉）肥挂钩等形式。1993年以后，国家开始实行粮食购销价格改革，建立了粮食保护价制度；2002年开展粮食直补试点，并于2004年结合农村税费改革在全国推广。目前，我国的农业补贴政策主要包括种粮农民直接补贴、农资综合补贴、良种补贴和农机具购置补贴，简称为"四补贴"。2009年，中央财政安排种粮农民直接补贴190亿元、农资综合补贴756亿元、良种补贴198.5亿元、农机具购置补贴130亿元，为调动农民务农种粮积极性发挥了积极作用。2011年中央财政安排良种补贴220亿元，比上年增加16亿元。农机具购置补贴增加到175亿元，补贴范围继续覆盖全国所有农牧业县（场）。[②] 保证粮食安全和增加农民收入，一直是我国实施粮食直补政策的两大目标。农业补贴政策是我国宏观农业管理政策变"取"为"予"的重大转变，是对"三农"支持方式的一项重大改

---

  ① 李铁：《中共十六届四中全会以来"三农"政策解析——以支农惠农为视角》，《商丘师范学院学报》2011年第1期，第71—77页。

  ② 《党和国家强农惠农政策简明手册》，《中国青年报》（http://news.cyol.com/content/2011—05/10/content_ 4407020_ 2.htm）。

革，也是粮食风险基金制度的一项重大改革。实行对种粮农民直接补贴，是我国农业政策的理性选择。

除了上述补贴政策，还有三项刺激农业生产的政策补贴——退耕还林补贴、奶牛良种补贴和生猪补贴，以上合计七项补贴侧重补贴农业生产。还有一项积极扩大内需型补贴——家电下乡补贴，则是对消费环节的补贴，只有农民购买了家电才给补，以直接拉动消费。[①]

九 农村剩余劳动力培训

2003年10月，国务院办公厅转发农业部等六部委《2003—2010年全国农民工培训规划》，这是中央行政部门第一次专门针对农民工培训问题出台的权威性规划。2010年中央1号文件明确提出："积极开展农业生产技术和农民务工技能培训"，"增强农民科学种田和就业创业能力"。近年来，陕西各地不断整合劳务培训资源，实施农村劳动力培训"阳光"工程、"雨露"工程、"人人技能"工程，加大农村劳动力职业技能培训力度。

十 减免义务教育阶段学生学杂费

为普及巩固九年义务教育，从2008年秋季开始，我国在全国城乡普遍实行免费义务教育，这一政策举措成为我国教育发展史上的一个重要里程碑，对提高农村居民受教育水平意义重大。

第二节 促进农民增收类政策及评价

一 土地政策效应评价

土地承包政策和土地流转政策共同构成我国农村土地政策。在陕西各地实践中，两项土地政策实施，既有成绩，也日益暴露出其不足。

（一）土地承包政策的成功与不足

我国现行农村土地制度是以家庭承包责任制为主的农村土地使用制度。

---

① 李铁：《中共十六届四中全会以来"三农"政策解析——以支农惠农为视角》，《商丘师范学院学报》2011年第1期，第71—77页。

1. 土地承包政策为什么最初会成功

土地承包制是我国改革开放的重要标志。土地承包政策在20世纪70年代末80年代初特定历史条件下，由于产权关系的相对明晰，适应了"理性人"、"经济人"要求，使农民由"为大家干"变成"为我干"，劳动生产率和土地利用效率空前提高。仅这一政策的出炉，使中国农产品基本实现自给，先前几十年未曾解决的温饱问题在短短几年间得到解决。据林毅夫测算，中国农业在1978—1984年快速产出增长中有45.79%来源于投入的增加。土地承包责任制的改革给予农民剩余索取权，"交够国家的，留足集体的，剩下全是自己的"，农民由此获得了较大的以土地家庭承包经营为保证的财产自由[①]，促进了农业生产率的大幅度提高。土地承包政策的成功甚至还为之后的城市改革、工业体制改革提供了经验。但同时要认识到，这一时期的小农生产模式和有限的土地使用权之所以能极大刺激农民生产经营积极性和土地效率，主要因为当时农民非农工作机会稀少，而农民又急于摆脱生活窘境所致，而且这一土地政策在分配农产品时具有优先权的是国家，其次是集体，最后才是农民自身，因此农民的收益对于国家和集体有很强的依赖性，农民利益容易遭受来自国家和集体的侵蚀，这是土地家庭承包责任制政策逻辑弊端所在。

2. 土地承包政策面临的困境

随着市场体制的逐步推进，农民非农就业机会增多，陕西农民也不必被少量难以改变生活现状的土地束缚，大量劳动力外出务工、经商，以家庭为基本经营单位的土地承包模式也暴露其弊端。

（1）农民承包土地的所有权模糊不清。罗泽尔等（Rozelle et al., 2002）从农地产权的安全、农地的转让权和经营自主权来分析中国农地产权制度对生产率的影响，认为土地产权制度安排不但影响农民对农地的长期性投入，而且影响其对农地的短期投入。[②]

我们不妨梳理一下自新中国成立以来各个时期农村土地制度及农民土地权利：新中国成立初期（1949—1952年），将没收的地主土地分给农民，土地农民所有，个体经营，地权清晰，排他性强，农民的财产自由最大，受外界干预较少；在国家对农业进行社会主义改造时期（1953—

[①] 曲福田等：《中国工业化、城镇化进程中的农村土地问题研究》，经济科学出版社2010年版，第186页。

[②] 同上书，第152页。

1956年），土地农民所有，合作经营，农民以土地等生产资料参与分红，所有权比较清晰，农民有退出合作社的权利；然而1958—1978年期间的人民公社化，土地归集体所有，统一经营，所有权与使用权统一，不可转让，农民只能按劳动工分计酬，失去了按土地要素参与分配的权利，而且失去退社的自由，丧失了独立性；1978年，经济改革首先在农村进行，实行以家庭承包责任制为主的农村土地使用制度，这一制度一直延续至今，家庭联产承包制使"分田到户"合法化，土地归集体所有，农民拥有使用权，农民的土地使用权明晰，保证了国家、集体既得利益格局稳定性，农民获得了较大的财产自由，但是可转让性受到限制。[①]

可见，现行制度强调土地公有制，但农民家庭不享有所有权，在集体所有制框架下，由于缺乏明确的产权边界，每一农民个体的权利被抹杀，农民难以真正享受土地增值收益。因此，最初的土地承包制虽曾一度调动了农民积极性，解放了生产力。但由于对所有权缺乏，农民与土地难以建立稳定的利益关系，也难以确保集体财产不流失。失去权利比失去土地更可怕。农民不拥有地权造成的直接结果是，不法官商勾结利用建设征地牟取暴利的同时，农民个体却因土地的集体属性而难以主张权利。农民无有地权的另一可怕结果是农民无心对土地投资，导致土地肥力递减。

（2）土地被人为分割成碎块不利于大型农业机械耕作。当前我国以农户为单位的小农经营，基本状况是"人均一亩三分地，户均不过十亩"，且农地分散在多处，不利于规模化经营和产业化经营，不利于农业生产率的提高，甚至危及国家粮食安全。

（3）土地收入下降与农村青壮年劳动力流失的恶性循环。土地收入日益下降与农村青壮年劳动力流失关系表现为"替代效应"和"收入效应"。土地的"收入效应"指土地虽可为农民提供稳定的收入，一旦壮年劳动力外出务工的收入大于务农收入，土地维持生计的效用就会下降，青壮年劳动力流出农村。[②] 土地的"收入效应"是指土地生产出的粮食价格长期偏低而农业生产资料价格不断上涨，导致农民实际收入下降，单纯在土地上务农获得的收入占总纯收入的比重不断下降。随着城镇化、工业化对劳动力的庞大需求，陕西成批成批青壮年劳动力脱离土地外出务工，逐

[①] 曲福田等：《中国工业化、城镇化进程中的农村土地问题研究》，经济科学出版社2010年版，第187—188页。

[②] 同上书，第167页。

渐地，留守于农村生产生活者主要成了妇女、老人和孩子（人们形象称其为"386199部队"），且文化程度普遍偏低：小学及以下文化程度占比超过50%，而占农民工总量60%以上的新生代农民工根本不愿意回乡务农。① 这一背景下，土地撂荒、不精心耕作现象十分普遍。

（4）由于每一家庭土地面积有限，经营的专业化和多样化之间出现矛盾。专业化、单一化经营收益高但风险大，一旦遭遇自然灾害或价格风险，会使农户惨遭损失。从理论上讲，农户也需多样化经营。可有限的土地面积可能使多样化经营项目各自的固定成本大大增加，无力达到规模经营，农民经营收益难以提高。

在土地经营边际成本日渐增加、边际收益递减情况下，跟全国情况基本一样，大量陕西农民的选择，也是将土地经营权承包或转让，或漫不经心潦草耕作，甚至大片大片土地被撂荒。

（二）土地承包经营权流转制度的贡献和缺陷

在实践中，农民自发将可能被闲置土地出租、出包、出借甚至出售，土地的自由流转还可能产生交易效应，客观上有利于提高土地利用率，促进资源配置效率的提高，也会增加农民的收入。顺应这一形势，自2003年3月1日起施行的《中华人民共和国农村土地承包法》，以法律形式对农民家庭承包土地的转包、出租、互换、转让和其他流转方式进行保护。农村土地经营权流转是顺应农业发展趋势，实现与现代农业对接，促进农业向规模化、产业化发展的必然要求；也是从土地上解放劳动力，促进农村剩余劳动力向城镇转移，实现城乡统筹发展的重要举措；更是防止土地撂荒，促进粮食生产，维护国家粮食安全的现实需要。②

1. 土地承包经营权流转政策的积极作用

土地承包经营权流转，会改变农户的初始资源禀赋，以市场为基础的土地流转方式可以提高土地利用效率，有利于陕西农民增收，有利于土地集约化，有利于土地市场和金融市场发育。农村土地承包权流转也是农民乡村治理意愿在经济、政治两个方面的表现。

（1）自由流转的土地市场是实现农村资源配置的有效途径。首先，土地市场能促使土地从农业生产率低的农户向生产率高的农户转移从而提

---

① 《中央农村会议力促农民增收》，《参考消息》2012年12月24日第16版。
② 李庆强、刘玉美：《当前农村土地经营权流转探析》，《山东国土资源》2009年第5期，第8—10页。

高生产效率；其次，土地使用权可流转降低了农户在非农就业部门就业的成本，促进非农部门发展；再次，可流转的土地增加了农民对土地的投资激励；最后，土地市场的自由交易有信贷功能，低成本的土地流转可以降低农民获取信贷的交易成本。因此，有效率的土地流转市场被认为是反贫困的重要工具。[①]

（2）土地流转拓宽陕西农民增收渠道。土地流转的本质是土地要素市场化。土地流转能有效改善土地资源配置效率，促进农业剩余劳动力转移，为农业规模化、集约化、高效化经营创造条件。同时农地流转可使农民分享城市化、工业化成果，显化土地价值，促进农民财产性增收。自实施土地流转政策后，陕西农民财产性收入不断提高。1999—2012年陕西农民人均财产性收入如图4—1所示。

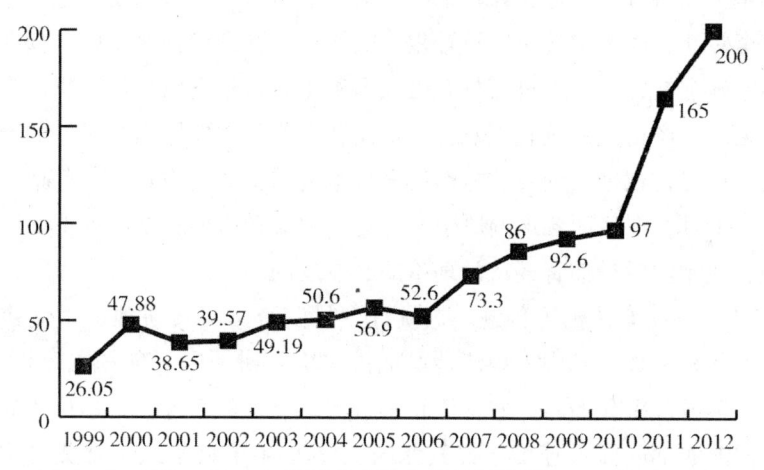

图4—1　1999—2012年陕西省农民人均财产性收入　（单位：元）

资料来源：陕西省统计局：《陕西统计年鉴》，中国统计出版社。其中2009—2011年数据来自2012年版第245页，2005—2008年数据来自2010年版第200页，2001—2004年数据来自2006年版第189页，1999—2000年数据来自2002年版第215页。

（3）土地流转加速陕西从城乡二元化结构向城乡一体化转变。进城农民或不愿种地农户将土地转包甚至转让时，可直接取得货币收入，农民创业

[①] 曲福田等：《中国工业化、城镇化进程中的农村土地问题研究》，经济科学出版社2010年版，第166页。

和进城压力大大减小。我国农村医疗、养老保险制度的建立健全,以及中共十八大之后城镇化政策的导向效应,客观上均可加速农村居民城镇化步伐。假以时日,城乡二元经济将日益一元化。

(4) 推进农村金融及农村土地的资本化与市场化。宅基地和住宅的流转,将有力推进农村土地及农村金融的资本化与市场化。

2. 土地承包经营权流转政策暴露出的主要问题

土地承包经营权流转政策使农民初步拥有地权,对保护农民利益意义重大。然而,这一制度归根结底仍是一锅"夹生饭",是残缺不全的土地制度。产权经济学理论认为,产权边界越清晰,效率注定越高。杨小凯的研究指出:"产权制度是一个经济运行的根本基础,有什么样的产权制度,就有什么样的组织,什么样的技术,什么样的效率。"[①] 由于农民自身不是土地所有权主体,仅是集体土地的承包者,将包来的土地转包、转租甚至转让,由于被转包、被转租、被转让者在预期使用年限、预期收益上的不确定性,使土地价值具有极大不确定性,最终农民利益难以有效保障。因此,产权是影响我国农村土地流转效率的主要因素,规范的合同签订与承包经营权证书的发放能够促进农地流转市场的发展。[②] 笔者于2011年8—11月,在陕西各地调研中发现的土地流转方面存在的如下问题,不过是上述制度设计违背经济学理论的必然反映。

(1) 农地流转仍不普遍。据统计,目前全国流转耕地占承包耕地总面积的5%—6%,其中内地流转耕地仅占承包耕地的1%—2%,[③] 土地流转仍未形成规模化经营,农地流转不普遍,土地流转速度远落后于农业劳动力向非农部门流转速度。究其原因,1979年诺贝尔经济学奖得主、美国经济学家西奥多·舒尔茨认为,和其他产业相比,传统农业投资资本不足,根源不在于储蓄少或缺少企业家,而在于投资收益率太低,刺激不了人们投资的积极性。[④] 陕西农业以小农经营、科技水平低、单产高但商品

---

① 杨小凯:《贸易理论和增长理论的重新思考及产权经济学》,载汤敏、茅于轼主编《现代经济学前沿专题》第1集,商务印书馆1989年版,第110—137页。

② 叶剑平、蒋妍、丰雷:《中国农村土地流转市场的调查研究——基于2005年17省调查的分析和建议》,《中国农村观察》2006年第4期,第48—55页。

③ 王世杰、原东方:《新时期农村土地流转中存在的问题与对策》,《山东农业科学》2010年第8期,第117—119页。

④ [美] 西奥多·舒尔茨:《改造传统农业》,梁小民译,商务印书馆2006年版,第28—29页。

率低为特点,加之农业属生产周期长、投入成本大、对自然因素有依赖性的弱势产业,农业投资相对于工商业比较收益低。因此,调查中发现尽管部分农户愿意流转自己的土地,但因缺乏投资者而导致交易无法完成。

(2)土地流转缺乏规范性,埋下纠纷隐患。调研发现,几乎所有被调研的地区,均存在土地流转手续不完备、不规范等问题。很多农户仅是口头协议或者私下自发转让。大部分农户法律意识淡薄,未按《农村土地承包法》规定和要求签订流转合同,为日后土地经营埋下纠纷隐患。

(3)土地流转市场不完善,缺少土地流转中介机构。在调研中发现,陕西一些乡镇中,土地流转市场不完善,缺少规范的土地流转中介机构。调查的一些乡镇土地流转方式主要有两种:一是通过行政村充当中介,既代表村委会与农民签订土地承包协议,又代表农户与承包商签订协议。二是承包人直接与农户签订承包协议。调研发现,之所以中介组织不愿意介入,一因土地转让在时间上、空间上、供求上很难达到双重巧合,中介组织可能长时间无事可做;二因农民缺乏土地所有权的政策缺陷可能给中介机构带来风险,一旦农民反悔,中介组织可能被要求承担责任,但能获取的中介费却十分有限,中介组织风险与收益呈不对称性。

(4)土地流转存在乡镇政府寻租行为。在经济学上,寻租是指那种利用资源并通过政治过程获得特权从而构成对他人利益损害大于租金获得者受益的行为。寻租是对既得经济利益的再分配,是个人或利益集团通过对政府决策施加影响,以获得于己有利的非生产性寻利活动。[1] 在农地流转中,地方政府既当"运动员"又当"裁判员",导致在农地流转中基层政府决策短期利益化,甚至出现寻租等严重损害公共利益的行为。笔者的调查发现,有的乡镇,名义上向当地龙头企业流转农地,但实际是将以龙头企业名义获得的地块再次转手给个体老板,存在套取政府项目补偿资金的行为。

二 加强农业基础设施建设的效应分析

在加强农业基础设施建设方面,陕西省在农田水利、道路设施及广播电视设施建设等方面做了大量工作。

---

[1] 任保平、宋宇:《微观经济学》,科学出版社2009年版,第331页。

(一) 陕西强化农村基础设施建设取得的成绩

1. 农田水利建设成绩骄人

陕西是全国缺水最严重的省份之一。关中地区的宝鸡、咸阳、西安、渭南、韩城经济带，人均水资源量不足全国平均水平的1/6。陕北地区地处黄土高原，属于温带、半温带的干旱区，境内大部分为丘陵沟壑区，地势起伏较大，降水稀少，水土流失较为严重，全区25个县（区）中，就有85%属于黄河中游水土流失重点县，区内土壤侵蚀模数高达1万—5.9万吨/平方公里·年[1]，例如安塞县马家沟小流域，该流域地处安塞县西部，毗邻县城，是黄河支流延河中游的一级支沟，流域总面积73.7平方公里，其中水土流失面积72.3平方公里，占土地总面积的98%。[2] 水土流失冲刷泥沙造成河、湖、库中淤积及蓄洪、行洪能力下降，进而导致洪涝旱害时有发生。面对这样的自然环境，陕西省自2002年起兴修西安黑河水利枢纽工程、宝鸡峡加坝加闸、三原西郊水库等水利工程。陕西省委、省政府将2011年确定为"陕西水利建设年"，并于该年度部署了渭河陕西段综合整治等8项水利重大项目。

2004年末，陕西省共有水库1000座，约占全国水库总数的1.17%。这些水库大多建于20世纪70年代前，建设标准低，加之管护经费短缺，导致老化失修，安全隐患严重，防汛抗旱功能无法正常发挥。由于城市化、工业化发展，城市用水量激增，陕西省的水资源供求矛盾也愈加突出。近年来，陕西省大力加强农田水利建设，努力改善水库现状。截至2012年全年有效（农田）灌溉面积1277.18千公顷，节水灌溉面积881.6千公顷，旱涝保收面积814.24千公顷，水土流失治理面积9512.3千公顷，堤防长度6641.3公里。已建成水库1045座（含电力部门管理的安康瀛湖和蔺河口水库），总库容77.4亿立方米，其中大型9座，库容为43.49亿立方米。已建成万亩以上灌区190处，有效灌溉面积999千公顷，当年解决农村饮水安全人口290.1万人。水利供水工程总供水量88.04亿立方米，其中向农业供水58.19亿立方米[3]，如表4—1所示。

---

[1] 郭颖超、高照良：《陕北水土流失地区特色农业发展的基本原则、模式和对策研究》，《产业与科技论坛》2011年第8期，第31—33页。

[2] 周光亮：《陕北地区水土流失原因分析及治理措施》，《陕西水利》2012年第2期，第163—164页。

[3] 参见《2012年陕西省国民经济和社会发展统计公告》。

表 4—1　　　　　　2008—2012 年陕西省水库总
库容量和水土流失治理面积　单位：亿立方米、千公顷

年份	水库总库容量	水土流失治理面积
2008	75.7	9102.9
2009	76.6	9142.8
2010	49.55	9120
2011	77	9407.09
2012	77.4	9512.3

资料来源：2008—2009 年的数据来自《陕西统计年鉴 2010（Excel 版）》，《人大经济论坛》（http：//bbs.pinggu.org/thread—884223—1—1.html）；2010 年数据来自陕西统计网（http：//www.sn.stats.gov.cn/news/qsgb/201133164839.htm）；2011 年数据来自陕西统计网（http：//www.sn.stats.gov.cn/news/qsgb/201236125615.htm）；2012 年数据来自《陕西日报》，《2012 年陕西省国民经济和社会发展统计公告》。

兴建水利政策有效地改善了陕西水土流失问题，缩小了受灾面积。水库库容和除涝面积不断增加，大大提高了陕西农产品尤其粮食的生产能力、抗灾减灾能力和经济发展后劲。兴修水利还通过以工代赈方式增加了陕西农民收入。

2. 乡村道路建设成效巨大

作为全国农村公路建设试点省区，到 2010 年，陕西省已实现 100％的乡镇通油路、100％的建制村通公路，其中 80％以上的建制村通沥青（水泥）路的目标，形成了以县公路为骨干，乡村公路为基础，干支相连，安全便捷的农村公路网络系统。[①]

3. 广播电视等通信设施建设卓有成效

陕西农村普遍存在供电不正常、线路老化、电机陈旧和负荷率低现象，导致家用电器不能正常使用，农村电视、广播信号质量差，节目套数少，转播时间短，无线发射台和县乡广播电视设施年久失修的现状导致许多农户不愿意购置彩电。陕西省于 2007 年实施的"广播电视村村通"工

---

① 陕西省交通厅：《畅通陕西，便捷百姓——访陕西省交通运输厅厅长冯西宁》，《西部大开发》2010 年第 3 期，第 68—69 页。

程，有效扩大了农村广播电视覆盖面，解决了近200万农民听广播难、看电视难问题。

(二) 农村基础设施建设存在的主要问题

改革开放30多年来，我国经济发展迅猛，城市面貌得到极大改观，城市基础设施建设日益完善。与此同时，城乡差距扩大，农村人、财、物资源流出，农村基础设施和公共服务严重落后。随着农业税的取消以及乡村集体向农民收取的"三提五统"的取消，地方政府提供农村基础设施和公共服务的内生供给能力逐渐解体。虽然国家开始面向农村投入资金进行基础设施建设和公共服务供给，但由于各行政系统控制的公共物品供给与不同地区农民千差万别的公共物品需求之间存在严重错位①，以及地方政府部门支出涉农资金的行为属于将"别人的钱"给"别人花"，加之这些支农资金运行不规范，支出过程不透明，缺乏有效的监督，极易产生运行无效率的行为。国家向农村投入的较多基础设施建设资金，经层层政府划拨至基层，很难保证原有的支农力度。而且一部分资金原有的用途已经改变，真正落实到每个农民头上的用于基础设施建设的资金少之又少，国家支农政策的执行力受到损害，效果自然可想而知。一方面是国家为农民花了很多钱，另一方面农民仍然是种田难、行路难、获取基本公共服务难。陕西农村基础设施建设也存在上述情景。笔者在陕西多地调研发现农村基础设施建设方面存在以下主要问题。

1. 建设投资分散，投资效益低下

(1) 由于政府农业、水利等各部门专项规划互不衔接，致使建设投资分散，部分新建农田沟渠既不能排水也不能灌溉，存在建设资金打水漂现象。

(2) 由于村庄建设规划滞后，农村基础设施与村庄布点及建设未能有机统一，导致已建成的部分道路、饮水设施利用率不高。

(3) 陕西各地农村涌现的新一轮自建、翻建房屋热潮，由于缺乏统一规划引导与管理，基本处于散乱无序状态，衍生了发展、建设、管理上的许多问题，既造成大量资源浪费，又给今后农村宅基地整理和土地复垦留下隐忧，更给以后新农村建设规划与管理带来新问题。

2. 农村基础设施缺乏长效管理机制

由于管理机构、人员不到位，缺乏必要的管理维护经费，农村基础设

---

① 贺雪峰：《地权的逻辑Ⅱ：地权变革的真相与谬误》，东方出版社2013年版，第250页。

施重建轻管甚至失于管理的问题较突出。调研发现，陕西大部分农村公路少数路段早期损坏现象严重，村一级养护管理负担较重。新建候车亭、招呼站管理缺位，部分设施已损坏或遗失。通村道路无道路安全标识。除日常管理不到位外，一些基建工程存在安全隐患，环卫管理与城乡一体化发展不配套，既未投入必要的软硬件设施，也未建立起相应的长效管理机制。由于缺少统一规划和施工的给排水设施，不少地方农民"吃水难"现象尚存，许多村落道路一到下雨天就变得泥泞不堪，较低地势农户的住宅因雨水浸泡甚至存在倒塌隐患；由于缺少垃圾填埋场地与费用支持，几乎陕西各地农村都存在垃圾乱扔乱堆现象，夏秋之际臭气熏天，遭遇刮风则见塑料袋、废纸片随风飞扬，农民居住环境日益恶化。

3. 农民自身作用未得到充分发挥

农民在基础设施建设中的作用尚未发挥出来。农村集体土地政策变化，村级经济基本没有来源，大量青壮年劳动力外出务工，使农村筹资筹劳十分困难，导致村民委员会等基层组织无力也无足够愿望统一规划实施基础设施及公共设施建设；农户则由于经济条件所限和传统习惯，参与基础设施建设热情不高。

三 陕西近年实施的促进农民发展生产增加收入政策效应评估

农业生产是陕西农村经济社会发展的根本，是陕西农民收入的主要来源。近年来，陕西省农业管理部门通过引导农民狠抓粮食增产，大力推动特色产业，促进农民增收。尤其是陕西省政府2009年初提出的促进农民增收"七大工程"，即粮食单产提高工程、果业提质增效工程、百万亩设施蔬菜工程、畜牧业收入倍增工程、区域性特色产业发展工程、农村劳动力转移及农民创业工程和县域工业化工程，对促进陕西农民发展生产增加收入成效显著。

（一）陕西促多业并举的政策有利于农民增收

1. 一村一品、一县一业政策促进了特色产业发展

多元化经营是防范风险的基本要求。靠单个农户实施经营多元化，反倒会使每一经营项目或品种的固定成本很高，难以达到规模经营。最初发源于日本而今在陕西开花结果的"一村一品"策略，在经营多元化、规模化、分散风险的同时，经营成本大大节约，农民收入明显增加。

近年来，陕西省各级农业部门按照"根本在特色，做大在规模，做

强在品牌，关键在提升"的基本方针，发挥区域资源优势，围绕粮、果、畜、菜、特五大产业，推进一村一品向多村一品、一乡一业、一县一业发展，逐步形成跨区域、大规模、集群式的优势产业带，促进农村经济结构调整和区域经济发展。陕西是全国一村一品发展起步较早的省份之一，发展规模和速度始终位于全国前列。据陕西省农业厅统计，全省已发展一村一品省级示范村3823个，一乡一业示范乡镇186个，一县一业建设县区11个，猕猴桃、设施瓜菜、茶叶、魔芋、花椒等四区一带县区16个；省级一村一品休闲农家明星村20个；示范村主导产业从业农户100多万户，从业人员300多万人，产业涉及粮、果、畜、菜、手工艺、农产品加工、休闲农业等10多个类型，洛川苹果、周至猕猴桃、韩城花椒、清涧红枣、陕南绿茶、秦川肉牛、凤翔泥塑、武功手工艺等知名品牌不断涌现。经过多年努力，陕西省一村一品已基本形成了以奶畜、秦川牛、强筋小麦、特色蔬菜、猕猴桃为主的关中农业产业带；以苹果、奶山羊、设施蔬菜为主的渭北农业产业带；以名优杂粮、白绒山羊、大红枣为主的陕北农业产业带；以中药材、瘦肉型猪、蚕桑、茶叶、食用菌、"双低"油菜为主的陕南特色产业带。许多地方名优特产脱颖而出，出现了一批知名品牌和特色产品。渭北苹果、宝鸡线辣椒、岐山臊子面、陕北杂粮和红枣、甘泉豆腐干、西乡午子仙毫、镇安板栗、户县农民画、千阳刺绣等产品闻名遐迩，已成为当地经济发展的特色产业和农民增收的主要来源。

一村一品在促进陕西农民增收方面发挥着重要作用。2008年，一村一品示范村农民人均纯收入达到4212元，较上年增长25.8%，比全省平均水平高出34.3%。据抽样调查，2009年，一村一品示范村农民人均纯收入达4900元，较上年增长16%，来自主导产业（产品）的收入占70%以上。2010年，一村一品示范村农民人均纯收入达到5800元，18个首批示范村农民人均纯收入达到8898元，较2009年增长59.1%，远远高出全省人均收入水平。[1] 2011年全省一村一品示范村农民人均纯收入达到6500元，比上年示范村农民人均纯收入增长12.1%，较全省平均水平高出29.3%。[2] 2012年省级一村一品示范村农民人均纯收入达7280元，较

---

[1] 苏同敏：《陕西去年一村一品示范村农民人均纯收入达5800元》，新华网（http://www.sn.xinhuanet.com/2011—01/21/content_ 21924237.htm）。

[2] 《陕西省一村一品取得新成就》，陕西省外国专家局网站（http://shaanxi.caiep.org/events/content.php? id=54548）。

2011年示范村农民人均纯收入6500元增加12%，高出全省平均水平26.3%。[1]

2. 抓粮果畜菜，用优势产品促农民增收。

产品是经营的根基，是农民获得收入的支点。粮果畜菜在陕西农业发展和农民增收中扮演着极其重要的角色。

（1）粮食单产提高助推农民增收。粮食是陕西农民的主打产品。为改变粮食单产偏低局面，陕西省农业管理部门近年加大科技、资金对粮食生产支持力度，采取了推广优良品种、调整种植模式、推广先进栽培种植技术等一系列政策措施。在粮食最低收购价政策保护和粮食单产稳定提高作用下，农民收入稳中有升，很多农民还有一定粮食储备。粮食储备是农民最基本的保险，正所谓"手中有粮，心中不慌"。2009年陕西省粮食总产量为1131.4万吨，粮食产值达266.9亿元，较上年增长3.1%，粮食人均占有量达到300公斤；2010年陕西省粮食面积达到4739.6万亩，比上年增长0.8%，粮食总产量达到1164.9万吨，比上年增长3.0%。[2] 2011年陕西省粮食面积达到4702.3万亩，粮食总产量达到1194.7万吨，比上年增长2.6%。[3] 2012年，陕西省粮食生产再获丰收，粮食总产量为1245.1万吨，同比增加50.4万吨，增长4.2%；在全国31个省（市、区）中排名19位。[4] 陕西2001—2012年粮食产量如表4—2所示。

表4—2　　　　　　　陕西2001—2012年粮食产量

年份	全年			夏粮			秋粮		
	面积（万亩）	产量（万吨）	亩产（公斤）	面积（万亩）	产量（万吨）	亩产（公斤）	面积（万亩）	产量（万吨）	亩产（公斤）
2001	5276.4	976.6	185.1	2385.4	432.7	181.4	2891.0	543.9	188.1
2002	5095.8	1005.6	197.3	2268.2	440.1	194.0	2827.6	565.9	200.1

---

[1] 陕西农业网（http://www.csxfc.com/2010/html/news/program/2013/0114/24691.html）。
[2] 陕西统计网（http://www.sn.stats.gov.cn/news/tjsj/201147102200.htm 和 http://www.sn.stats.gov.cn/news/tjsj/200925112209.htm）。
[3] 陕西省农业厅：《2011年全省农业工作情况》，陕西统计网（http://www.sn.stats.gov.cn/news/tjsj/201147102200.htm 和 http://www.sn.stats.gov.cn/news/tjsj/201222165251.htm）。
[4] 新浪陕西（http://sx.sina.com.cn/news/b/2012—12—14/110837179.html）。

续表

年份	全年 面积（万亩）	全年 产量（万吨）	全年 亩产（公斤）	夏粮 面积（万亩）	夏粮 产量（万吨）	夏粮 亩产（公斤）	秋粮 面积（万亩）	秋粮 产量（万吨）	秋粮 亩产（公斤）
2003	4684.3	968.4	206.7	2126.0	440.6	207.2	2558.3	527.8	206.3
2004	4701.1	1040.0	221.2	1987.3	449.0	225.9	2713.8	591.0	217.8
2005	4895.9	1043.0	213.0	2084.3	436.8	209.6	2811.6	606.2	215.6
2006	4622.0	1042.0	225.4	2008.1	429.4	213.8	2613.8	612.5	234.3
2007	4650.0	1068.0	229.7	1994.2	393.3	197.2	2655.6	674.6	254.0
2008	4689.0	1111.0	236.9	1976.0	438.8	222.1	2713.0	672.2	247.8
2009	4701.0	1131.4	240.7	1979.0	426.0	215.3	2722.0	705.4	259.1
2010	4739.6	1164.9	245.8	1981.1	449.3	226.8	2758.5	715.6	259.4
2011	4702.3	1194.7	254.1	1972.0	455.1	230.8	2730.3	739.6	270.9
2012	4691.3	1245.1	265.4	1930.1	472.5	244.8	2761.2	772.6	279.8

资料来源：2007—2009 年的数据来自《陕西统计年鉴 2010（Excel 版）》，《人大经济论坛》（http：//bbs.pinggu.org/thread—884223—1—1.html）；2010 年数据来自陕西统计网（http：//www.sn.stats.gov.cn/news/tjsj/201134162727.htm）；2011 年数据来自陕西统计网（http：//www.sn.stats.gov.cn/news/tjsj/201222165251.htm）；2012 年数据来源国家统计局陕西调查总队（http：//www.nbs—sosn.cn/index.aspx?menuid＝3&type＝articleinfo&lanmuid＝15&infoid＝998&language＝cn）。

（2）果业对陕西农民收入贡献率较高。随着陕西省果业生产环境的优化，果业生产结构日趋合理，果业收入占农民收入比重不断提高，果业收入已成为果区农民增收的主要途径。渭北高原被誉为"世界苹果的最佳优生区"，秦岭北麓、汉江流域被认为是猕猴桃优生带。陕西的苹果、猕猴桃种植面积、产量和质量均居全国第一。超过 1/3 县的果业收入占农民人均纯收入的比重超过 50%，其中洛川县果业该比重高达 85%，白水、礼泉、旬邑、淳化、长武、宜川等县达 65%，其他果业主产县也占

20%—50%。① 2006—2012年陕西省水果产量如图4—2所示。

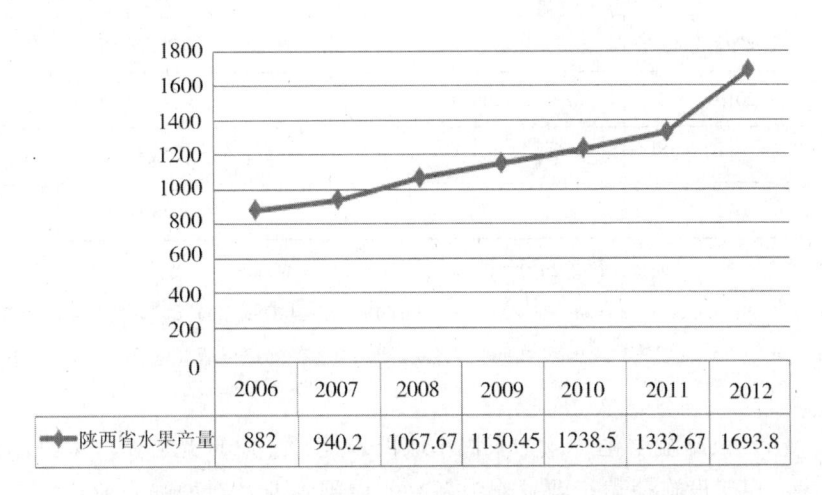

年份	2006	2007	2008	2009	2010	2011	2012
陕西省水果产量	882	940.2	1067.67	1150.45	1238.5	1332.67	1693.8

图4—2　2006—2012年陕西省水果产量变化（单位：万吨）

资料来源：2006—2011年数据来自陕西省统计局《陕西统计年鉴》，中国统计出版社。其中2006—2007年数据来自2008年版第256页，2008年数据来自2010年版第247页，2009—2011年数据来自2012年版第291页。2012年数据来自《中国统计年鉴》2013年电子版。

（3）畜牧业在农民收入中占举足轻重地位。陕西省以生猪、奶牛为重点，创新畜牧业生产模式，扶持发展标准化规模养殖，实施区域板块推进战略，全省畜牧业生产长足发展。2012年陕西省畜牧业总产值598.7亿元，占农林牧渔业总产值的26%。陕西省2007—2012年畜牧业总产值如表4—3所示。

表4—3　　　　　　2007—2012年陕西省畜牧业总产值　　　　单位：亿元、%

年份	畜牧业总产值	占农林牧渔业总产值比重
2007	274.0	27.32
2008	385.3	30.15

---

① 国家统计局网站（http://www.stats.gov.cn/tjfx/dfxx/t20100723_402660690.htm）。

续表

年份	畜牧业总产值	占农林牧渔业总产值比重
2009	387.9	29.08
2010	258.0	26.1
2011	553.4	26.9
2012	598.7	26.0

资料来源：《陕西统计年鉴2010（Excel版）》表12—7农林牧渔业总产值。人大经济论坛（http：//bbs.pinggu.org/thread—884223—1—1.html）。2011年数据来自《陕西统计年鉴》2012年版（电子版）表12—3。2012年数据来自《陕西统计年鉴》2013年版（电子版）表12—3。

（4）设施蔬菜生产成为农民增收的新途径。以日光温室、大拱棚为代表的现代设施蔬菜产业，作为新兴的设施农业，对增强农业抗风险能力、促进陕西农民增收致富作用明显。2009年陕西省安排2.5亿元资金，对设施蔬菜产业予以重点扶持，逐步打造陕北、关中、陕南三大设施蔬菜产业带。笔者调研发现，设施蔬菜平均收入是露地蔬菜的3—7倍。2009年陕西省蔬菜面积为642万亩，其中设施蔬菜面积50.4万亩，占总蔬菜面积的7.8%。2010年全省蔬菜播种面积达到666万亩，其中设施蔬菜总面积189万亩，占总蔬菜面积迅速增长到28%。① 2011年蔬菜面积达到了687.45万亩，同比增长3.2%，新增设施蔬菜面积1.9万公顷，使全省设施蔬菜总面积达到12.6万公顷，设施面积生产量占到了全省蔬菜总量的50%左右。② 2012年，全省蔬菜种植面积715.6万亩，同比增长4.1%，蔬菜总产量1525.6万吨，同比增长6.5%。设施数量113.3万个，占地面积124.7万亩，其中日光温室和大棚合计82.9万个，占地面积95.0万亩，同比分别增长18.0%和12.6%。设施蔬菜播种面积152.3万亩，设施蔬菜产量589.4万吨，同比分别增长10.8%和13.5%，比蔬菜总量增幅高

---

① 陕西统计网（http：//www.sn.stats.gov.cn/news/tjsj/201147102200.htm 和 http：//www.sn.stats.gov.cn/news/tjsj/200925112209.htm）。

② 《陕西2011蔬菜面积将达到45万公顷》，中国辣椒网（http：//www.e658.cn/Article/201101/63813.html）。

6个百分点。①

可见，粮果畜菜在陕西农业发展和农民增收中扮演着极其重要的角色，优化了陕西省农业种植结构，粮果畜菜种植结构更加合理，优势进一步突出，有力地促进了农民增收，农民增收大幅度提高指日可待。

（二）陕西农业生产发展存在的主要问题

陕西农业生产存在的主要问题，一是经营方式粗放，二是农产品深加工附加值低，三是农副产品销售难现象严重。

1. 农业经营方式粗放，生产效率低下

作为农业大省，陕西大多农民以种植粮食为主要经济来源。但一家一户种植模式难以达到规模经营的固有缺陷，以及农户在粮食种植中投入小、技术条件差、商品率不高、经营方式传统粗放因素，加上公共水利等基础设施匮乏诸多因素，导致相当部分农户不得不靠天吃饭，同时面临自然和市场双重风险，农产品产量、质量、价格都具有很大不确定性。

2. 农产品生产链短，附加值低

陕西农产品生产链大多很短，多数农产品未经加工或仅经简单粗加工就进入市场，价值增值少。资料表明，发达国家农产品产值与农产品加工产值之比为1∶3—4，加工食品占食物消费总量比重为80%。而陕西农产品产值与农产品加工产值之比为1∶1或稍多一些，农产品加工率只有20%—30%，加工增值不到农业产值的80%，加工食品占食物消费总量比重不到30%②，农民难以分享加工过程的增值。

3. 生产与市场脱节，农产品"卖难"现象严重

虽有农超对接、专业化龙头企业参与等新型农产品流通模式，但大多农户还是自产自销或依靠零售商参与模式流通，交易成本高、流通过程损耗严重、交易规模小。2011年和2014年，陕西各农村多地出现的土豆、白菜、芹菜、花白等农副产品严重滞销，既有流通环节不顺畅因素，也有农产品储存期短、储存条件落后因素，但更为重要的是，可能与农民对市场供求规律缺乏前瞻性判断有关。农户组织化程度低及分散销售，导致农户与市场的信息不对称，加剧了销售难的现状。据笔者在陕西山阳县的调

---

① 陕西省统计局：《2012全省农业生产形势分析》（http://www.sn.stats.gov.cn/news/tjxx/201313183838.htm）。

② 刘跃、董爱君：《发展农产品物流与新农村建设的构想》，《甘肃社会科学》2006年第6期，第231—234页。

查发现，由于对市场不确定性认识不足，许多农户放弃种粮而大量种中药材黄姜。一些中小种植户对价格波动异常敏感，市场一有涨跌，就集体惜售或相互杀价，最终受伤害的仍旧是这些农户。

(三) 陕西近年实施的农民增收"七大工程"效应评析

1. "七大工程"基本内容

陕西省政府2009年初发布的"一号文件"《陕西省实施七大工程促进农民增收规划纲要（2008—2012年）》，第一次系统提出了全省农民增收"七大工程"。其主要内容包括：粮食单产提高工程、果业提质增效工程、百万亩设施蔬菜工程、畜牧业收入倍增工程、区域性特色产业发展工程、农村劳动力转移及农民创业工程和县域工业化工程。

七大增收工程的目标任务是以农业结构调整为主线，以发展一村一品为抓手，以解决投入问题为重点，确定的2012年农民人均纯收入目标为5000元，比2007年翻一番，目标增量2355元，年均递增13.6%。为了实现这一增收任务，陕西农业主管部门将增收目标分解到粮食生产、果业、蔬菜产业、畜牧业、地区特色产业、农村劳动力转移就业与创业等方面。同时，将任务项目落实到市、县、乡、村并分配资金投入。[①]

2. "七大工程"实施成效

经营性收入和劳务性收入是陕西省农民收入的主要来源，七大增收工程主要是通过帮扶农村种植业、养殖业来增加农民的经营性收入以及促进农村劳动力的就业与创业来增加其劳务性收入。该政策实施后成效显著：粮食单产提高；大棚蔬菜成为新亮点；果业收入占农民收入比重提高；以生猪、奶牛为重点的畜牧业继续带动农民收入增长；务工收入的拉动作用强劲。据陕西省政府办公厅等部门出具的《陕西省促进农民增收七大工程中期评估报告》[②]，截至2010年末，全省农民人均纯收入比2007年增加1460元，完成目标增量的62%，年均增速15.8%，高出规划目标2.2%。全省农民人均纯收入总量增加405亿元，达600亿元增量目标的66.5%。"七大工程"大多数项目达到或超额完成目标任务进度要求，预

---

① 程子良：《发展现代农业，促进农民增收》，《中国农村科技》2009年第10期，第28—29页。
② 截至2014年7月底，尚未见到对"七大工程"实施情况的评估报告。

计到 2012 年人均纯收入达到 5000 元的总体目标可以超额完成。① 截至 2012 年陕西省农村居民人均纯收入 5763 元，较上年增长 14.6%，比 2007 年增长 3118 元，超额完成目标增量。②

2012 年陕西农民人均纯收入增幅排名居全国第十位，连续六年高于全国平均水平。农民纯收入占全国平均水平的比重达到 72.8%，农村居民纯收入与全国平均水平差距日益缩小。2012 年全省农村居民经营性收入 2295 元，劳务性收入 2728 元，劳务性收入已成为陕西农民主要收入来源。③

3. 七大增收工程存在的不足

七大增收工程进展顺利，成效显著，但仍存在一些不足。陕西省政府办公厅等部门组织专家做出的《陕西省促进农民增收七大工程中期评估报告》指出，进一步推进七大增收工程，还需防止重生产轻流通、重规模轻效益、重政府干预轻市场调节以及重发展轻改革等倾向性问题。除此之外，还可能有如下问题：

（1）政策覆盖不全面。七大增收工程注重从提高农民经营性收入和劳务性收入方面促进农民增收，对农民财产性收入、转移性收入和保障性收入覆盖较少。

（2）对农民务工和创业帮扶力度有待提高。劳务性收入是陕西省农民收入的首要来源，而目前务工农民普遍存在文化水平低、工作技能缺乏的问题，且对农民创业者而言，缺乏资金投入是最大约束。七大增收工程主要是对种植业进行投入，对农民就业和创业的支持力度不够。

（3）对农民面临的生产风险保障不足。目前陕西省农业产业化水平较低，大部分农业种植户依然采用粗放的生产模式，所以农民生产面临的自然风险和市场风险依然较大。虽然七大增收工程对农民的粮食、蔬菜、果业种植均有指导和扶持，但难以从根本上改变农民的生产种植模式，对其面临的诸如虫害、自然灾害、市场波动等风险不能提供全面的防范和救助。

（4）政策实施透明度有待进一步提高。在七大增收工程实施过程中，

---

① 陕西省人民政府办公厅：《陕西省人民政府办公厅关于印发促进农民增收七大工程中期评估报告的通知》（陕政办发〔2011〕95 号），2011 年 9 月 20 日。

② 《2012 年陕西省国民经济和社会发展统计公报》（http://www.sxdaily.com.cn/n/2013/0303/c266—5084822—8.html）。

③ 同上。

存在着项目资金违规使用以及农民补助款发放不及时、不到位的问题。以商南县为例，商南县审计局对 2009 年至 2010 年"七大工程"的 9621 万元项目资金进行调查后发现，不合规的资金达 2322 万元。①

四　农业补贴政策的效应分析

对种粮农民直接补贴，变"取"为"予"，是我国农业政策的理性选择。近年来，陕西省农业管理部门积极贯彻中央政府关于粮食增产、农民增收的各项政策，加大"三农"投资，对全省种粮农民提供各项补贴。补贴包括种粮农民粮食直接补贴、农业生产资料综合补贴、农作物良种补贴、农业机械购置补贴四项补贴。粮食直补、良种补贴和农资补贴合计，陕北地区农民每亩小麦、玉米种植可获得 53 元（粮食直补 8 元+良种补贴 10 元+农资补贴 35 元）补贴，每亩水稻种植可获 58 元（粮食直补 8 元+良种补贴 15 元+农资补贴 35 元）补贴；关中地区农民每亩小麦、玉米种植可获得 67 元补贴（粮食直补 8 元+良种补贴 10 元+农资补贴 49 元），每亩水稻种植可获 72 元（粮食直补 8 元+良种补贴 15 元+农资补贴 49 元）补贴；陕南地区农民每亩小麦、玉米种植可获得 63 元（粮食直补 8 元+良种补贴 10 元+农资补贴 45 元）补贴，每亩水稻种植可获 68 元（粮食直补 8 元+良种补贴 15 元+农资补贴 45 元）补贴。

为配合粮食流通体制改革出台的现行粮食直补政策，减轻粮食价格波动对种粮农民收入的影响，把原有对购销环节的间接补贴转变为对农民的直接补贴。农资综合直补政策是在现行粮食直补制度基础上，对种粮农民因柴油、化肥、农药等农业生产资料增支实行的综合性直接补贴政策，目的是减轻农业生产资料价格波动对种粮农民收入的影响。上述两项补贴属于综合性补贴。良种补贴政策是为鼓励和引导农民在粮食生产中采用新技术和新品种，提高粮食品质和产量；农机具购置补贴政策是为鼓励农民使用先进适用的农业机械，推进农业机械化进程，提高农业技术装备水平。这两项补贴属于专项性生产补贴。最低收购价政策作为一种间接补贴政策，对稳定粮食种植面积、保证粮食供给意义非凡。由此，可得出当前我国粮食补贴政策目标清晰，指向明确，符合保证粮食供给促进农民增收的要求。各项补贴对调动陕西农民种粮积极性、选购良种、购置农业机械进

---

① 《商南审计农业"七大增收工程"》（http://www.xbxxb.com/2011/1013/25510.html）。

而促进增收有激励作用。但笔者在调研中也发现该政策在实施中的一些不足。

第一，直补资金运用不公平、不合理。主要表现在三方面：①平均主义大锅饭式分配补贴资金，对于补贴对象未进行有效区分，不同类型的农民对于补贴有不同的需求，在城市周边村社，农户可从事相关服务业，也可将农地出租、转让给第三产业经营者，许多农户早已不从事粮食生产，却仍可领到补贴资金，这种不区分层级的补贴使得补贴政策的效应大打折扣，是对经济资源的一种浪费。②粮食补贴对增加粮食供给作用有限。粮食直补是按土地面积直补到户，而不是补贴给粮食生产者，大量荒地、租地、种植其他经济作物的农户仍领取粮食补贴，而租用他人土地从事粮食生产者却难以得到这笔补贴。③农民选择种植粮食还是种植经济作物，市场价格在背后起着决定性的作用，因此，直补资金数额太小，无法弥补种粮与种植经济作物的差距因而对调动种粮积极性作用有限。

第二，粮食直补水平偏低，居高不下且日益上涨的农资价格削弱了粮食直补政策的激励效应。资料表明，2011年2月全省化肥市场价格分别为：尿素（国产）平均零售价格每公斤2.07元，比上年同期的1.94元的价格上涨6.7%。磷酸二铵（国产）平均零售价格每公斤3.33元，比上年同期的2.73元的价格上涨21.98%。三元复合肥（国产）平均零售价格每公斤2.89元，比上年同期的2.45元的价格上涨17.96%。农药市场价格涨幅也比较大，2011年2月敌敌畏平均零售价格每公斤24.67元，比上年同期的22.9元的价格上涨7.73%；氧化乐果平均零售价格每公斤23.72元，比上年同期的21.8元的价格上涨8.81%。[1] 若使玉米亩产达到400公斤，平均每亩得用45—60公斤氮肥、40—60公斤过磷酸钙、6—10公斤钾肥。[2] 那么一亩玉米的化肥成本至少在200元左右，这还不算种子、农药的价格。笔者在调查走访农户中得知，种一亩玉米把种子、化肥、人工等都算上的话，成本至少在800元左右。如此高的种地成本，导致陕西各地农民种粮意愿不足，少量的粮食直接补贴对于日益上涨的农资价格来说只是杯水车薪；加之农民组织化程度低，在和生产资料供给商的价格博弈中总处劣势，无力阻止农资价格不断攀升。

---

[1] 丁西峰：《陕西农资供应和价格情况调查》，《价格与市场》2011年第4期，第37页。
[2] 学宁：《种一亩地该备多少化肥》，《农业科学试验》2002年第5期，第21页。

第三，粮食直补政策增加了地方政府的债务负担。财政部、国家发展和改革委员会、农业部、国家粮食局、中国农业发展银行 2005 年《关于进一步完善对种粮农民直接补贴政策的意见》（以下简称《意见》）指导粮食直补的具体实施工作，《意见》指出，粮食直补的资金从现行中央对省级政府包干的粮食风险基金中优先安排。13 个粮食主产省、自治区，粮食风险基金暂时腾不出来，粮食直补资金不足的，经省级人民政府申请，由中央财政根据其粮食风险基金缺口情况给予借款支持，所借资金 3 年后逐步归还。其他省、自治区、直辖市实行粮食直补后，粮食风险基金不足的，由省级人民政府自筹资金解决。陕西省财政厅于 2012 年下发文件《陕西省财政厅关于完善粮食风险基金管理的通知》指出，从 2012 年起，省对市粮食风险基金不再实行包干办法，按照事权、财权相统一原则，划分省市县粮食风险基金使用范围，分级负担相关费用；省财政按照 2012 年各市县粮食直补面积和标准核定各市（县）粮食直补资金总额，一定 3 年，并通过粮食风险基金专户拨付各市（县）；各市（县）要认真核实种粮面积，足额兑付补贴资金；对于种粮面积减少而结余的直补资金全部用于以丰补歉，超支部分由各市（县）自行解决。可见，陕西省的粮食风险基金由中央、省财政与市县财政一起负担，这对东部地区工业和第三产业较为发达的省份来说问题不大，但对农业比重较大的陕西，在取消农业税、以农业为主的地方部门无法有效获得财政收入的情况下又要负担一部分粮食直补，缺乏资金来源又要求基层确保直补资金的支付，无异于巧妇难为无米之炊，可能导致基层政府举债规模扩大。

实证研究结果与本书得出的判断一致。一项专门对比研究粮食生产投入补贴政策和粮食生产直接补贴政策效应的研究成果指出，我国粮食生产投入补贴的政策效应大于粮食生产直接补贴的政策效应，主要因为直补水平太低。[1]

第三节　为农民减负政策效应评价

一手抓增收，一手抓减负，开源节流并举才能真正促进农民增收。陕

---

[1] 何树全：《中国农业支持政策效应分析》，《统计研究》2012 年第 1 期，第 43—48 页。

西省通过减少农产品流通环节及执行全国范围的减免农业税等政策，大大减轻了农民负担。

一 降低农产品流通费用措施的效应分析

陕西实施的减少农产品流通环节、降低流通费用政策，以"绿色通道"政策和农超对接政策最具代表性。

（一）"绿色通道"政策对陕西的贡献与不足

1. "绿色通道"政策的贡献

1998年，陕西在全国率先开通果品运输"绿色通道"，对本省自产的五种鲜果在公路运输当中免收公路通行费。此后，相继开通三条普通收费公路和全部高速公路国家鲜活农产品运输"绿色通道"。2007年重庆遭受灾害，陕西省积极与毗邻的重庆市磋商，于9月15日开通了"陕西—重庆"省际"绿色通道"，在全国开创了"绿色通道省际握手共建"的先河。2010年为稳定消费价格总水平保障群众基本生活，按照国家有关文件要求，2010年12月1日起，全省所有公路收费站（含收费的独立桥梁、隧道）对整车合法装载鲜活农产品的运输车辆免收车辆通行费，为广大农产品种植、养殖户提供"绿色通道"优惠。有力促进了农产品流通，为农民带来实实在在的实惠。截至2011年底，陕西省交通部门共设立鲜活农产品"绿色通道"运输网络服务站点339个（全省所有收费站），开通"绿色通道"7038公里（其中高速公路3842公里，普通公路3196公里），实现了所有收费公路全部开通"绿色通道"。[①] 自1998年开通国家"绿色通道"至2011年底，全省累计免收通行费21.2亿元，仅2011年全年"绿色通道"减免金额达9.1亿元，有力地促进了农产品的生产与流通。[②] "绿色通道"降低了农产品运输成本，对农民增收及辐射带动相关产业效应明显，越来越多的农民开始从事鲜活农产品生产和运输，一批专业鲜活农产品批发市场随之出现。

2. "绿色通道"政策的不足

"绿色通道"的实质是政府和公路企业让利于民。然而，这一惠农富

[①]《陕西交通建设"绿色通道"惠农利农》，中广网（http://news.cnwest.com/content/2012—04/10/content_ 6313290. htm）。

[②] 陕西省交通运输厅：《陕西交通部门落实"绿色通道"政策13年免收通行费21.2亿元》（http://www.moc.gov.cn/st2010/shanxi1/sx1_ zhengwudt/201202/t20120223_ 1197496.html）。

农举措，在实践中尚存在诸多不足。

（1）"绿色通道"范围较为局限。目前纳入"绿色通道"的农产品只有蔬菜、水果、水产品、鲜肉蛋奶、活畜等，作为农产品重中之重的粮食和冷冻肉类却未享受"绿色通道"政策优惠；"鲜活农产品装载占车厢容积80%以上"的政策规定[①]，既可能与外省市限超政策冲突，还可能使为防挤压不愿多拉的通行者享受不到"绿色通道"的政策实惠。此外，"绿色通道"只是开通了公路，未涉及铁路和水路。

（2）未能打破省际瓶颈。利国利民的"绿色通道"，目前基本由各省管理，各自为政，未能打破省际壁垒，跨省农产品运输费用并不能节约。看来，为保护农民利益，保证农产品在全国各地市场顺畅销售，中央政府有必要制定让更多农副产品在全国所有公路免费通行，在水路、铁路折价通行的全国性统一"绿色通道"政策。

（3）"绿色通道"并非通行无阻。即便省内运输，由于利益驱动和管理疏漏，"绿色通道"也并非畅通无阻，一些政策受惠范围内过往车辆被强行收费现象时有发生。

（二）农超对接对陕西农民的贡献与不足

2008年以来，农业部开展农超对接试点促进农民专业合作社发展。2011年进一步加大农超对接政策支持力度，超市从农民专业合作社购进的免税农产品，可按13%的扣除率计算抵扣增值税进项税额。严禁超市向合作社收取进场费、赞助费、摊位费、条码费等不合理费用，严禁任意拖欠货款。超市一般应采取日结方式收购蔬菜等生鲜农产品，尽量缩短账期。陕西省有关部门积极协调，引导大型零售企业建立直采基地，将农超对接落到实处。全球跨国零售巨头"家乐福"在周至县建立了猕猴桃直采基地，在洛川县建立了苹果直采基地，并签订直采销售合同，使周至猕猴桃和洛川苹果直接进入其在全球的大型超市。

1. 农超对接政策的好处

农超对接是农产品流通模式的创新之举，其优点有：

第一，构建起农民与零售商间稳定的购销关系，促进农产品销售。农

[①] 《陕西省绿色通道装载标准调整，车厢装够80%免费》，中国公路网（http://www.chinahighway.com/news/2009/368301.php）。

超对接既能够稳定农产品销售渠道，解决农产品产销信息不衔接问题，使农民有效规避市场风险，专心致力于农产品生产，又使超市获得了数量稳定、质量可靠、卫生安全的农产品货源，确实是一项双赢政策。

第二，有利于减少流通环节，降低农产品流通成本。我国以往的农产品交易，交易时间长、成本高、损耗大、效率低。发展农超对接，可有效减少流通环节，降低农产品流通成本，让利于农民和消费者。同时，还促进了社会物流的形成与发展。

第三，有利于树立农产品品牌，提高市场竞争力。受种子、技术、经营规模等因素影响，以往生产销售的农产品质量、规格参差不齐，很难形成品牌产品。发展农超对接，由超市提供种子、技术指导，由农民按合同种植。随着种植条件的改善，全程监督的实施，农产品质量提升、数量扩大，使农产品有可能形成自己的品牌。

第四，降低农产品进超市的费用，使农民、超市、终端消费者共赢。

2. 农超对接政策在实践中暴露出的问题

农超对接模式在实践中暴露出的问题，是现代化物流手段缺乏，农产品损耗较大。农超对接不是农产品产出后直接进超市，而是由专业合作社先进行简单加工包装，将农产品变为商品后再进入超市。这些专业合作社大多缺乏资金和现代化综合物流设施，储存、保鲜、运输、配送能力一时难以满足同时供应多个超市的要求。

农超对接其实并不符合经济学理论。理论上讲不通的东西，在实践中也很难走得远。经济学鼻祖亚当·斯密认为，专业化分工是提高经济交易效率的主要原因。亚当·斯密把类似农超对接视为"未开化社会"的交易模式："那些具有最高产业和劳动生产力改进程度的国家，其各种行业的分工一般也达到了最高的程度；在一个未开化的社会里，由一人承担的工作，在一个进步的社会里，一般都由几个人分别承担。"[①] 农超对接政策其实就是想通过取消商品流通环节，谢绝分工，从生产到流通、销售，都试图由农业合作社或农户一人完成。因每个环节都需要大量基础设施投资和固定成本，若无足够大的业务量，反倒这种大包大揽的经营模式的绩效比专业化分工差很多。

---

① [英] 亚当·斯密：《国富论》，唐日松等译，华夏出版社 2005 年版，第 8 页。

二 全面取消农业税的效应评估

"十五"之初,中国开始了以减轻农民负担为中心,取消"三提五统"等税外收费、改革农业税收为主要内容的农村税费改革。自 2006 年 1 月 1 日起废止《农业税条例》,全面取消农业税,在中国延续了 2600 多年的农业税宣告结束,9 亿农民永远告别种田缴纳"皇粮国税"的历史。

(一)取消农业税政策对"三农"的贡献

与农村税费改革前的 1999 年相比,全面取消农业税,每年为农民减负 1300 多亿元,按 2009 年中国统计年鉴农村人口统计数 7.2135 亿人计算,人均减负 180 元,每户减轻负担 700 元左右。[1] 随着农产品产量增加和价格逐步提高,这一数据还会增加。

取消农业税,使农民减负增收,促进了农民增加农业投入,有利于城乡二元经济结构的逐步消除,有利于提高我国农业国际竞争力。

在陕西,取消农业税政策还起到使稀缺的土地资源相对充分利用的作用。由于陕西特殊的地形,陕南地区以山地地形为主,陕北地区自然环境恶劣,可利用土地资源稀缺。加之农村"空心化"和农民务农收入多年来的几乎零增长状态,土地抛荒现象严重。取消农业税意味着土地收益相对增加,一定程度上提高了农民务农积极性,促使一部分处于闲置状态的土地资源得到相对充分的利用。

(二)取消农业税的局限性和负效应

取消农业税对农民减负增收有限,甚至连农业生产资料价格上涨因素都无法弥补,更谈不上应对教育、医疗费用的上涨。有学者测算,仅 2008 年,农业生产资料价格上涨 20.3%,涨幅高于上年 12.6 个百分点。其中,化肥上涨 31.7%,饲料上涨 15.8%。因农资价格上涨,2008 年农民人均纯收入少增加 500 元,每亩成本增加 40—60 元。[2]

取消农业税政策还产生了诸多负效应。

其一,乡村两级财政压力总体加大,对中央财政转移支付的要求提高。农业税由地方收归地方用,曾是我国大部分基层组织正常运转的主要收入来源,尤其在农业主产区,更是基层政府运转的主要财力保障。取消

---

[1] 美仁才其格:《取消农业税后对农村经济发展的效应分析》,《农业经济》2011 年第 7 期,第 26—27 页。

[2] 同上。

农业税的同时，如不加强中央和省级财政对县乡财政转移支付，基层政府的正常运转都成了问题。研究表明，地方财权与事权不对称，是造成地方政府财力匮乏的重要原因。1994—2002年，中央财权与地方财权之比为52∶48[1]，表明地方政府承担着大部分社会经济责任但只能运用较有限的财力。农业税的取消加剧了这一矛盾。因此，中央财政通过转移支付弥补取消农业税产生的地方财力缺口已迫在眉睫。

其二，公共服务体系面临崩溃风险。农业税取消后，村社集体不能再强制向农户收取共同生产费，基层政府用于提供公共产品和服务的财力匮乏，无力再介入农户生产环节尤其是灌溉、植保和机耕环节的事务，使本来就薄弱的农村公共服务体系面临崩溃的危险。地处西部地区的陕西这一状况更严峻。农村教育、医疗、卫生等公益服务水平急速下降，拖欠教师工资现象日益增多，乡村道路、水利设施等面临前所未有的困境。2011年夏秋之际连绵不断的雨水，导致陕南、关中大量民房倒塌、道路桥梁被毁，加剧了公共设施短缺。据世界银行2009年4月发布的《中国贫困评估报告》，高温、干旱、虫害等因素已经在局部导致农业减产。乡村公共事务处于无人管理的荒废状态，小学校舍无人管理，道路、水渠、涵洞无人疏通，村级公共产品和基础设施供给处于严重短缺状况。[2]

其三，基层政府转嫁公共产品成本现象非常普遍。在陕西许多县，由于公共财政资金缺乏，基层政府不得已将公共产品成本转嫁于农民，向农民摊派集资建学校、修道路、修水利设施。还有一些地区，存在农户自发依靠个体力量来解决本应通过公共财力承担事务的现象。笔者在陕西各地的调查中发现，个别地区农民负担的集资摊派费用甚至超过了从前需缴纳的农业税。

其四，基层政府举债日多但化解乏力。由于农业税取消，许多地方政府自身运营及满足公共服务的财力不足，导致其举债运营。据国务院发展研究中心地方债务课题组估计，目前我国地方政府债务至少在1万亿元以上，其中，乡镇政府负债总额在2200亿元左右。[3] 2012年全国"两会"

---

[1] 李显杰：《中国地方政府债务风险管理》，《改革与开放》2009年第8期，第65—67页。
[2] 转引自熊晶白、熊德平《我国取消农业税的政策背景与效应——基于制度分析框架的回顾与总结》，《税收经济研究》2011年第4期，第75—80页。
[3] 转引自美仁才其格《取消农业税后对农村经济发展的效应分析》，《农业经济》2011年第7期，第26—27页。

上,国家审计署副署长董大胜估计,各级政府总债务规模在 15 万—18 万亿。① 有学者估计,目前全国近 40% 的县一般预算呈赤字状态;乡镇基层债务余额已逾 5000 亿元,其中乡镇一级净负债超过 2300 亿元,村级负债则超过 2500 亿元,且乡镇政府债务每年尚以 200 多亿元的速度在递增。② 而且,层级越低的地方政府负债的相对规模越大,许多基层政府现有财政收入甚至不够"吃饭",提供基层公共产品和服务只能依靠借债提供③,至于如何偿还这些债务不得而知。

第四节 农民保障性政策及评价

由政府为农民提供保障政策,在我国历史上亘古未有。新型农村社会养老保险制度、新型农村合作医疗制度及农村居民最低生活保障政策,是政府为农民办的一件大好事,使农民系上了安全带,从而生产、生活的不确定性大大降低。

一 新农保制度的效应分析

保险是社会稳定器、安全阀,家庭的防护网。我国古代就十分重视建立经济后备。《礼记·王制》有云:"国无九年之蓄,曰不足;无六年之蓄,曰急;无三年之蓄,曰国非其国也。"表明中国在公元前 200 年之前就产生了以仓储后备为主的财产保障形式。④ 丘吉尔曾说:"如果我能办得到,我一定把保险写在家家户户的门上,以及每一位公务员的手册上,因为我深信,通过保险,每一个家庭只要付出微不足道的代价,就可免除遭受永劫不复的代价。"苏联赫鲁晓夫说:"我对资本主义向来没有好感,但保险制度却是资本主义唯一可取的地方。"⑤ 可见,保险制度是增强人类抵御风险能力最伟大、最精妙的制度设计之一。

---

① 孙少芸:《我国政府债务问题浅析》,《中国集体经济》2012 年第 7 期,第 124—126 页。
② 李显杰:《中国地方政府债务风险管理》,《改革与开放》2009 年第 8 期,第 65, 67 页。
③ 张阳:《地方政府债务的成因探析与解决路径》,《安徽广播电视大学学报》2007 年第 4 期,第 5—7 页。
④ 参见《财产保险制度》(http://wenku.baidu.com/view/13ca612c2af90242a895e5c3.html)。
⑤ 参见《保险的作用》(http://www.360doc.com/content/11/1021/22/3648413_158074566.shtml)。

我国推出的新型农村社会养老保险制度，尽管只是刚刚开始，也一定有许多不完备之处，但仅这项制度的启动，就是一件功在当代、利在千秋的大好事。

陕西省探索建立"新农保"制度开国内之先河。2007年7月宝鸡市的太白、麟游两县，以及其余10个县的50个村已试行新农保，当年参保人数就达到10万多人，领取养老金人数达到3万多人。2008年1月陕西省政府出台《关于开展新型农村社会养老保险试点工作的指导意见》，试点工作于2009年10月正式在45个试点试行，后来国家根据"宝鸡模式"和陕西经验确定了全国新农保试点制度。[1] 试点政策规定，从2009年10月1日开始，在全省10%的县开展新型农村社会养老保险试点，规定凡年满16周岁（不含在校学生）、未参加城镇职工基本养老保险的农村居民，可以在户籍地自愿参加新农保。年满60周岁、未享受城镇职工基本养老保险待遇的农村有户籍的老年人，可以按月领取55元基本养老金。陕西省新农保制度的主要特点是：个人账户加基础养老金，养老筹资模式是个人缴费、集体补助和政府补贴相结合。个人按当地上年农民人均纯收入的一定比例缴费，财政可给予适当补贴。

据当时的估算，若陕西省实施新农保全覆盖，将有680万农民被纳入新农保制度的覆盖范围，有109万农民（60周岁以上且符合领取条件的）会享受每月最低55元的基础养老金。[2] 2010年新农保已覆盖半数县、市、区[3]，从2011年7月1日起，陕西全面启动"全覆盖"试点工作，到2012年6月底前基本实现了制度全覆盖。

截至2011年10月底，107个县（市、区）已全部启动了城乡居民养老保险试点，其中新农保参保人数已达到635.87万人，领取养老金人数为146.34万人，提前实现新农保制度全覆盖。[4]

陕西省较早展开新农保与城镇居民养老保险并轨工作。2011年5月，省政府印发《关于实施城乡居民社会养老保险制度全覆盖的意见》，决定

---

[1] 《陕西新农保在45个试点启动，参保标准设5档》，陕西省人民政府网站，http://www.shaanxi.gov.cn/0/1/6/194/76113.htm。

[2] 同上。

[3] 《2010年陕西省新农保制度覆盖半数县（市、区）》，中央政府门户网站（http://www.gov.cn/gzdt/2010—06/21/content_ 1632405.htm）。

[4] 农保处：《陕西省城乡居民社会养老保险提前实现制度全覆盖》（http://www.shanxihrss.gov.cn/html/2011—12—21/154021.html）。

从 2011 年 7 月 1 日起，在全省全面启动城乡居民社会养老保险试点。该文件的出台，统一了全省新农保和城镇居民养老保险两个制度的缴费档次、财政补助标准和养老金待遇水平，基础养老金标准最低不低于每人每月 55 元，各市可以在 55 元基础上提高养老金标准，最高的市达到每人每月 120 元。同时，实现了城乡居民养老保险的政策统一和工作机构统一。

随着经济发展水平和物价指数的变化，从 2013 年 10 月 1 日起，陕西省再次上调城乡居民社会养老保险基础养老金，在国家每人每月 55 元标准的基础上增加 5 元补助，全省城乡居民社会养老保险基础养老金最低为每人每月 60 元。增加的 5 元补助由省财政全额负担。

据陕西省人社厅统计，截至 2013 年，全省城乡居民社会养老保险参保人数达 1704.87 万人，领取待遇 388 万人；基础养老金各级财政支出 37.65 亿元，个人账户支出 0.65 亿元。[①]

（一）新农保制度的正效应

1. 强化养老保障，拉动陕西农村消费需求

新农保制度全覆盖后，陕西全省将有 680 万农民被纳入新农保制度的覆盖范围，将有 109 万农民（60 周岁以上且符合领取条件的）享受每月最低 55 元的基础养老金。以每人每年增加收入 660 元，全省合计可增加农民收入 7.2 亿元，间接扩大了农民收入的同时，更由于预期未来养老有一定保障现在敢于消费，一定程度上有助于改善农村消费动力不足局面。

2. 体现基本公共服务在不同地区之间的均等化

新农保作为新型农村保障体系，其最显著特点是：个人缴费、集体补助和地方财政补贴三方分担保险费，改变了养老金完全由个人账户累计的方式。另外新农保政策规定，中央财政对中西部地区按中央确定的基础养老金标准 55 元给予补贴，对东部地区给予 50% 的补助，其余 50% 由地方财政承担。这样的规定无论对于是发达地区还是贫困地区，无论集体经济组织有无能力补助，同一地区参保的农民将来领取的基础养老金水平是相同的，这一规定体现了新农保的公平性。[②]

[①]《城乡养老并轨：陕西西安行先试惠民生》，中国日报网（http://www.chinadaily.com.cn/hqgj/jryw/2014—02—09/content_ 11171266. html）。

[②] 参见《基本性、公平性、普惠性——专家解读新农保三大特性》（http://wenku.baidu.com/view/6162bc1b964bcf84b9d57b37.html）。

(二) 新农保政策存在的主要问题

1. 新农保对农民的吸引力不够

笔者及调研组成员 2012 年在陕西各地调研发现，大多农民对每月 55 元（每年 660 元）的基础养老金给付感到太少，认为根本不足以养老。有老人感叹，55 元的养老金根本不经花，只够买 4 斤猪肉。[①] 有报道称，如此之低的养老金，使八旬老人 6 年没吃肉。[②] 与 2012 年陕西城镇居民人均收入 20734 元和农民人均纯收入 5763 元比较，农村老人年养老金收入分别只相当于 3.1%和 11.4%。按陕西全省农农村老人每年领取 7.2 亿元计算，仅相当于陕西 2012 年全省财政总收入 2800.1 亿元的 0.26%，也仅相当于当年陕西 2012 年财政支出 3326.91 亿元的 0.22%，微不足道。即便从 2013 年 10 月 1 日起，陕西省再次上调城乡居民社会养老保险基础养老金，在国家每人每月 55 元标准的基础上陕西省财政增加 5 元补助，全省城乡居民社会养老保险基础养老金达到每人每月 60 元，仍显偏低。中华民族历来尊老敬老，让老人老有所养、老有尊严，应纳入政府优先解决的问题。考虑到物价上涨和全社会生活水平的普遍提高，使农村老人生活水平逐步提高理所应当。即便目前农民自身缴费较少，若将每月给付 55 元或最新标准 60 元常态化，则可能渐失对农民的吸引力，这一好的制度可能面临半途而废的尴尬境地。

2. 农民对政策规定知晓度低，甚至对政策有误解

笔者及调研组的调研发现，大部分被调查农户倾向于传统土地养老和家庭养老，只把新农保作为后备的养老方式。然而，因地少人多矛盾突出和城镇化速度加快，土地养老功能弱化。笔者在商洛山阳县的调查发现，山阳县人均土地 2.3 亩左右，分散经营和小农经济经营模式下产出极低，从土地上获得的人均年收入每年仅几百元，对养老而言仅是杯水车薪。随着城镇化速度加快，儿女进城务工者居多，只剩老人的"空巢家庭"非常普遍，家庭养老保障功能不断弱化。在人口老龄化背景下，新型养老保险制度理应成为农民的重要选项。笔者及调研组对陕西七个县的调研结果显示，农户参保率只有 68.3%，有高达 58.4%受访农户表示对养老保险

[①]《未富先老农民叹 55 元养老金不经花：只能买 4 斤肉》，《经济参考报》2013 年 5 月 28 日。陕西传媒网（http://www.sxdaily.com.cn/n/2013/0528/c370—5141150—1.html）。

[②]《陕西太白农民养老金仅够基本生活，八旬老人六年没吃肉》，网易财经（http://money.163.com/12/0924/09/8C5IHHMF00253B0H.html）。

不了解，27.8%无资金支持，8.3%愿意自己养老，5.5%农民靠子女养老，不了解新型养老保险政策的农户甚多。①

3. 政策规定尚需完善

笔者及调研组调研发现，大多试点县虽设定了每年100元、200元、300元、400元、500元5个档次，根据新农保政策，对选择较高档次标准缴费的，地方政府会适当增加补贴给予鼓励，那么参保农民年满60周岁后的养老金就越高。但如果不能预期各级政府会补贴的数额，提高缴费的档次政策中没有具体规定如何返还养老金，参保者认为选择较高档次的缴费标准风险很大，故绝大多数参保者缴费集中于100元和200元两档。张珊娜在陕西西安灞桥区新筑镇某行政村的调研结果显示，之所以大多数参保者选择100元、200元的缴费档次，一是因为即便缴纳较高档次能得到的增量财政补贴也很有限（10—15元），激励效应不大；二是因为缴费年限的激励措施不清楚。现行新农保政策规定，缴费年限最低不少于15年，多缴多得，但并未对超过15年者给予明确积极的鼓励措施，导致不少农民认为只要交费达到15年即可，那么45岁开始缴纳也不迟，能少缴一年就少交一年，造成延迟缴费现象。②

二 新农合的政策效应分析

（一）陕西新农合取得的成效

陕西的新型农村合作医疗参合率、补助率、大病统筹基金使用率均居全国前列，综合水平位列西部地区首位，给农民带来实惠，缓解了农民看病难的问题。

1. 新型农村合作医疗以政府出资为主，筹资水平不断提高

陕西从2004年开始新型农村合作医疗的试点工作，截至2007年上半年，基本实现了以省为单位的全覆盖，提前三年完成中央政府原定推进目标，成为全国第三个实现全覆盖的省份。2008年陕西省新农合人均筹资标准为90元，农民参合资金为每人10元；2009年新型农村医疗每人每年的筹资标准为100元，农民参合资金为每人20元；2010年，陕西省新农合筹资水平、政府补助标准及个人缴费额与全国一致；2011年，因个

---

① 参见附录3。
② 张珊娜：《陕西省"新农保"制度的现状调查研究——以西安市某行政村为例》，《湖北经济学院学报（人文社会科学版）》2013年第1期，第74—75，106页。

人缴费额未增加,筹资标准略低于全国;2012—2014 年,因陕西地方政府补助力度加大,在个人缴费小于或等于全国标准的情形下,筹资水平仍能略高于全国。2010—2014 年,陕西省新农合筹资标准分别是 150 元、230 元、300 元、365 元和 430 元,其中各级政府补助标准分别为 120 元、200 元、250 元、300 元、350 元,个人缴费分别是 30 元、30 元、50 元、65 元和 80 元。筹资标准不断提高,而且以政府出资为主全面提高了合作医疗基金的保障能力。陕西省政府在筹资上的主导作用,功不可没。

2. 新型农村合作医疗覆盖范围不断扩大

2007 年基本完成省内全覆盖时,陕西省参合人数达到了 2434.95 万人,参合率为 90.05%。到 2009 年,陕西省农民参合率达 90%以上,已有 378 万人次获得住院费用补助;补助率由最初的 27%上升到 41%。[①] 2010 年陕西有农业人口的 104 个县(市、区)全部开展了合作医疗,参合农民 2581.38 万人,参合率 92%。[②] 2011 年政府对新农合补助标准提高到 200 元,政策范围内报销比例达到 70%,报销上限达到 5 万元。2013 年,陕西省新农合参合率已达到 97.1%,实现了农业人口的应保尽保,住院补助封顶线由 5 万元提高到 15 万元。[③] 2014 年,陕西省新型农村合作医疗筹资水平提高到人均 430 元,其中,政府补助提高到人均 350 元,个人缴费标准提高到每人 80 元。[④] 陕西省筹资标准比全国统一标准高出 40 元/人,其中中央及各级政府补贴比全国标准高出 30 元/人。经过坚持不懈的建设,陕西新农合制度已从单一住院统筹模式发展为住院统筹、慢性病统筹、门诊统筹多种模式协调发展的保障机制。

(二)新农合存在的主要问题

1. 部分农户参合不积极

2013 年,陕西新农合参合率达到 97.1%,表明至少有 2.9%的人口没有被覆盖。何况,按官方统计标准,参合率计算公式中的分母为农村户籍

[①] 陈刚:《陕西新农合筹资标准将提高,个人缴费增至 30 元》,新华网(http://www.sn.xinhuanet.com/2009—10/23/content_ 18025233.htm)。

[②] 《陕西新农合参合人数 2581 万,参合率 92%》,网易新闻(http://news.163.com/10/0713/10/6BFE15R3000146BC.html)。

[③] 《2013 年陕西省新农合筹资水平将达到 365 元》,西部网(http://news.cnwest.com/content/2012—11/27/content_ 7759986.htm)。

[④] 《陕西省新农合人均筹资标准明年提至 430 元》,中国政府采购网(http://www.ccgp.gov.cn/gysh/ylqx/xgbd/201312/t20131226_ 3233972.shtml)。

人口数，分子为不以户籍为标准的实际参合人数，这 97.1% 的参合率中包含了参加新农合的城镇户籍居民，因此，实际农村户籍参合率并无如此之高。

笔者及调研组的调研发现，新农合的"逆向选择"十分突出，即老弱病残参合意愿较高，年轻人参合意愿较低。究其原因，新农合的主要目标是"保大病"，这一目标本身存有缺陷。从现实概率讲，患小病概率高于大病；从卫生投入绩效看，对大病干预所获得的健康效果远不如对常见病和多发病的及时干预。① 因此新农合保大病的保障目标事实上未能将大多数农民的需求和利益纳入保障体系。

2. 新农合制度执行中存有道德风险

笔者及调研组调研中不少参保农民反映，享受的新农合政府报销部分早被医院的高药费抵消掉。理论上讲，医疗机构存在使自己利益最大化而损害保险人和被保险人利益的可能性。例如，医生利用专业知识诱导农民对医疗服务和药品过度消费，这不仅损害了农民利益，也导致农合基金损失，更与新农合制度本意背道而驰。

3. 新农合制度筹资水平偏低，筹资机制尚不完善

（1）新农合筹资水平与职工医保比仍旧偏低。2012 年，职工医保筹资水平人均 2000 元左右②，而陕西新农保只有 300 元，差距甚大。

（2）筹资标准虽逐年提高，但无制度保障。陕西省新农合筹资标准从 2008 年的 90 元/人迅速提高到 2014 年 430 元/人，年几何平均增长率达 129%，若能以此速度连续增长，要不了十几年达到和职工医保大致相当的筹资水平都有可能。可惜直至目前，既无类似增长率机制方面的全国性规划，陕西也没有本地的增长政策。

（3）实际保障水平不高。保障水平的衡量，不仅要看报销比例，更要看参保人的自付率有多高。有研究表明，2010 年职工医保住院率为 11.8%，住院实际补偿水平为 67.13%；③ 新农合住院率为 8%，住院实际

---

① 周同藩、柳建平：《新农合制度实施现状调查分析与完善策略研究——以甘肃省为例》，《商业时代》2011 年第 28 期，第 89—91 页。

② 李珍、刘小青：《重构医疗保险体系视角下的新农合发展研究》，《卫生经济研究》2014 年第 2 期，第 3—8 页。

③ 李珍、王平：《新型农村合作医疗的社会保险分析》，《华中师范大学学报（人文社会科学版）》2010 年第 3 期，第 8—13 页。

补偿水平为 43.06%，门诊实际补偿水平为 33%[①]。两者综合，实际自付率超过 50%[②]，新农合参保者的自付率远远超出职工医保参保者。

（4）目前筹资主体为个人、集体和政府三方，但其中来自个人和集体部分有极大不确定性。很多农民对新农合制度不了解、不信任，不愿出资；由于农业税及集体提留被取消，集体筹资难保证。

第五节 促进农民增收的其他政策效应

除增收类、减负类及保障类政策，陕西还制定实施了多项其他促进农民增收政策，具有代表性的如促进农村剩余劳动力转移政策、退耕还林政策等。

一 农村剩余劳动力培训政策效应

人力资本理论是 20 世纪现代经济学最伟大的理论创新之一，带来了劳动经济学一系列颠覆性的革命，其关注的重点是劳动力素质和智力因素，教育和培训被看作人力资本投资的重要方式。[③] 2000 年诺贝尔经济学奖获得者詹姆斯·海克曼认为，中国在人力资本投资方面应该警醒，随着中国进入世界市场，将接触到新的技术和组织结构，对熟练劳动力的需求会上升，目前偏重物质资本投资、排除人力资本投资的投资战略，不能获得一个相对平衡的投资战略的潜在收益。

为促进农民就业，从 2004 年开始，陕西省政府实施大规模农村劳动力转移及农民创业工程，在全省范围开展农村劳动力转移就业培训，实施"人人技能"工程、"阳光"工程、"雨露计划"等项目培训，对参加培训农民给予"四免一补"（免收培训费、职业介绍费、技能鉴定费和单程

---

① 李珍：《重构医疗保险体系，提高医保覆盖率及保障水平》，《卫生经济研究》2013 年第 6 期，第 5—11 页。

② 李珍、刘小青：《重构医疗保险体系视角下的新农合发展研究》，《卫生经济研究》2014 年第 2 期，第 3—8 页。

③ ［美］奥利·阿申费尔特、［英］理查德·莱亚德主编：《劳动经济学手册》第 1 卷，曹阳、陈银娥、肖殿荒、杨海译，经济科学出版社 2009 年版，第 2—3 页。

交通费,给予一次性生活补贴)政策支持。这些措施促进了陕西农村剩余劳动力转移,给农民工资性收入提高奠定了基础。据全国阳光办抽样调查统计,接受阳光工程培训后转移就业的农民,人均月收入比未接受培训的农民高出约 200 元,比在家务农高出约 400 元。[①] 2009 年陕西省农民人均务工收入 1428.5 元,较上年增长 14.9%,占农民人均纯收入的比重高达 41.6%。[②] 2010 年全省农民人均劳务收入为 1734 元,同比增长 21.4%,人均劳务收入对农民纯收入增长的贡献率达 45.9%。[③] 2011 年,陕西省农民人均纯收入达到 5028 元,增速 22.5%,增长速度居全国第二位,人均劳务收入 2384 元,增幅达到 37.5%,人均劳务收入对农民纯收入增长的贡献率达 47%。[④] 2012 年,全省农民人均纯收入 5763 元,增速 14.6%,其中劳务性收入 2728 元,增长 14.4%,占纯收入的比重为 47.3%。可见劳务收入增长则是拉动农民收入增加的最强因素。[⑤]

不容回避的是,在当前城乡二元经济格局下,主要依靠城市并不能完全解决全省农村富余劳动力转移问题。有学者估算,截至 2010 年底陕西省农村剩余劳动力约为 743 万人[⑥],面对如此庞大的农村剩余劳动力,加大农村劳动力"内部消化"力度,应是解决农村剩余劳动力就业的重要途径。"阳光"工程的实践表明,通过创业培训,促进农民自主创业,可带动就业。然而,当前陕西省农民创业环境还有待改善,农民创业除自身能力不足、缺乏创业意识外,创业环境还不够宽松,创业初始成本多,门槛过高,各种金融机构不愿给农民创业贷款,政府创业扶持政策分散、配套性差等因素,都加剧了农民创业难。

[①] 张红宇:《我国农村劳动力转移就业的现状与政策建议》,《理论视野》2007 年第 7 期,第 13—15 页。
[②] 《陕西:惠农七大工程初显成效,特色产业功不可没》,陕经网(http://www.sei.gov.cn/ShowArticle.asp?ArticleID=202557&ArticlePage=2)。
[③] 《陕西农民人均纯收入——2010 年突破四千元 "十一五"期间翻一番》,陕经网(http://www.sei.gov.cn/ShowArticle.asp?ArticleID=209485)。
[④] 《陕西省农民人均纯收入增速居全国第二》,西部网(http://news.cnwest.com/content/2012—01/30/content_5913743.htm)
[⑤] 《2012 年陕西省国民经济和社会发展统计公报》(http://www.sxdaily.com.cn/n/2013/0303/c266—5084822—8.html)
[⑥] 蒋向东、汪川、常一鹤:《陕西省农村剩余劳动力存量分析》,《时代金融》2012 年第 18 期,第 154 页。

二 退耕还林政策效应

陕西是全国退耕还林最大试点省之一,自 1999 年开始,陕西率先在全省 10 地(市)34 个示范县启动了退耕还林工程。截至 2010 年,陕西省共完成退耕还林 3508.5 万亩(其中退耕地还林 1528.8 万亩),共向 230 万退耕户 915 万人兑现退耕还林补助资金 184 亿元,人均直接受益 2010 元。[①] 2007—2011 年五年时间里陕西省累计完成造林 2490 万亩,森林面积增加到 1.28 亿亩,森林覆盖率达到 41.42%。2012 年全年造林面积 327.96 千公顷。预计到 2016 年,全省森林覆盖率达到 45%。[②]

退耕还林还草成效显著。陕北部分地区的生态环境得以改善,重点治理区基本实现"洪水不下山、淤泥不出沟";拓宽了退耕农民的增收渠道,农村大量劳动力从粮食生产中解放出来,从事种植业、养殖业、设施农业、农村工商业和劳务经济,促进了农业产业结构的调整。

退耕还林政策在实施过程中尚存在缺乏配套措施、生态林和经济林比例失调、缺乏全面的退耕还林规划、各地政府各自为政、政府与农户利益分配存在矛盾等问题。

第六节 对一系列惠农政策的总体评价

综上所述,一系列强农惠农政策,对促进陕西农民增收的确发挥了重要作用,但其中有些政策还存在制度设计的缺陷。有些强农惠农的政策由于缺乏实施细则、系统性统筹规划从而导致在施行中相互抵触。发展农业生产等政策由农业管理部门实施,水利基本建设项目由水利部门来规划,各政府部门之间若协调不到位,各自为政的结果可能导致水利项目没法有效发挥服务于农的作用。农业税的全面取消,从提出到实施时间虽不长,但在给农民减负的同时,也存在农村公共产品和公共服务供给乏力,乡村

[①]《陕西退耕还林取得四个全国第一,绿色面积向北推进 400 公里》,华声在线(http://www.voc.com.cn/Topic/article/201004/20100407012113641.html)。

[②]《陕西实施三大区域战略全力打造"生态美"》(http://cpc.people.com.cn/n/2012/1029/c244350—19420846.html);《2012 年陕西省国民经济和社会发展统计公报》(http://www.sn.stats.gov.cn/news/qsgb/201335161558.htm)。

道路、水利设施建设资金匮乏等问题。

　　有学者对村干部对惠农政策的调研结果显示，村干部对政策的重要性程度从大到小排序依次是：农业税减免政策、新农合政策、种粮直补政策、免费义务教育政策、基础设施投资政策、良种补贴政策、农村最低生活保障政策、农资综合补贴政策、农机具购置补贴政策、农村生态环境建设政策；按村干部对农村政策实施效果的评价值从大到小的排序依次是：农业税减免政策、种粮直补政策、免费义务教育政策、新农合政策、农村最低生活保障政策、良种补贴政策、基础设施投资政策、农机具购置补贴政策、农资综合补贴政策、农村生态环境建设政策。该研究还表明，西部地区的村干部对农村政策效果的评价要显著高于东部地区和中部地区的村干部。[1]

　　现行各项惠农政策内部存在的种种不足及各项政策之间的相互冲突，要求不论是修正现有政策，还是出台新惠农政策，都务必考虑政策的系统性、兼容性以及前后的连贯性，要避免政策的短期性和功利性。在涉农政策的制定、实施、监督和反馈各个环节，要充分发挥农民的主体作用，设法倾听农民的意见和建议。如果把是否能保障农民利益最大化作为判断农业政策优劣的基本标准，各项农业支持、保护、补贴政策，就一定能够惠农、扶农、强农、富农。

---

[1] 罗万纯：《中国农村政策效果评价及影响因素分析》，《中国农村经济》2011年第1期，第15—26页。

第五章

制约陕西农民收入增加的因素分析

　　陕西在历史上并非从来就是欠发达地区，陕西农民的收入也并非从来就低于全国平均水平。在分析制约陕西农民收入增加的因素之前，先简单梳理一下陕西农村经济发展的历史状况，了解历史才能更好地面对未来。隋唐及其以前，我国实行平民的"均田制"以及权贵品官的等级占田制，当时关中是京畿所在，冠盖丛集，甲第连云，权贵世家大多在这片肥沃的土地上占田置产，从西府岐山到东府同州，庄园密布，权贵们集四海之财，对自己的依附者自然不薄，因此那个时期的农民较全国其他地区的农民相对富庶，生活水平相对较高。唐朝灭亡以后，关中作为全国政治中心的时代也随之结束，经济中心的地位开始动摇，再加上地理上的相对闭塞，由汉唐时期的亚欧大陆商道的中心逐渐变为孤立的经济盆地，陕西农村经济发展变得步履维艰。到北宋时期，关中小农在人口中的比例已高于全国平均水平。明清时期这种趋势继续发展，已从汉唐畿辅通达之地变成了西北闭塞之区，陕西农村仍旧是比较落后的自给自足的传统的农业生产模式，农民以农业收入为主，很少从事农业以外的兼业，农业以外的经营性收入、劳务性收入以及财产性收入几乎没有，收入结构单一，收入水平低下。民国时期的战乱、灾荒，使陕西农村经济在20世纪三四十年代变得更加闭塞、更加自给自足，农村商品经济的发展甚至出现了倒退现象，农村资源配置效率低下，农民收入水平比较低。[1] 新中国成立初期，全国经济是百废待兴、百业待举，新政府着手在全国进行恢复农业生产并对农业进行社会主义改造，这一时期陕西农村经济的发展和全国大部分地区是一致的；1978年改革首先在农村进行，实行家庭联产承包责任制，这

---

[1]　秦晖、金雁：《田园诗与狂想曲：关中模式与前近代社会的再认识》，语文出版社2010年版，第45页。

一制度由于适应了当时生产力的发展需求而大大提高了农业生产力，到90年代，农村产生了大量的剩余劳动力，陕西农村也不例外。随着社会主义市场经济的改革，全国不同地区的农村在这一时期跨入了不同的发展行列：东部地区的农村依托区位、产业、城市化等优势率先发展，农民收入大幅度提高；中部地区也有一定发展；而包括陕西省在内的西部地区农村经济在这一时期发展大大落后于东部地区，收入自然也比较低。

因此陕西农民收入水平比较低是历史和现实、政治和经济、宗法与人文、地理与区位、政策与制度等因素综合影响的结果。本书着重围绕陕西农民收入结构从产业、城镇化、土地制度、农村金融、农村公共产品及服务、农产品收益、农村社会保障等方面分析制约陕西农民收入增长的因素。

我国统计部门将农民收入分为劳务性收入、经营性收入、财产性收入、转移性收入等。由于各种收入性质、来源渠道不同，制约其增长的因素也有所不同。

第一节　劳务性收入及其决定因素

一　劳务性收入的现状分析

劳务性收入一般指工资收入，农民劳务性收入即指农村劳动力用于取得非自身经营性收入所带来的收入，包括外出务工收入，在当地乡镇企业工作收入，以及农户间的相互雇佣收入，主要是由农民从事非农产业生产性劳动服务而获得。

（一）劳务性收入在陕西农民收入中的构成分析

由图5—1可看出，劳务性收入在人均纯收入中所占比例大，在农民收入中占有举足轻重的地位。劳务性收入在人均纯收入中所占的份额，2001年突破30%，2009年超过40%，2010年达42.2%，2011年达到47.4%，2012年与2011年基本持平达到47.3%。如图5—2所示，短短十三年间陕西农民劳务性纯收入从1999年的438元逐步增长到了2012年的

2728 元，几何年均增长率为 14.8%①。劳务性收入已经成为陕西农民收入的第一大来源，劳务性收入能否有效增加很大程度制约陕西农民总收入能否提高。

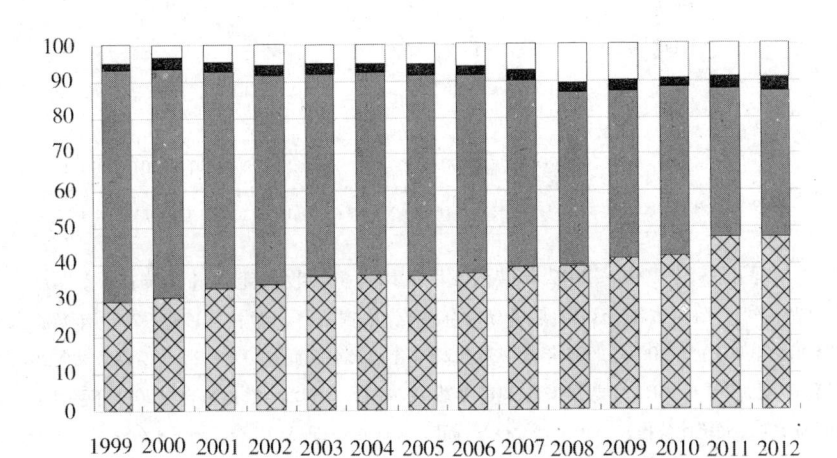

图 5—1 1999—2012 年陕西农民人均纯收入结构（单位:%）

注：《陕西统计年鉴》显示，2000 年和 2001 年的财产性总收入值仍小于财产性纯收入值，笔者对年鉴此数据表示疑问。但由于无法得到更可靠的数据并且两值相差甚小，所以仍采用年鉴数据作图。

（二）陕西与全国农民劳务性纯收入比较

由图 5—3 可知，陕西与全国平均水平有较大差距，特别是 2005 年后劳务性收入增长开始慢于全国平均水平，劳务性收入差距逐渐扩大，从 2005 年的 418 元扩大到 2012 年的 719 元。是什么原因导致陕西农民劳务性收入较低且增长相对乏力呢？

---

① 此处数据根据《陕西统计年鉴》整理计算得出，图 5—1、图 5—2、图 5—3 据相应数据绘制。1996—1997 年数据来自 1998 年版第 220 页，1998—2003 年数据来自 2004 年版第 207 页，2004—2007 年数据来自 2008 年版第 195 页，2008—2009 年数据来自 2010 年版第 200 页。2010 年数据来自《中国统计年鉴》2011 年版（电子版）表 10—22，2011 年数据来自《中国统计年鉴》2012 年版（电子版）表 10—22，2012 年数据来自《中国统计年鉴》2013 年版（电子版）表 11—21。

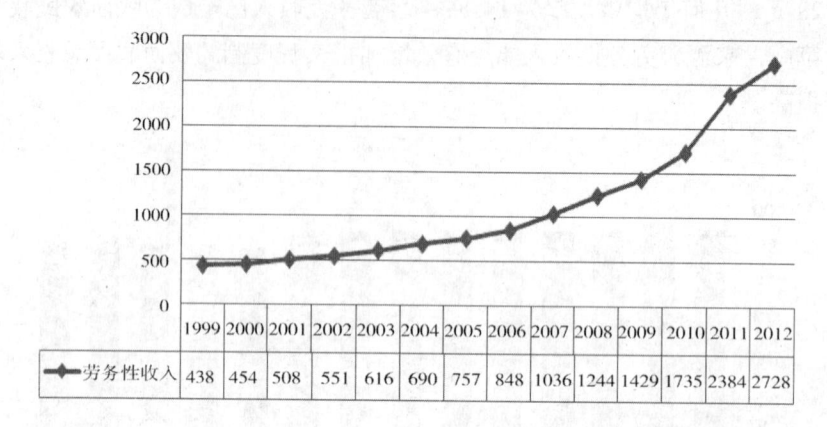

图5—2　1999—2012年陕西农民人均劳务性收入变化（单位：元）

年份	1999	2000	2001	2002	2003	2004	2005	2006	2007	2008	2009	2010	2011	2012
劳务性收入	438	454	508	551	616	690	757	848	1036	1244	1429	1735	2384	2728

资料来源：陕西省统计局：《陕西统计年鉴》，中国统计出版社。1999—2003年数据来自2004年版第207页，2004—2007年数据来自2008年版第195页，2008—2009年数据来自2010年版第200页，2010—2011年数据来自2012年版第245页。2012年数据来自《2012年陕西省国民经济和社会发展统计公报》（http://www.sxdaily.com.cn/n/2013/0303/c266—5084822—8.html）。

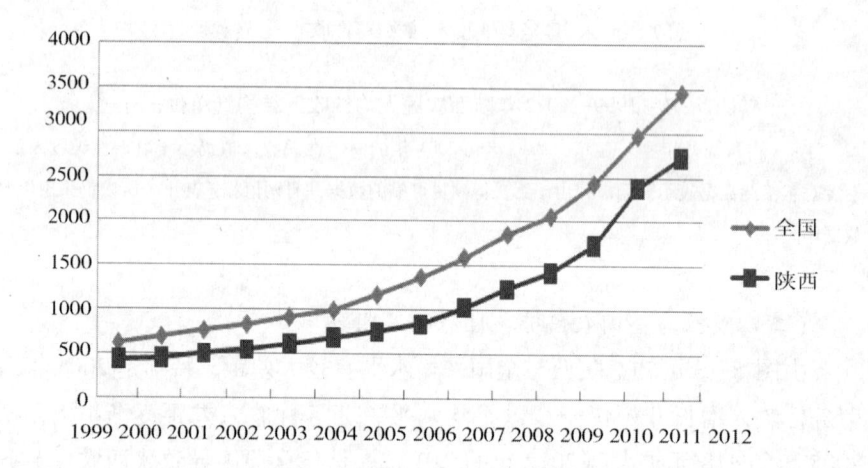

图5—3　1999—2012年陕西与全国农民人均劳务性纯收入对比（单位：元）

资料来源：陕西省统计局：《陕西统计年鉴》，中国统计出版社。1999—2003年数据来自2004年版第207页，2004—2007年数据来自2008年版第195页，2008—2009年数据来自2010年版第200页，2010—2011年数据来自2012年版第245页。2012年数据来自《2012年陕西省国民经济和社会发展统计公报》（http://www.sxdaily.com.cn/n/2013/0303/c266—5084822—8.html）。1999—2012年全国农民人均劳务性收入来自国家统计局网站（http://www.stats.gov.cn/tjsj/ndsj/），2012年数据来自《中国统计年鉴》2013年版（电子版）。

二 劳务性收入制约因素

综合相关研究及笔者调研结果发现,农村剩余劳动力的转移量、户籍制度、农民自身受教育程度、农村劳动力供求弹性、区域城镇化水平、产业结构、农民工就业的法律保障以及工会的力量等因素对陕西农民劳务性收入增长制约明显。非农就业的决定因素主要有农村劳动力受教育程度、乡镇企业数量及效益情况、城镇化水平等,归根结底是剩余劳动力转移问题,劳动力越容易转移,农民人均劳务性收入就越高。

(一) 陕西农村剩余劳动力转移量与农民人均总收入的相关度

笔者选取 1999—2010 年陕西省农村和城镇从业人数的数据作为样本。① 陕西农村剩余劳动力转移总量使用陆学艺的计算方法②,即城镇从业人数减去城镇职工人数得到进城就业的农民工人数,乡村从业人员数减去农业就业人数得到农村中非农劳动力的数量,二者之和就是农村剩余劳动力的转移累计总量(TTL),而农民劳务性收入状况用实际农村人口人均劳务性收入(AIL)来衡量。为了剔除物价变动对变量的影响,利用陕西省的消费价格指数对名义收入进行调整得到实际收入,以 1999 年为基期。具体数据如表5—1所示。

表5—1　陕西省农民剩余劳动力和人均劳务性收入数据　　单位:万人、元

年份	城镇从业人数	城镇职工人数	进城就业农民工人数	乡村从业人数	乡村劳动力第一产业人数	农村非农劳动力数量	转移劳动力	居民消费价格指数(基期1999年)	名义人均劳务性收入	农民实际人均劳务性收入
1999	455	335	120	1353	1044	313	433	100.0	439	439
2000	470	328	142	1343	1002	341	483	99.5	454	456
2001	452	324	128	1333	986	347	475	100.5	508	506
2002	511	322	155	1363	995	368	523	99.4	551	554

---

① 2011 年数据来源于《陕西省 2011 年政府工作报告》(http://www.sxzys.gov.cn/news—3442)。

② 王菲:《农村剩余劳动力转移与经济增长的耦合分析》,《统计与决策》2008 年第 6 期,第 95 页。

续表

年份	城镇从业人数	城镇职工人数	进城就业农民工人数	乡村从业人数	乡村劳动力第一产业人数	农村非农劳动力数量	转移劳动力	居民消费价格指数（基期1999年）	名义人均劳务性收入	农民实际人均劳务性收入
2003	515	319	196	1397	990	407	603	101.1	616	609
2004	516	319	197	1425	957	468	665	104.2	691	663
2005	539	323	216	1437	949	488	704	105.5	757	718
2006	561	324	237	1450	948	502	739	107.1	848	792
2007	599	331	268	1442	926	516	784	112.5	1036	921
2008	619	332	287	1450	902	548	835	119.7	1244	1039
2009	635	335	300	1459	872	586	886	120.3	1429	1188
2010	698	343	355	1376	849	527	882	135.5	1735	1280

资料来源：数据由《陕西统计年鉴》整理计算而来。陕西省统计局：《陕西统计年鉴》，中国统计出版社，城镇从业人数由2010年版表5—1中就业人数减乡村就业人数而来，由于城镇私营及个体就业人员数和其他就业人员数较之很小，此处忽略不计；城镇职工人数、乡村从业人员数和乡村劳动力第一产业人数由2010年版表5—1整理得出；居民消费价格指数由2010年版表9—1整理得来；名义劳务收入1999—2003年数据来自2004年版第207页，2004—2007年数据来自2008年版第195页，2008—2009年数据来自2010年版第200页。

经相关性分析和实证检验发现，陕西农村转移劳动力的累计总量（TTL）对农民实际人均劳务性收入累计总量的弹性是1.31，意味着每转移1%的农村劳动力，就可增加1.31%的农民劳务性收入，显而易见，剩余劳动力转移对农民收入增长有很强的促进作用。正如吴敬琏所指出，解决"三农"问题的关键是要增加农民收入，增收关键是农村剩余劳动力能够向非农产业迁移。[①]

（二）农村居民受教育程度与农民劳务性收入关系

农村居民受教育程度通过影响人力资源效率、技术扩散范围和速度、农民外出务工的竞争力以及农民对适应市场经济能力等多种机制影响农民

---

① 吴敬琏：《农村剩余劳动力转移与"三农"问题》，《宏观经济研究》2002年第6期，第6—9页。

劳务性收入。有资料表明，农村居民受教育程度与劳务性收入呈正相关关系。如图5—4所示，教育分别改变了农民工的劳动供给和劳动需求，进而影响了劳务性收入。在劳动供给方面，教育增加了农民工的供给成本，包括受教育所花费的直接成本以及机会成本，因此在相同的劳动供给量下，受教育程度高的农民工所要求的工资水平也高，直观地表现为供给曲线向左上方移动，由S_0移动到S_1；在劳动需求方面，由于教育可以提升农民工的劳动素质和劳动技能，使其胜任技术含量更高的工作，雇佣方愿意支付更高的工资给受教育程度高的农民工，直观地表现为需求曲线向右上方移动，由D_0移动到D_1。新的供求曲线决定了更高的工资水平，由P_0提高到P_1。[①]

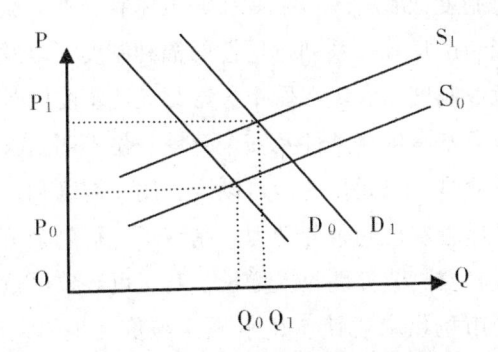

图5—4 增加教育对陕西农民劳动供求的影响

笔者及调研组调研结果显示，陕西省样本地区农村家庭中的受教育程度为：小学为11.2%，初中为50.4%，高中或中专为21.9%，大专为10.5%，本科及本科以上为6%（见图5—5）。可见陕西省农民文化水平普遍较低，对技能职业培训及农村义务教育再投资需求强烈。

（三）户籍制度对陕西劳动力转移及劳务性收入增加的影响

户籍制度是制约剩余劳动力转移至关重要的因素，从而也是决定农民增收的重要因素，其他诸如子女教育、医疗、住房、社保等制度歧视很大程度由此派生。

---

① 任保平、宋宇：《微观经济学》，科学出版社2009年版，第67—68页。

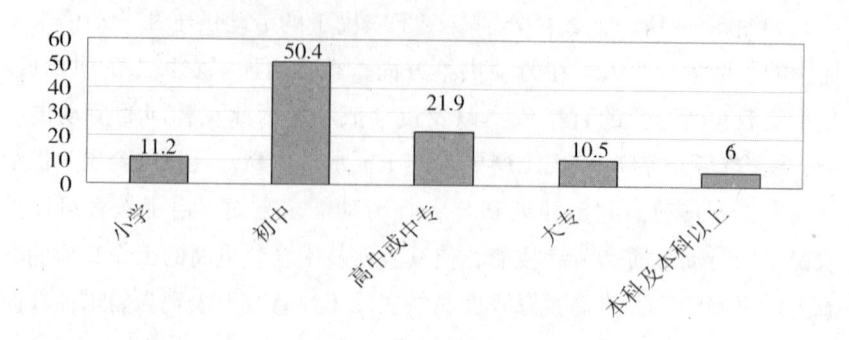

图 5—5　农村家庭中最高受教育程度（单位:%）

传统的户籍制度把农村人口控制在城市体制之外，城市以此建立了住房、教育、养老、医疗等一系列排他性的福利制度，以及保障城市劳动力较全面就业的就业制度，农民在城市务工却无法享受同等的待遇。大量城市务工农民，缺乏基本生存条件及安全感，身份不明工作不稳，子女入托难、入学难、就业难。二元化的户籍制度，用工制度和户籍制度脱钩，无疑很大程度上排斥着农村剩余劳动力，制约了农村剩余劳动力转移，不利于资源有效配置和农民劳务性收入增长，甚至可导致严重社会问题。农村劳动力流动应受市场供求规律、竞争规律与价格规律调节，农民是否进城，应是在考虑机会成本、转移费用、比较利益及自身的竞争能力等因素得到的收入最优化结果。陕西虽是西北五省区中最先试行一元化制度省份，打破城乡界限，广纳贤才，但这主要是针对有一定专业技术的农民，普通劳动力就不能在城乡之间自由流动。深化户籍制度改革，需变户口静态管理为动态管理，淡化户籍制度作用，实行用工制度与户籍制度弹性挂钩，继续推进有条件的农村居民进城落户，优先解决在城市出生的非城镇户籍青少年落户，使其尽快融入城市生活。紧紧抓住移民搬迁和推进有条件农民进城两大重点，农民剩余劳动力转移量将大幅增加，劳务性收入将有可观提高。

（四）运用弹性理论对制约陕西省农民劳务性收入的因素分析

弹性是指变量之间存在函数关系时，因变量对自变量的反应程度。[1]

---

[1]　任保平、宋宇：《微观经济学》，科学出版社 2009 年版，第 38 页。

农民工的劳动作为一种商品，其价格表现为工资。在劳动力市场上，农民工需求的工资弹性指市场上对农民工的需求量对其工资变动的反应程度，同理，供给的工资弹性指农民工供给量对其工资变动的反应程度。如果供给的工资弹性小于需求的工资弹性，则劳动力市场会形成一个收敛型的蛛网，市场将自动实现均衡而无须外力的干预；如果供给的工资弹性大于需求的工资弹性，劳动力市场则会形成一个向外发散的蛛网，这时工资会偏离均衡工资，而且越来越大，引起劳动力市场的波动，出现农民工失业或者"民工荒"现象，进而影响农民工的劳务性收入。[①] 因此分析陕西省农民工需求的工资弹性与供给的工资弹性的大小，对分析制约陕西农民劳务性收入增长的因素很有意义。

20 世纪 70 年代末 80 年代初我国进行农村土地制度改革，实行以家庭承包责任制为主的农村土地使用制度，由于产权关系的相对明晰，适应了"理性人"、"经济人"要求，使农民由"为大家干"变成"为我干"，劳动生产率空前提高，极大地解放和发展了农村生产力，农村产生了大量剩余劳动力，这一现象一直持续到 21 世纪初，陕西农村也不例外，这一时期陕西农村劳动力供给的工资弹性较小。20 世纪 90 年代，我国开始进行社会主义市场经济改革，实行以公有制为主体多种所有制经济共同发展的所有制结构，非公经济的发展产生大量就业岗位，尤其是劳动密集型岗位，至 21 世纪初，这些就业岗位均以劳动密集型为主，市场需求对工资的变动比较敏感，陕西省位于西部地区，社会经济欠发达，受产业结构限制及农民工自身素质影响，农民工就业以建筑、餐饮、制造以及城市服务等行业为主，大多从事的是技术知识含量较低的劳务性、体力性工作，这一时期陕西农民工市场需求的工资弹性较大。农民工劳动作为一种特殊的商品，其供给也有自身特点，劳动创造财富，而闲暇虽然不能给农民带来货币收入，但是会提升农民生活质量，同样具有效用，因此农民会在劳动和闲暇之间做出选择。经济学研究表明，在工资处于低水平区间时，工资变动所引起的替代效应大于收入效应；在工资处于较高水平区间时，工资变动所引起的收入效应大于替代效应。进入 21 世纪以来，经济发展使陕西

---

① 蛛网理论是一种运用供求弹性进行动态均衡分析的理论，20 世纪 30 年代由美国经济学家 H. 舒尔茨、意大利经济学家 U. 里西和荷兰经济学家 J. 丁伯根各自提出，1934 年由英国经济学家 N. 卡尔多定名的。

农民的收入逐渐提高，收入效应逐渐显现，同时随着多年的农村劳动力向城镇转移，剩余劳动力数量大大减少，再加之新生代农民工对工作条件和待遇都有更高的要求，以及新《劳动法》的颁布实施，陕西农民工供给对于工资的变化逐渐变得敏感，供给弹性逐渐增大。而进入 21 世纪以来，随着经济的迅猛发展、产业结构的升级以及农民工劳动力本身的异质性，陕西农民劳动力市场需求的工资弹性出现分极：技术农民工的市场需求的工资弹性逐渐变小，而无技术农民工市场需求的工资弹性仍旧很大。这是由于无技术农民工从事的依旧是低端的产品加工或者简单的劳务服务，这些行业对工资的变化仍旧很敏感。而技术农民工从事的是技术含量较高、附加值较高、服务水平较高、可替代性弱的工作，这类行业在市场竞争中容易存活，随着工资水平的提高，对技术农民工的需求并不会减少很多。因此对于技术农民工来讲，供给弹性大于需求弹性，形成发散型蛛网，农民工的工资水平高于均衡工资水平，而且随着时间推移会越来越高。[①] 可见，是不是熟练农民工、是否有一技之长，影响陕西农民劳务性收入增加。

（五）影响陕西农民劳务性收入的其他因素

影响农民劳务性收入还有很多其他因素，如乡镇企业数量及效益、城镇化率、农村的工业化程度、农民人均交通和通信支出比重、区域经济发展水平、产业结构是否合理、农民工就业的法律保障以及工会的形成与发展等。

若乡镇企业数量多、效益好，其能够容纳的劳动力就越多，则有利于剩余劳动力就地转移；城镇化率越高，农村工业化程度越高，则对农村剩余劳动力的需求越大；产业结构越高级，第二、第三产业经营越多，农村劳动力越容易从第一产业转移到第二、第三产业，有利于农民劳务性收入增长；农民人均交通和通信支出比重越高，信息流动越有效，农民将获得更多外出务工机会，可减少信息不对称对农民劳务性收入的损害；农民工就业的法律保障越完善，就越能在劳动力市场上保护其合法权益不受侵犯；

---

① 冯虹、汪昕宇：《北京外来农民工供求状况及对策分析》，《中国人力资源开发》2010 年第 7 期，第 77—81 页。刘玉萍、郭郡郡、李馨鸾：《农村劳动力的转移与中国城市农民工市场的波动——兼论新〈劳动法〉对农民工市场的影响》，《当代经济管理》2011 年第 12 期，第 48—53 页。

农民工工会的力量越强大，与雇佣方讨价还价的能力越强，农民工的工作条件和工资待遇就越好。另外，在城市就业的农民工因无法享受到真正意义上的社会保障，增加了其在城市生存的难度，也是其频繁流动的重要原因。

第二节　经营性收入及其决定因素

一　经营性收入现状

农民的经营性收入指农民自身在其从事的各产业中进行相关生产经营所取得的收入，包括种植田地、畜牧收入、养殖收入等最基本第一产业收入，也包括从事第二、第三产业所带来的收入。经营性收入是农民收入中最传统、最基本的收入项目。

陕西省农民的经营性收入以第一产业为主，第二、第三产业为辅。1995年，第一产业的经营性纯收入占总经营性纯收入82.4%，1996年为81.9%，1998年为87.2%，2003年为79.4%，从2004年试点取消农业特产税后，农业收入在家庭经营性收入的比重有一定上升，2004年和2005年都保持在82%左右，2009年回落到80.5%，2010年为81.67%，2011年再次回落到79.03%，2012年持续降落至78.4%。[①] 比例虽然在不同的年间有所波动，但大都保持在80%左右。

（一）经营性收入在陕西农民纯收入中的地位

统计数据表明，1996—2012年，陕西农民经营性收入占总收入比例从高达84.1%逐步减少到2012年的39.8%。虽然经营性收入在总收入中占比存在递减趋势，但仍旧是陕西农民依赖性收入。

（二）陕西农民经营性收入的变化情况

1990年以来，陕西农民人均经营性纯收入的变化如图5—6所示。

[①] 陕西省统计局：《陕西统计年鉴》，中国统计出版社。其中1996—1997年数据来自1998年版第220页，1998—2003年数据来自2004年版第207页，2004—2007年数据来自2008年版第195页，2008—2009年数据来自2010年版第200页。2010—2012年数据来自《陕西统计年鉴》2013年版（电子版）表10—表17。

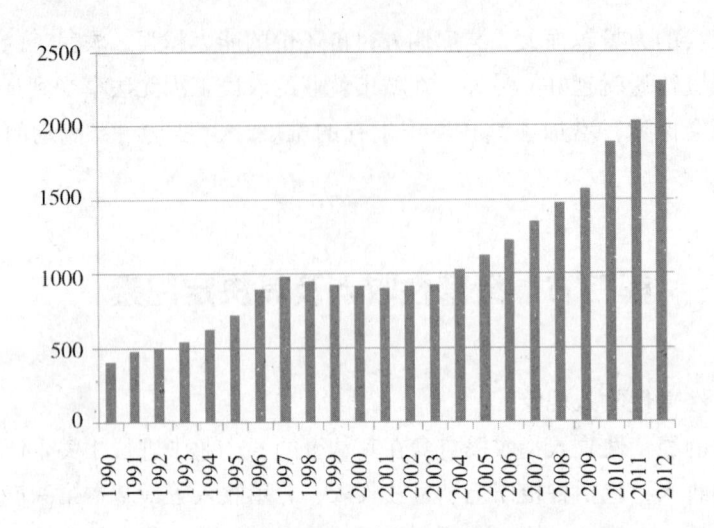

图 5—6 1990—2012 年陕西农民人均经营性纯收入变化（单位：元）

资料来源：数据由《陕西统计年鉴》整理计算得来。陕西省统计局：《陕西统计年鉴》，中国统计出版社，1990 年数据来自 1991 年版第 308 页，1991 年和 1992 年数据来自 1993 年版第 179 页，1993—1997 年数据来自 1998 年版第 220 页，1998—2003 年数据来自 2004 年版第 207 页，2004—2007 年数据来自 2008 年版第 195 页，2008—2009 年数据来自 2010 年版第 200 页，2010—2012 年数据来自《中国统计年鉴》2013 年版（电子版）表 11—20。

其中 1990—1994 年，经营性收入并无明显变化。1995 年、1996 年分别较上年有较大增长。而 1997—2003 年，经营性收入呈略微下降趋势。2004—2011 年，陕西农民经营性收入呈稳定增长状态。经营性收入在 1995—1996 年的增长可能是由于陕西 1993 年和 1994 年发生特大雹灾和特大旱灾带来农业受损后，1995 年在部分灌区开始推行的"按亩收费，合同供水"措施带来农业恢复性增产加上风调雨顺所致；但由于农业生产条件并无大的改观，这种增产并未持续，1997—2003 年农民经营性收入略微下降大致持平。2004—2012 年经营性收入的较长期增长可能因为：陕西产业化进程加快，农业增加值变大，优质专用农作物增产；随着中国加入 WTO，陕西成为全国最大的果汁加工和出口基地，果汁加工能力和出口增加；2004 年试点取消农业特产税，2005 年取消农业税。需要指出，即便陕西农民经营性收入近年持续较高速增长，但和全国平均水平相比仍有较大差距。如图 5—7 所示，陕西农民经营性收入和全国平均水平差距很大，且增长率相对较低。按这一趋势，陕西农民经营性收入和全国农民平均水平之间的差距将越拉越大。

二 陕西农民经营性收入的成本—收益分析

（一）陕西农民经营性收入的因素分析——以粮食种植业为例

决定农民经营性收入的因素很多，有学者认为主要包括闲置土地的流转率、农村基础设施情况、农业的天生弱质性下的自然风险和市场风险大小、固定资产投入量、农产品与工业产品的价格价值剪刀差大小、经营方式、农村非农产业发展、人均耕地面积等。[①] 这一判断其实并无理论依据，缺乏逻辑性。其实，按照"农产品经营性收入＝产量×单价"的计算公式可得，决定农民经营性收入的，无非是产量和单价两大因素。

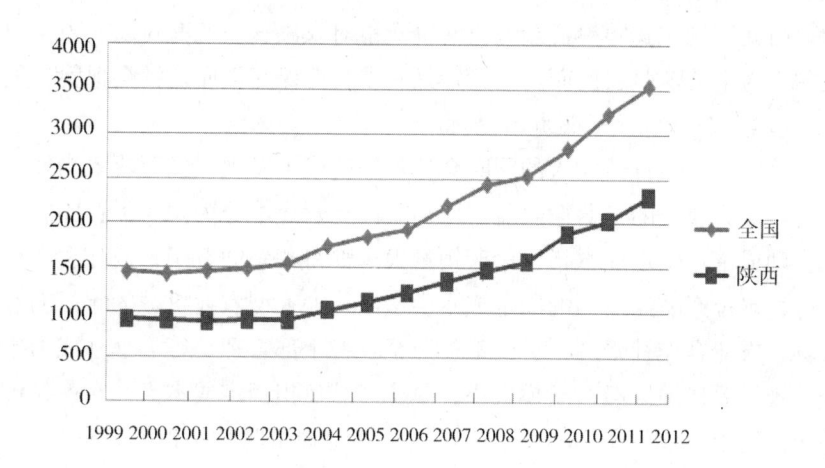

图5—7 1999—2012年陕西与全国人均经营性纯收入对比（单位：元）

注：因为全国统计年鉴上关于农民经营性收入的数据只有纯经营性收入的部分，所以这里采用纯收入来比较说明。

以陕西农民最倚重的种植业为例，产品产量又取决于种植面积（如亩数）及单位面积产量（如每亩产量）。在农村家庭联产承包责任制约束下，农民种植面积，第一取决于承包地的多少和因流转获得的转承包地面积。农作物单产，则受自然条件（如气候条件如何、有无自然灾害等），

[①] 沈冰：《从提高家庭经营性收入的角度来思考扩大农民消费》，《消费经济》2010年第1期，第24—26页。

土地肥沃程度，灌溉设施配置状况，农民对农作物投入的劳动、肥料、水、种子、农药的数量、质量和时机，以及农民的精细化管理程度影响。而粮食、水果等种植作物的单价，首先取决于供求关系。从陕西历年的多种农产品价格变动规律看，上年某一农作物价格高，往往会导致农户一窝蜂式扩大种植面积，导致下一年度价格暴跌甚至"卖难"严重，紧接着的一个生产季农民不再种植或尽可能缩减种植面积，导致后一年度价格攀升。价格与种植面积之间的这种联动关系，作为分散种植的陕西农民，很难驾驭也很难了解到更充分的信息，故只能在价值规律面前无奈跟风、随波逐流，最后一次次受到伤害。有时再加上基层政府的推波助澜，如强令农民种植某一种作物，结果来年农民收入好皆大欢喜，但作物受灾或价格低迷时，基层政府却无力替农户分担风险，结果，损失还得农户自己承担。由此可见，我国粮食最低收购价政策对农民——尤其对以一家一户模式种粮为主的陕西农民而言，无疑是一项具有保底性质的社会保险。

(二) 陕西农民经营成本分析

农民获取经营性收入的同时会伴随经营成本发生。经营收入与经营成本的差额为农民的经营净收益。可将农民经营成本分为两大类：固定成本和变动成本。固定成本指不论产销量大小都得花费的费用，但随着产销量增大，单位产品需负担的固定成本会递减，如大型农业机械的年折旧费和农场、农业合作社管理人员的工资乃至乡村干部管理费等。这一成本要求经营规模要适中。经营规模太小，单位产品负担固定成本高，在产品价格一定情况下，单位产品收益下降甚至可能出现负收益。但经营规模过大，以致引起劳动力成本、农业生产资料成本上升和农产品价格的下跌，经营净收益也无法最大化。只有使经营净收益最大化的经营规模才是最佳经营规模，在最佳经营规模经营的状态即所谓规模经营。从陕西农民经营现状看，绝大部分经营仍以家庭为经营单位，各地虽出现名目繁多形式多样的农业合作社，但大都名不副实，故经营规模普遍偏小，达不到规模经营的要求。农民达不到规模经营固然有各种原因，但土地面积约束无疑是最基本原因。变动成本指随产销量变动同比例变动的那部分费用，在现代化企业中，直接材料、直接人工、其他直接支出皆属变动成本。但考虑到农业生产的特殊性，如种子、农药、化肥、灌溉、劳动投入等费用，一般只随产销量同方向变动而非严格的同比例变动，故这些成本可视为半变动成本。

从陕西农业生产实际考察，灌溉设施建设费、大规模土地平整费、大型农业机械购置费、乡村干部管理费等，并不由农民负担，合作社管理人员费用极少几乎可忽略不计，农场化的农业经营并非常态，本书也无意涉及，除转承包土地者需支付土地承包费外，农民从集体初次承包的土地按现行政策被免除承包费，从而，需要农产品经营者负担的固定成本微乎其微。按照财务管理学的著名理论——杠杆理论，固定成本越大，经营杠杆系数会越大，表明经营风险越大。如果固定成本总额为0，则意味着没有经营风险。如果没有特别指明的话，固定成本为0一般指没有固定资产投资进而没有折旧费。[①] 因此，陕西农业经营的较低的固定成本，意味着经营风险并不大。但很显然，这一结论与我们平常观察到的现象并不一致，农民面临很大经营风险，收益极不确定。到底是我们的观察出错了，还是杠杆理论出错了？

(三) 陕西农民经营性收入的成本—收益比较

我们的观察没有出错，是杠杆理论严格的假定条件并不符合现实。杠杆理论最基本假定是关于成本习性的假定：一定时期、一定业务量范围内，固定成本总额固定不变，单位产品变动成本固定不变；另一个隐含的假定是产品单价固定不变。理论研究做出严格假设是必要的，否则难以得出具有普适性结论。虽然严格的假设与现实不符，然而这也正给笔者的研究指明了方向：必须从农产品价格和变动成本入手研究农业经营收益和风险。

笔者及调研组以对陕西省蒲城县粮食种植的调研数据为依据，发现即使令单位种植面积（按亩计算）固定成本为0，农民种植粮食的收益仍十分有限。

假定每亩地每年可耕种两料，一料小麦，一料玉米。设每亩地产量为x公斤，其中，小麦产量x_1，玉米产量x_2，小麦每公斤单价为p_1，玉米每公斤单价为p_2，则每亩土地年收入$S=S_1+S_2$。设每亩小麦变动成本为V_1，每亩玉米变动成本为V_2，每亩农作物年变动成本$V=V_1+V_2$。变动成本由种子、农药、化肥、灌溉、种植与收割以及农民投入的劳动时间的机会成本等费用构成。据对蒲城县农户的调查显示，每年花费于每亩土地的除劳动成本外的变动成本约800元（见表5—2），需花费的劳动时间最保守

[①] 汪平：《财务理论》，经济管理出版社2003年版，第90页。

估计19个劳动日（见表5—3），以每劳动日机会成本50元计算，耕种一亩地劳动力成本为950元。于是，含劳动机会成本在内的种植每亩农作物变动成本总计为1750元。按每亩年产小麦400公斤、每公斤2元，玉米年产480公斤、每公斤2.1元计算，一亩农作物一年总收入1808元。即便不考虑任何固定成本，农业税土地承包费全免，无自然灾害，在正常年景下，陕西农民种植一亩农作物一年的净收益仅58元钱（见表5—4）。

表5—2　　　　　陕西蒲城县农民种植一亩地一年的变动成本（不含劳动成本）　　　单位：元

	种小麦变动成本	种玉米变动成本	合计
种子费	50	50	100
种植费	40	25	65
购化肥	140	90	230
购农药	30	30	60
灌溉用水费	90（45×2次）	90	180
收割费	70	95	165
总计	420	380	800

表5—3　　　　　　　每耕种一亩地需要的劳动日　　　　　　　单位：天

	种小麦耗费劳动时间	种玉米耗费劳动时间	合计
买种子	0.5	0.5	1
种植	1	1	2
施肥	1	1	2
打农药	1	1	2
灌溉	0.5	0.5	1
收割	1	1	2

续表

	种小麦耗费劳动时间	种玉米耗费劳动时间	合计
晾晒	3	4	7
其他	1	1	2
总计	9	10	19

在目前政策框架下，农民耕种土地免除承包费，假如未购置农业机械不负担固定资产折旧费，则固定成本可视为 0。假如农民未因耕种农作物而举债，无须负担债务利息，加之农业税被取消，则陕西农民种植每亩地的成本—收益分析如表 5—4 所示。

表 5—4　陕西蒲城县农民种植一亩土地的年成本—收益分析　　单位：元

项目	小麦每亩	玉米每亩	合计
（1）产量（公斤）	400	480	
（2）单价（元/公斤）	2.0	2.1	
（3）销售收入 =（1）×（2）	800	1008	1808
（4）不含劳动成本之变动成本	420	380	800
（5）劳动时间（天）	9	10	19
（6）每劳动日机会成本（元/天）	50	50	50
（7）劳动成本 =（5）×（6）	450	500	950
（8）含劳动成本之变动成本	870	880	1750
（9）边际利润 =（3）－（8）	－70	128	58
（10）固定经营成本	0	0	0
（11）息税前利润 =（9）－（10）	－70	128	58
（12）负债额	0	0	0
（13）负债利息	0	0	0
（14）税前利润 =（11）－（13）	－70	128	58
（15）农业税	0	0	0
（16）净利润	－70	128	58

由表 5—4 的计算可知，在以家庭为单位的分散经营模式下，即便粮食价格、农业生产资料成本比较稳定，陕西农民每种植一亩粮食的收益只

有58元，仅相当于一个非技术农民工作一日的最低收入！微薄的收益，可能是大量劳动力离土离乡放弃农业生产、撂荒土地或潦草种植或转而经营其他经济作物的主要原因。

看来，要提高农民种植收益，必须同时既能促使农产品单价提高，又能降低单位产品变动成本。农产品单价受市场约束，很难短期内有较大的提高，但通过土地连片集中经营，增大机械化耕作水平，降低农作物生产成本尚有潜力可挖。

假设一个拥有3000亩土地的行政村，通过股份制形式集中农户土地。为了便于研究，假定全部土地具有同质性，即肥力、灌溉条件等皆相同。农民以其土地为股份，每亩地1股。为了便于核算，每亩土地按0.5万元估价，合计1500万元（3000股）作为农民的初始投资。若需要买种子、农药、化肥、支付员工工资等流动资金200万元和初始大型农机械投资200万元，合计400万元（800股）全部由一个投资者王某提供，并由其经营这家拟成立的农业股份公司。假定共计筹集资本金1900万元，折合股份3800股。

公司化运营和农业机械化投入的增加有两种效应，其一是固定成本增加。固定资产折旧费，管理人员工资费，在农户分散经营时，无须花费，但农场化、公司化、工业化经营时则不得不花费。假定设备可使用10年，每年计提折旧费10%，则年折旧费20万元。假定公司并无庞大的管理团队，公司运营管理费每年只花5万元，需常年雇用日常田地经营管理人员、农机操作人员，假如共需100人，按每人每年2万元计算，员工年工薪支出200万元，均为固定成本。其二是一些变动成本项目由于农机具的添置而大大节约。假如购买种子、化肥、农药费用可因批量采购获5%价格折扣，灌溉费因成片经营也可节约5%，原本由一家一户花费于买种子、打农药、种植、收割、晾晒过程劳动时间将被专业化农业公司工人的日常管理所替代，农民劳动的机会成本（3000亩×950元/亩＝285万元）被农业公司20万元工人工资和5万元管理费用所代替。收入一定条件下，成本的节约一定意味着作为股东的农民和货币出资者收益的增加。表5—5推演的是较大规模经营下的成本—收益分析。

表 5—5　　　　　　较大规模经营下的成本—收益分析　　　　　单位：元

项目	年成本收益
（1）销售收入＝种植面积×每亩收入	3000×1808＝5424000
（2）每亩种植变动成本	
a. 种子费	100×（1-5%）＝ 95.0
b. 化肥购置费	230×（1-5%）＝218.5
c. 农药购置费	60×（1-5%）＝ 57.0
d. 灌溉费	180×（1-5%）＝171.0
e. 每亩变动成本合计＝a+b+c+d	541.5
（3）变动成本总额＝种植面积×每亩变动成本	3000×541.5＝ 1624500
（4）年固定成本＝折旧费+管理费+员工工薪	200000+50000+2000000＝2250000
（5）年总成本＝（3）+（4）	3874500
（6）年净收益＝（1）-（5）	1549500
（7）每股净收益＝（6）/总股份数	1549500/3800＝408

以上述假定运营的结果，农民每亩土地折合成 1 股得到的年收益高达 408 元，比各自分散经营收益时每亩收益 58 元的 7 倍还强，规模经营的收益显而易见。出资人王某出资 400 万元折合 800 股的年收益 32.64 万元，投资回报率 8.2%，属较为稳健的收益水平。以上分析的是单纯种植粮食作物的陕西农民和货币出资者的回报率，假如该公司尚能利用农作物做深加工，延长产业链及价值链，则作为股东的农户和货币出资者投资回报率会更可观。需要说明的是，以上推演仅针对关中地区，并不适用于陕南、陕北地区。

由此可见，中央政府倡导的大力发展家庭农场经营方式的思路在理论上是站得住脚的。

然而，即便关中地区，由于历史、观念、体制等多种原因的约束，土地集中率仍很低，导致现代工商业与落后的自给自足的小农式、分散化农业经营模式同时并存的奇怪现象。那么，因何陕西土地难以集中呢？现行土地政策是否已经不适应现代农业发展需要了呢？

三　土地流转率低下制约经营性收入的增长

截至 2012 年底，陕西省土地流转面积达 456.1 万亩，其中农村土地流转主要采取转包、出租、互换方式，数量达 214 万亩，占流转面积的 47%。从全国来看，2012 年底全国农村土地流转平均水平为 21.7%，上海、浙江、江苏流转比例较高，达到 40%以上。陕西省 456.1 万亩则占家庭承包耕地面积的 10%，排在第 20 位左右，土地流转面积占家庭承包经营面积的比例仍然较低。① 缓慢的土地流转现象背后，反映的是单家独户的生产方式对农民经营性收入提高的限制。农民生产以家庭为基本经营单位，规模小、不利于农业生产设备设施的推广利用，造成劳动生产率低、土地的产出率低、农产品的商品化程度低的现象。土地流转率低通过制约规模经营进而制约了农民的经营性收入，当前陕西缓慢的土地流转成为农民经营性收入增加的巨大障碍。

当前，陕西农村土地流转形式主要有以下几种：集体经济组织内部家庭承包的土地，可以采取转包、出租、互换、转让的方式流转，农户之间可以土地承包经营权入股联合组建农民专业合作社，或者以承包期内一定时限的土地收益作价进行其他方式的股份合作，但不得将土地量化为股份作为出资向企业入股。以家庭承包的土地承包经营权、受转经营权及其地上设施作为抵押物贷款的，可以在金融机构指导下进行。进行其他流转方式的探索创新，应遵循农村土地流转的基本原则。通过招标、拍卖、公开协商等方式承包的"四荒"地，可以采取转让、出租、入股、抵押或者其他方式流转。区划界定为公益林的林地不能以转让方式流转，但在不改变公益林性质的前提下，允许以转包、出租、收益权入股等方式流转。②

土地之所以难以集中，首先可能是因为现有的土地制度约束。导致土地流转率低的主要制度因素有以下几个方面。

（一）所有权主体虚位造成产权不清

产权是描述人们或者企业可以对他们的财产做什么的法律规则，是市场经济中以财产为客体的多种权利的总和，是社会民事权利主体依法对财产实行所有、占有、支配、使用并享有财产收益的权利及权能体系，是资源有效配置的生产关系基础。③ 清晰的产权归属划分，使资源有机会通过

---

① 参见《陕西日报》2013 年 4 月 1 日第 3 版。
② 陕西省政府办公厅：《陕西省人民政府关于促进农村土地承包经营权流转的指导意见》（陕政发〔2011〕18 号）（http://www.shaanxi.gov.cn/0/103/8285.htm）。
③ 任保平、宋宇：《微观经济学》，科学出版社 2009 年版，第 319 页。

市场交易达到最优配置,解决外部不经济保证经济高效率。产权应具有三大特征:①明确性,即它是一个包括财产所有者的各种权利及对限制和破坏这些权利行为的处罚的完整体系;②排他性,它使因一种行为产生的所有报酬和损失都直接与有权采取这一行动的人相联系;③可转让性,这些权利可通过转让被配置于最有价值的用途上。

我国的土地产权归集体所有,进而上述三个特征都不具备。

1. 农村集体土地产权不具有明确性

我国现行法律规定,农村土地归农民集体所有。集体本身是一个抽象的主体,"谁"真正拥有土地并不明确,当个人或其他团体对其权利进行限制和破坏时,抽象主体无法有效做出反应,土地产权基础上的各种权利无法得到有效保护,集体产权使得集体与农民在权益关系上很模糊,形成"人人有权,人人无权"的尴尬局面。此外,法律并未明确规定农村土地产权到底归属乡镇集体、村集体还是组集体,也就是并未对集体的范围进行明确划分。[①] 因此集体所有的土地产权不具有明确性。

2. 农村集体土地缺乏排他性

产权的排他性是现代产权的基础,但是由于集体土地的抽象性,其报酬和损失也很难与这一抽象行为人相联系,又由于在现行制度下农民基于集体成员的身份而依法享有的权利,农村土地带有明显的公共物品属性,缺乏严格意义上的排他性。

3. 我国农村集体土地缺乏真正的可转让性,除非转让给政府

由于产权不清晰,农民不享有土地转让的独立决策权,故土地并不真正具备可转让性。正因为现行土地制度未赋予农民任何实质性权利,仅仅给予其有限使用权,故该土地制度是一个不适应现代市场交易规则的、残缺不全的土地制度。无转让资格决定了土地缺乏实质价值,进而导致土地难以通过市场交易进行有效配置。结果,一方是土地闲置,出现农民抱着金饭碗讨饭吃的状况;另一方期望获得集中连片土地的投资者只能在现行土地制度面前望地兴叹。土地流转交易之所以不普遍,正是基于农民个人缺乏实质意义上的土地所有权。有学者一针见血地指出:"农民缺乏财产性

[①] 曲福田等:《中国工业化、城镇化进程中的农村土地问题研究》,经济科学出版社2010年版,第220—221页。

收入并不是因为农民家庭没有财产,而是因为农民家庭所拥有的财产缺乏合法所有权制度的保障,这使得农民家庭拥有的资源是一种僵化资产,无法转化为能够带来价值增值的资本。因此,解决农民财产性收入增长问题的关键是建立起一种能够将农民拥有的资产转化为资本的所有权制度。"[①]

(二) 两权分离制度造成农民经营权受损

所有权是一种比经营权占优的权利,两权分离制度导致流转过程中经常出现所有权占优,农民经营权利益得不到保障的现象。土地流转带来的利益先由政府和集体按次序分配之后农民才能触碰到其经营权带来的收益,而剩下的收益比起其经营权本身的价值来说已经微乎其微。作为土地的经营权拥有者,农民并不能得到他们所期望的收益,利益往往大多转移到地方政府和集体,因此农民对于流转土地十分谨慎,不愿意轻易流转土地经营权——哪怕这一权利残缺不全。土地的两权分离制度导致的农民有限权利和利益,是其不肯转让土地的重要原因。

(三) 缺乏恰当的规模经营组织模式和闲置土地经营权交易方式

目前,讨论较多的规模经营组织模式是公司+农户、公司+基地+农户、股田制等,在土地使用权交易上也探索了在固定交易场所集中交易的模式、公司与土地承包农户签订托管合同的托管模式等,这些模式在全国不少地区试用和推广,但在陕西并未大规模探索和试行。陕西尚未找到恰当且成熟的规模经营模式和更有效的土地流转交易方式,使土地难以有效集中,规模经营难以实现,从而制约着陕西农民经营性收入和财产性收入的提高。

(四) 现行土地流转制度的模糊不清

现行的农村土地流转制度的不完善,突出表现在相关法律、法规制度的不到位乃至稀缺。我国不乏涉及农村土地流转的相关政策,但政策毕竟不能代替法律。有些政策虽上升到法律层面,但模糊不清,缺乏可操作性。

以土地所有权相关政策为例。1947年我国通过实施的《中国土地大纲》和1950年颁布实施的《土地改革法》,确立的是农村土地私有制,规

[①] 王文烂:《农民财产性收入增长的制度障碍及其化解》,《技术经济》2010年第12期,第113—116页。

定土地"所有权归农户所有","分配给人民的土地,由政府发给所有证",并承认其自由经营、买卖即在特定条件下出租的权利。但20世纪50年代农业合作化运动的推进,使农村土地逐步从农民所有制度变成集体所有制。早期的集体所有制以1962年的"农业60条"为主要依据,即贯彻"三级所有,队为基础"且生产队拥有土地所有权。随着20世纪80年代农村改革,乡镇、行政村和村民小组代替了原来的人民公社及生产队,但法律对到底由谁行使土地所有权一直未予以确认。现行《土地管理法》规定:"农民集体所有的土地依法属于村农民集体所有的,由村集体经济组织或者村民委员会经营管理;已经分别属于村内两个以上农村集体经济组织的农民集体所有的,由村内各该农村集体经济组织或者村民小组经营、管理;已经属于乡(镇)农民集体所有的,由乡(镇)农村集体经济组织经营、管理。"这一被认为是"有意的产权模糊"的法则,固然会起到搁置争议、减少矛盾的历史作用[1],但无疑是以牺牲农民利益为代价,甚至还会引发各种各样的土地矛盾和纠纷。

需要指出,尽管我国现有法律制度承认农村土地经营权可以依法转让,但对于转让的具体范围、形式、程序、价格、管理等,都缺乏专门的法律法规约束;另外,在我国《土地管理法》与《民法通则》中,除了"集体所有权"外,在农地与农村工作方面,还规定了"承包经营权"、"继承权"等内容,然而,地方政府在同类规定中却形成了一些新的界定,如"占有权"、"转让权"、"承租权"、"租佃权"、"处分权"等。由于这些权属均未从法律角度界定其内涵,也无实施细则,因而极易在实际使用中造成混乱,无形中阻碍了农村的土地流转。[2]

(五)农村社会保障体系尚未有效建立

不少学者认为,中国农村是一个以小农为主的社会,小农的一个基本特征是对失去基本生活保障的恐惧。由于农村社会保障的滞后,农民除了土地以外没有其他赖以生存的保障基础,因而农地实际上是作为一种生存保险分配给了农民,也就是说土地对于农民不仅是农业生产资料,更是一

---

[1] 陈丹、陈柳钦:《新时期农村土地纠纷的类型、根源及其治理》,《河北经贸大学学报》2011年第6期,第71—78页。

[2] 蒋满元:《农村土地流转的障碍因素及其解决途径探析》,《农村经济》2007年第3期,第23—25页。

种生存保障资料。① 因此，土地对陕西农民是一道最基础的保障，至少可保障农民在最艰难状况下有饭吃。目前，政府实施的一系列保障政策，难以真正防范农民生产生活风险，导致农民对土地仍有很强的依赖性。土地对陕西农民所发挥的基本社会保障功能，是土地不敢被轻易转让的重要原因。农民的"理性"原则是安全生存第一，土地流转性收入最大化并不是其追求的目标。因此，在农村社会保障力度小、农民对养老和医疗保险认识不到位、操作程序过于烦琐的情形下，即使有"新农合"、"新农保"政策，农民仍无法最大限度受益于医疗保险和养老保险政策，土地成为农民唯一确定可靠的经济保障。故在农村社会保障制度不完善、农民无法获得足够保障进而非常依赖并珍惜其所拥有土地的情形下，农民不愿随意转让其土地实属正常。

（六）城镇化水平较低影响土地的流转效率

我国目前农村的家庭生计模式主要是年轻劳动力进城务工、年老劳动力留乡务农的半工半耕模式，受我国目前城镇化水平影响这种模式较长时间内不会改变，这样来说农村的土地仍旧是他们的"根基"，只有那些进城务工确信有能力将全家老小带入城市安家并能保持较高生活水平不再需要回乡种田的农民才会转让其在农村的土地、宅基地等，而这部分农民毕竟是少数，大部分进城务工农民赚了钱抑或没赚钱，最终还是愿意返回农村老家，那里有他们的老人孩子，有他们的熟人社会，有在城市无法寻找的安全感。目前，陕西省的城镇化率47.3%②，属于城镇化前中期阶段，城镇化水平较低。在这一城镇化阶段，理性的进城农民宁肯"后退有路"，抱着即便"进城梦"失败仍有农村土地最后一道屏障的心理。这种不确定的城镇人身份使得农民在流转土地时小心翼翼，即便土地上的收入甚微，宁愿撂荒，也不会轻易转让。

此外，陕西农民浓重的故土情节，也是其不肯轻易放弃土地的重要原因。千百年来土地一直是农民赖以生存的生产资料、生活保障资料，土地对于他们来说已经不仅仅是一种谋生手段，更是一种对祖先精神的承继方

---

① 转引自曲福田等《中国工业化、城镇化进程中的农村土地问题研究》，经济科学出版社2010年版，第221页。
② 韩红刚：《新型城镇化的陕西路径》，《城市经济导报》（http://www.ceeh.com.cn/html/news/2012/12/24/20121224030811_0.html）。

式。即便新时期不乏农民蜕变为城镇人、脱离土地照样能获得较高质量生活的例子,但短时期内对绝大多数陕西农民而言,观念上仍无法转变对土地的依赖之情。

四 农业生产投入水平低制约陕西农民经营性收入增长

农业生产投入水平高低,直接影响和制约农民经营性收入的增长。农业生产投入尤其长期投资可通过增加产量和节约变动成本等途径促进农民增收。笔者及调研组调查发现,陕西农村的水塘、拦水坝、机井、抽水站、水库及其配套水渠,大多是20世纪80年代前所修,90年代后转为私人投资经营或承包经营,由于管理不善,维修资金缺乏,水利设施灌溉、抗洪、减灾能力减弱。农业生产投入水平是衡量农业生产投入度的指标。其中,农业机械总动力反映在农业生产中的投入力量和技术含量;财政对于农业的转移反映农业资金的政府投入情况;人均耕地面积反映农业土地投入情况。[1] 另外,各投资主体对第一产业的固定资产投入情况也会影响农业生产进而影响农民经营性收入。

农用机械总动力是提高农民经营性生产的技术指标。农机总动力越高说明农民的生产技术含量越高,现代化程度越高,生产效率越高。由表5—6看出陕西省农机总动力呈投入量偏少、增速缓慢平稳的特征,2012年,在我国27个省份中陕西的农机总动力排在第19位[2],发展滞后,落后于所有东北省份,除福建、海南外的所有东部、中部、南部省份,仅领先于位处西南的贵州、西藏以及西北当地的甘肃、宁夏、青海和新疆。海南省和福建省面积远小于陕西,其每亩地平均农机动力量也远大于陕西省,因此陕西省农机动力投入量落后于所有的东部、南部和北部地区省份;虽然陕西农业现代化投入领先于部分西部地区省份,但因西部地区农机动力投入普遍欠缺,农业现代化程度偏低,缺乏可比性价值。无论从绝对值差距还是从排位上都可以看出,陕西农机总动力投入已远远落后于全国其他大部分地区。

---

[1] 玛尔孜亚:《新疆农村居民收入差距研究》,硕士学位论文,新疆农业大学,2007年,第33页。

[2] 排位根据《中国统计年鉴》(电子版)表13—5计算而来,四个直辖市因为面积小耕种少而不在比较范围之内。

表 5—6　　　　　　　　　　　影响因素数据表

年份	人均经营性纯收入（元）	农用机械总动力（万千瓦）	第一产业固定资产投资（亿元）	财政农林水事务投入（亿元）
1999	921	1010.8	18.0045	—
2000	917	1047	20.3995	—
2001	900	1100	27.1436	—
2002	915	1167	37.4209	—
2003	920	1228	51.4183	29.0733
2004	1028	1307	48.7339	74.8339
2005	1119	1406	53.8232	6.1995
2006	1219	1452	77.4346	81.1719
2007	1346	1576.1	79.4582	10.0087
2008	1475	1709.9	131.7539	146.2918
2009	1570	1833	224.3551	220.7212
2010	1882	2000	487.3795	267.1563
2011	2029	2182.9	393.2000	333.7900
2012	2295	2350.2	496.1000	367.4500

资料来源：由《陕西统计年鉴》整理得出。国家统计局：《中国统计年鉴》，中国统计出版社，农机总动力 1999—2001 年数据来源于 2002 年版 275 页，2002 年数据来源于 2003 年版第 264 页，2003—2004 年数据来源于 2005 年版第 249 页，2005—2008 年数据来源于 2010 年版表 12—36，2009—2010 年数据来源于 2011 年版表 12—33，2011 年数据来自国家统计局网站（http://www.stats.gov.cn/tjsj/ndsj/2012/indexch.htm），2012 年数据来自《中国统计年鉴》2013 年版（电子版）；第一产业固定资产投资数据来源于 2000—2011 年版表 6—5，2011 年数据来自国家统计局网站（http://www.stats.gov.cn/tjsj/ndsj/2012/indexch.htm），2012 年数据来自《中国统计年鉴》2013 年版（电子版）；财政农林水事务数据来源于 2003—2011 年版表 8—2，2011 年数据来自国家统计局网站（http://www.stats.gov.cn/tjsj/ndsj/2012/indexch.htm），2012 年数据来自《中国统计年鉴》2013 年版（电子版）。

财政农林水事务支出，包括农业支出、林业支出、水利支出、农业综合开发支出等等，其中包含基本建设支出也有行政支出。农林水支出可以体现出财政对农业、林业、水利和农村综合开发的扶持和重视,农林水事务支出是政府推动农村经济发展、促进农业和农村现代化的重要途径。农民经营性收入包括农林等方面,同时财政加大对水利和农业综合开发支出将有利于农民经营性收入的增加,由该支出的构成看到农林水支出和农民经营性性收入有相关关系。图5—8表明2007年后财政对陕西省的农林水事务绝对投入量增长较快,投入度上升。

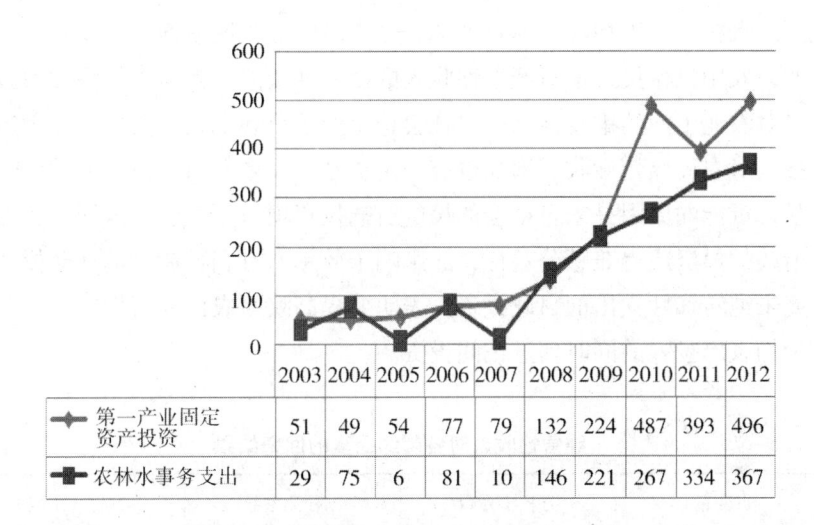

	2003	2004	2005	2006	2007	2008	2009	2010	2011	2012
第一产业固定资产投资	51	49	54	77	79	132	224	487	393	496
农林水事务支出	29	75	6	81	10	146	221	267	334	367

图5—8　2003—2012年陕西农业生产投入情况（单位：亿元）

资料来源：第一产业固定资产投资数据来源于《中国统计年鉴》2003—2011年版表6—5，2011年数据来自国家统计局网站（http://www.stats.gov.cn/tjsj/ndsj/2012/indexch.htm），2012年数据来自《中国统计年鉴》2013年版（电子版）；财政农林水事务数据来源于2003—2011年版表8—2，2011年数据来自国家统计局网站（http://www.stats.gov.cn/tjsj/ndsj/2012/indexch.htm），2012年数据来自《中国统计年鉴》2013年版（电子版）。

陕西人均耕地面积近年都保持在0.1公顷的稳定值,与全国平均水平大致相当,但是由于其存在稳定性,对农民经营性收入变化影响不大;事实上陕西农民无法通过增加人均耕地面积达到增收目的,因此不对这一因素做具体分析。

设定农村居民人均总经营性收入（Y）,作为因变量被引入模型,是为了说明各个因素影响该变量的程度。农用机械总动力（X_1）、社会第一产业固定资产投资（X_2）、财政农林水事务投入（X_3）作为自变量引入模型，试图分析这些因素多大程度上影响陕西农村居民经营性收入（见表5—6）。

通过对上述数据进行回归分析发现，农用机械总动力、第一产业固定资产投资、财政农林水事务投入对陕西农村居民的经营性收入增长均呈正向变动关系。其中，农用机械总动力每提高1万千瓦，农村居民人均纯经营性收入增加1.062593元，社会对第一产业固定资产投资每提高1亿元，农村居民人均纯经营性收入增加2.53元。财政农林水事务投入每提高1亿元，农村居民人均纯经营性收入增加3.16元（见表5—7）。回归结果表明，农用机械投入量对经营性收入的影响度最大，揭示出提高农业技术含量对农业生产的重要性；来自社会企事业单位和个人的第一产业固定资产投入对农民经营性收入增加也有一定贡献，而来自财政投资的效应较不明显，可能的原因是来自社会的投资所选投资项目更关注自身回报，而来自财政的投资还得兼顾公益性，故影响了效率。有利益激励的社会投资效率高于纯转移性支出的财政投资，表明要提高陕西农民经营性收入，务必在增加政府投入的同时促进民间投资。

表5—7　　　　　　　经营性收入对各制约因素的回归结果

自变量	方程1系数	方程2系数	方程3系数
X_1	1.062593		
X_2	2.53		
X_3			3.16
T检验p值	0	0	0.0001
F检验p值	0	0	0.000055
R—squared	0.974192	0.908210	0.882572
样本数	14	14	10

注：在模型中分别对各制约因素的变量单独进行回归而不同时进行回归的出发点主要基于：一是同时对所有变量进行回归，样本数据较少需估计的参数多，会影响回归分析的精度；二是各变量之间可能并不完全独立，往往存在某种相关关系，同时对所有制约因素变量回归容易产生共线性。

总之，优先提升农业机械化水平，是提高劳动效率和陕西农民经营性收入的重中之重；加大社会资本对第一产业固定资产投入，十分有利于农民增收；财政部门农林水事务投入的增加，也能起到促进农民经营性收入增加的作用。

五　二、三产业收入低导致陕西农民经营性收入少

农村居民经营性收入来自两个部分：一是家庭农业生产经营收入，这是实行家庭承包责任制后农民取得收入的最主要、最稳定的方式；二是家庭在乡从事非农经营收入，主要包括农民在家庭农业经营之外进行的诸如工业、商业等第二、第三产业收入，是农民经营性收入的一个重要增收点。

陕西农民的经营性收入绝大部分源自第一产业，第二、第三产业收入比重极小。2007年，第二、第三产业收入占比仅17.31%，到2010年，家庭经营性收入中第二、第三产业有所提高，也只占18.33%，2011年这一比例继续上升，家庭经营性收入中第二、第三产业所占比重为20.9%，2012年这一比例基本持平，达到21.6%。[1] 陕西农户经营性收入、农业收入所占比重偏大，第二、第三产业收入占比较小，是陕西农民经营性收入难以大幅提高的重要原因之一。首先，农产品价格价值"剪刀差"的存在，以家庭为基本经营单元的小农经营模式难以在较短时期内有较大改观，传统农业收入难以有效增长。其次，农业生产对自然因素有很强的依赖性，农产品生产周期长，需求弹性较小，产量和价格具有明显的发散型蛛网效应，由于供给弹性大于需求弹性，因此蛛网不稳定，农产品市场波动很大。因此无论是在产量还是价格上，农业生产的不确定性都比第二、第三产业要大。因此，加大对陕西农村第二、第三产业的政策支持和保护力度，特别是引导农民合理经营第三产业，将有利于增强陕西农民经营性收入的稳定性。

六　农业发展中的外部性现象制约农民经营性收入的增加

经济外部性是经济主体的行为对他人和社会造成的非市场化影响，即

---

[1] 数据由陕西省统计局《陕西统计年鉴》整理计算得出，中国统计出版社。2006—2008年数据来自2009年版第184页，2009—2010年数据来自2011年版表10—17。

社会成员从事经济活动时其成本与后果不完全由该行为人承担。外部性又称为溢出效应或外部影响，分为正外部性和负外部性。正外部性是某个经济行为主体的活动使他人或社会受益，而受益者无须花费代价；负外部性是某个经济行为主体的活动使他人或社会受损，而造成外部不经济的人却没有为此承担成本。

农业发展产生的外部性现象，主要表现在如下四个方面。

首先，农业作为一个特殊的行业，本身具有很明显的"收益外部化"特征。据统计，1950—1978 年，政府通过工农业产品价格"剪刀差"从农民手中取走大约 5100 亿元，加上同期农业税收总额 978 亿元，减去政府各项支农支出 1577 亿元，政府从农民手中集聚的财富约 4500 亿元，平均每年 155 亿元。1979—1994 年，政府通过"剪刀差"取走农民 15000 亿元收入，加上同期农业税收的 1755 亿元的贡献，减去政府各项支农支出 3769 亿元，政府共获取农业剩余 12986 亿元，年均 811 亿元。[①] 这一方面与我国特殊国情的特殊政策有关，另一方面是由于农业的市场优势不明显，农业被迫成了收益外部化的供体。

其次，农业经济在生态环境方面也体现出外部性。林地牧地、耕地生产、湖泊水产养殖等农业生产形态本身具有生态景观的功能，是一种准公共物品，对于净化空气、水土保持、防灾泄洪等都起到积极作用，也就是这类农业生产具有正的外部性，政府部门应当对此进行补贴以鼓励农业生产，将这类农业生产活动的社会外部收益转化为农业的内部收益，增加农民的经营性收入。但是实际上政府部门并没有就农业生产正的外部性进行补贴，在经济学上讲是无效率的，影响了农民经营性收入的提高。

再次，对其他行业成本外部化的接受。我国工业"三废"对农业的污染正在由局部向总体蔓延，大气污染、水污染、固体废弃物污染以及"白色污染"等都会影响到农业生态环境，农业生产环境由于接受了工业等非农产业转嫁的成本而趋于恶劣，农民不得不付出原本应该由工业来承担的额外成本，农民经营成本上升导致经营性收入减少。

最后，由于陕西省农业生产呈现出的粗放经营、小农经营特点，农业生产技术大多具有准公共物品性质。如果某位农民发明了先进的生产技

---

① 熊晶白、熊德平：《我国取消农业税的政策背景与效应——基于制度分析框架的回顾与总结》，《税收经济研究》2011 年第 4 期，第 75—80 页。

术，且取得优厚的经营收益，在农村，这种先进生产技术在应用上并不具备完全的排他性，别的农民会纷纷效仿，这使得技术难以被有效控制，最先发明技术的农民无从获得足够多的市场奖励，政府也往往对农业生产技术的创新并不做相应奖励，从而将弱化农业技术创新，阻碍现代农业发展，制约经营性收入增加。①

七 农村金融服务水平较低制约经营性收入增长

金融作为现代经济的核心，在农村经济的发展中肩负着重要的任务，农村经济发展离不开金融的强力支撑。从经济学上看，由于资本的逐利性，金融和金融服务属于"奢侈品"，商业性的金融机构从来都是"嫌贫爱富"、"锦上添花"，而不是"雪中送炭"，农村金融业的发展长期滞后于城市金融业。与城市金融业相比，农村金融基础服务覆盖面窄，金融机构数量少，营业网点少；农户贷款提供者十分集中；人均贷款水平差距仍然很大，县及县以下农村地区的人均贷款额与城市的人均贷款额相差悬殊；金融资源区域配置不平衡，东中西部区域间以及区域内经济发展水平不同的农村地区的金融服务差距较大；② 农村金融机构种类单一，局限于银行业金融机构，非银行业金融机构和其他组织几乎未加入农村金融市场；未形成功能互补、相互协作、适度竞争的农村金融服务体系。近年来，陕西农村经济发展迅速，农村金融支撑作用增强。但从总体上看，目前陕西农村金融资源不足，资金外流现象严重，农村金融资源配置效率较低，城乡金融资源利用差距较大，已成为制约农村经济增长后劲的关键因素。③

（一）农村金融资源供给不足，对农村经济发展的支持乏力，不利于城乡经济的协调发展

虽然目前农村金融市场中不乏农村金融服务的提供者，诸如中国农业银行、陕西信合、陕西农村村镇银行等多家银行类金融机构。但是，能够

---

① 石声萍：《经济外部性问题研究》，博士学位论文，西南农业大学，2004年，第55—57页。

② 《中国银监会公布最新中国银行业农村金融服务分布图集》，《中国农村金融》2008年第9期，第8页。

③ 周应萍：《浅谈陕西农村经济发展中的金融资源配置》，《商场现代化》2007年12月（上旬刊），第323页。

直接面向单个农户提供贷款资金的银行却少之又少，涉农银行类金融机构的贷款主要是对农村公共基础设施建设以及农副产品加工企业的贷款。世界500强2013年排行榜公布，中国工商银行排名第29位，中国建设银行排名第50位，中国银行排名第70位，然而这些分享了中国银行业绝大部分利润的国有商业银行纷纷从农村退出，导致农村金融资金供给缺乏，无法对农村经济发展提供有效的金融支持。

（二）农村资金流失严重

随着国有商业银行改革以及国家金融政策方针的调整，国有商业银行撤并县以下的机构，同时收缩了基层机构的贷款权限，仅存的农村基层银行机构只起到为上级银行吸收存款的作用，国有商业银行将吸收的农村资金转移到城市，投资于利润较大的城市房地产建设、金融投资等领域，导致农村资金白白大量流失。此外，就农村信用社而言，在农村吸收的存款，也并未完全用于"三农"服务，由于农业领域的投资回报率偏低，为了追逐资本利益，农信社将吸收的农村资金大量用于营利性较高的非农项目，客观上加速了农村资金的流失。还有，邮政储蓄银行只存不贷也是农村资金流失的主要渠道之一。

（三）农村金融资源配置效率较低

陕西省农村金融市场发育不完善，金融市场运行不规范，贷款结构并未得到优化，农村金融资源配置效率较低，邮政储蓄只存不贷，陕西农村信用社支撑全省支农贷款发放，融资渠道比较单一，未形成充分、有序竞争的金融市场，这种情况下，农村金融机构的资源配置效率自然比较低。

（四）城乡金融资源利用差距较大

改革开放30多年来，在我国各项事业取得长足发展的同时，也出现了城乡差距过大的二元经济社会。城乡差距不仅表现在城乡收入差距、城乡GDP总量等常用统计指标上，也表现在城乡金融资源利用水平上。陕西农村贷款总量比城市少得多，两者相差很大。当城市的金融网点越来越密，金融产品和金融服务种类越来越多，金融消费者的金融福利水平越来越高时，农村的大部分地区却成为被金融遗忘的角落。各类农村经济主体感受不到金融对自身发展的支持，享受不到金融改革和金融发展带来的利益，无法拥有与城市经济主体平等的融资机会。

八　影响陕西农民经营性收入增加的其他因素

除了上述七大因素，还有诸如农业税收因素、农产品价格调控政策因素等也影响陕西农民经营性收入。

（一）税收因素

税收政策作为调节再分配的重要手段，其对农民的经营性收入有一定影响。随着 2002 年农村税费改革的实施，农业税取消，减轻了农民的负担，使农民的实际经营性收入增加。

（二）农产品价格政策因素

国家对农产品价格的调控也会影响农民经营性收入的增加。由于农产品生产周期长、需求弹性小，如果没有政府实行的最低价格支持，往往会出现"谷贱伤农"的现象。在农产品丰收的年份，政府以高于市场均衡价格的价格对其进行收购，将使农民的经营性收入增加。

第三节　财产性、转移性收入及其制约因素

一　财产性收入及其制约因素

（一）陕西农民财产性收入的"两低"特征

图 5—1 反映了 1999—2012 年，陕西农民财产性收入在纯收入中的结构变化情况。由图 5—1 可观察到：其一，陕西农民财产性收入在纯收入中所占比例极其微小；其二，财产性收入在纯收入结构中大多年份仅占 2%左右，2011—2012 年增幅极明显，但占比仍只有 3%强。2012 年陕西农民财产性收入 200 元，增长 21%，占纯收入的 3.5%。陕西农民经济基础较差，相对贫困，资产有限，造成陕西农民财产性收入在总收入中所占份额极低现状。

图 5—9 反映了陕西农民人均财产性收入变动情况。可以看出，1999—2000 年，陕西农民人均财产性收入波动上升，2001—2006 年，人均财产性收入变化不大，且处于很低水平。2007—2010 年，财产性收入呈较明显递增态势，但基数偏低，直至 2010 年尚未突破 100 元。2011 年财产性收入大幅增长至 165 元，比 2010 年增长 70.1%；2012 年财产性收入增长至 200 元，增长 21%。

综合图 5—1 和图 5—9 可以发现，陕西省农民人均财产性收入绝对数额较少，在收入中占比甚微，这种状况在十几年间未有根本改观。相比经济较发达省份，陕西农民财产性收入在绝对数和相对比例上"两低"特征更为明显。

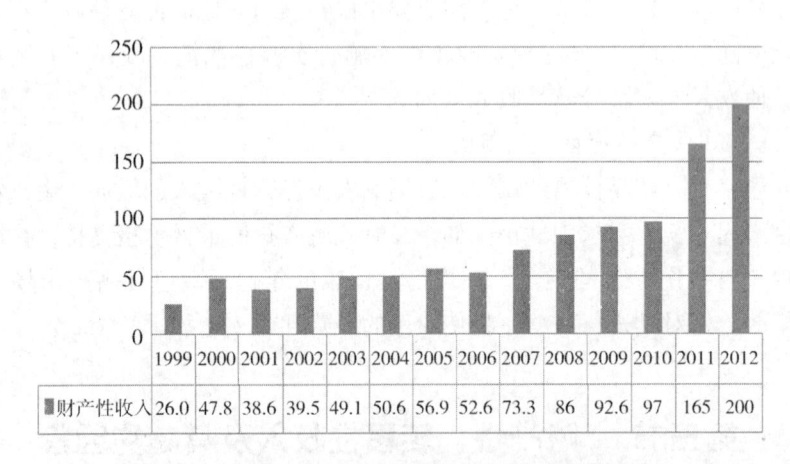

图 5—9 陕西农民人均财产性收入变化（单位：元）

年份	1999	2000	2001	2002	2003	2004	2005	2006	2007	2008	2009	2010	2011	2012
财产性收入	26.0	47.8	38.6	39.5	49.1	50.6	56.9	52.6	73.3	86	92.6	97	165	200

资料来源：2012 年数据来自《2012 年陕西省国民经济和社会发展统计公报》，其余皆来自陕西省统计局《陕西统计年鉴》，中国统计出版社。其中 1996—1997 年数据来自 1998 年版第 220 页，1998—2003 年数据来自 2004 年版第 207 页，2004—2007 年数据来自 2008 年版第 195 页，2008—2009 年数据来自 2010 年版第 200 页，2010—2011 年数据来自 2012 年版第 245 页。

（二）制约陕西农民财产性收入的因素分析

财产性收入的产生要有两个前提：一要有资产，二要通过出让资产的所有权或使用权以获得收入。

陕西农民所拥有的主要资产为房屋和土地。笔者及调研组成员在陕西农村调研中发现，大部分陕西农民拥有的房屋面积和占用的土地面积比城镇居民要多。数量较多的资产，为农民获取财产性收入提供了基本条件。然而，除城中村、城边村农民因其土地和房屋获取较丰厚收益外，绝大部分陕西农民事实上并未从自身资产中取得财产性收入的明显增长，农民所拥有的资产量和其所能提高的收入量是完全不对称的。①

---

① 周其仁：《增加中国农民家庭的财产性收入》，《农村金融研究》2009 年第 10 期，第 30—32 页。

资产可通过买卖或租赁发挥其增收作用,但农村居民的资产因何就不能正常发挥效用?可能有区位因素,如离发达区域越近的资产,营利性越强,相反,远离大中城市的农民财产,获得财产收益的机会就少;也可能有公共设施条件跟不上因素,越是偏远农村,虽然空气清新,民风淳朴,但由于道路、桥梁、医疗卫生、公共照明以及水、暖、气等公共产品或半公共产品的缺位,使农民财产价值大打折扣。然而,最主要的因素,却可能是在城市拥有财产同时拥有公共政策制定权者,由于对农民财产权的忽视、漠视甚至歧视所制定出的一系列限制农民财产权的规则约束所导致。下面分别就农民面临的土地制度缺陷和房产制度缺陷加以剖析。

(三)制约农民土地创收的制度缺陷

土地是农民生存的保障,也是其最主要的资产,农民自己的土地之所以不能给农民带来财产性收入,不是土地出错,也不是农民不愿获得收入,一定是公共政策制定者确定的制度出了问题。土地制度根本缺陷,是土地所有权主体界定有问题,农民未被界定为土地所有者。其次,由于这一根本缺陷的存在,导致农民名义上拥有的经营权收益也被剥夺。农民未取得土地所有权是土地价值和农民财产性收入低下的主要因素。《土地管理法》规定,"农村和城市郊区的土地,除由法律规定属于国家所有的以外,属于农民集体所有;宅基地和自留地、自留山,属于农民集体所有"。同时规定,"国家为公共利益的需要,可以依法对集体所有的土地实行征用。国家依法实行国有土地有偿使用制度。但是,国家在法律规定的范围内划拨国有土地使用权的除外"。

1. 现行土地制度的缺陷及可能后果

上述制度性规定存在诸多缺陷。

(1)地方政府存在凭借行政权力侵害农民土地权益的能力和欲望。地方政府可能以各种各样公共利益需要的名义,占有或处置集体土地。由此产生各种土地征收补偿纠纷,这些纠纷大多数情形下使农民利益被侵害:征地范围过宽,随意性很强;征地程序不公开,无视农民利益表达;征地补偿标准过低;征地补偿款分配不合理,[①] 并且农民维权力量弱小。有数据表明,2011年陕西省全省土地出让收入243亿元,给被征地农民

[①] 陈丹、陈柳钦:《新时期农村土地纠纷的类型、根源及其治理》,《河北经贸大学学报》2011年第6期,第71—78页。

补助 1.2 亿元，官民分配比例为官方占 99.5%，农民仅占 0.5%。[①] 这是典型的土地财政，土地财政收入不稳定，很难纳入严格科学的预算管理，因此很难像公共财政一样有序支出，地方政府领导人的个人意志往往会起到比较大的作用，为了自己的仕途能平步青云，往往用土地财政收入建设大量没有实际必要的政绩工程和面子工程，还容易滋生腐败。[②] 因此不得不承认当前的一部分征地是从牟取暴利角度出发的，而并非真正从农民利益、公共利益出发，当决策人变成谋利者时，决策就会变得短视。

（2）村集体组织存在侵害农民利益的可能性。不是让能真正行权的人作为产权主体，而是让抽象又不统一的主体对土地行使所有权其结果本身就存在不确定性。作为"国家"和农民双重代理人身份的村级集体组织，其行为会带有机会主义倾向。可能结果有三，一是竭力保护每一集体成员利益，二是不作为，三是以集体名义侵害每一农民个体权益。如果行使产权的村委会等组织真能一心为民，当然再好不过；但如果是出现第二种或第三种情形，按现行土地法规，农民个体几乎无能为力。当现有制度保障不了农民权益时，土地的集体所有制逐渐演变成许多专家认为的"村干部所有制"。一方面，当作为集体成员的每一农民不具有处置自身土地的权利时；另一方面，当土地的所有者集体又是一个无法有效行权的抽象主体时，直接后果便是土地交易的市场化功能丧失。现代管理理论认为，任何资产价值最终取决于未来现金流量的现值，如果土地资产连进入市场机会都没有，自然就无法形成收益预期，进而也就无价值可言。即便在目前小农经营模式下，每年每亩地尚能形成少量收益，如之前所计算，每年每亩土地经营收益 58 元，若每年皆如此，则各年收益取得永久年金形式，若必要投资报酬率按相对较低的 8% 计算，则每亩土地价值仅仅 725 元（永久年金现值=年金/折现率=58/0.08）。

（3）农民个人维护地权成本高收益低而往往选择"搭便车"。一般来说，公共政策的制定是政府对各社会集团的利益进行权衡的结果，各个集团对公共政策的影响力主要取决于利益表达的力度和有效性。因此，农民

---

① 参见《陕西去年卖地收入 243 亿，给被征地农民 1 亿》，新浪财经（http://finance.sina.com.cn/china/dfjj/20120928/125513270669.shtml）。
② 贺雪峰：《地权的逻辑Ⅱ：地权变革的真相与谬误》，东方出版社 2013 年版，第 99—102 页。

只有通过集团化的方式才有可能进行政治参与，单枪匹马无法有效表达其政治诉求。但是，作为土地利益相关者的农民个人却可能因为并非产权所有者而对此无能为力。而且，农村土地具有明显公共物品的性质，缺乏严格意义上的排他性，处于这个集体中的每个农民都是土地的主人，但是又没有一个人能够清楚了解自己在集体土地中所占的份额，在维权过程中，数量众多的农民不可能共同承担维权的成本，却能够共同获得维权的收益，也就是说，只要农民是集体中的一员，就无法排除在分享由他人努力所带来的维权收益之外。因此数量众多的农户在维权行动中往往因"搭便车"而陷入"集体行动的困境"，而且这个"集体"越大，分享收益的人越多，为实现集体利益而进行活动的个人分享的份额也越小，在理性人假设条件下，"搭便车"行为成为最佳选择，很难有效维护自身的利益。此外，由于农民文化程度不高、自身能力欠缺，缺乏维护自身权益的有效手段，或者一部分农民就缺乏维权意识，从产权界定的视角来看，农民维权的过程实际上对位于产权公共区域中的产权重新界定的过程，在公共政策分析层面也就是农民与其他利益集团如地方政府、企业、中央政府以及背后强大的国家力量等之间博弈的过程，而农民自身能力的高低影响最后的博弈结果，由于农民自身文化程度不高、能力欠缺等多种因素，农民不可避免地成为众多博弈集团中的弱势群体，维权能力受损。[1]

综上，上述三个缺陷无一例外，均可能造成相对弱势的、分散的、作为个体的农民的利益受损，而作为利益集团的、强势的、集中的、往往以公共利益代理人身份出现的集体组织或政府机构受益。很显然，这一规则对农民是不公平的。

2. 农民个人不拥有土地所有权是不能享有土地全部收益的根本原因

一个最简单的问题摆在我们面前：农民个人为何不能拥有土地？如果说，20世纪50年代初出于巩固政权的需要、出于工业化需要农民做贡献的需要，那么，60多年后的今天，这些理由已经完全站不住脚了。20世纪50年代，为解决资本稀缺和发展重工业的矛盾，政府通过农业税和工农业产品价格"剪刀差"获取农业剩余，巨额农民财富贡献给城市和中国

---

[1] 曲福田等：《中国工业化、城镇化进程中的农村土地问题研究》，经济科学出版社2010年版，第222—223页。

的工业化。据统计,1950—1978 年,政府通过工农业产品价格"剪刀差"从农民手中取走大约 5100 亿元,加上同期农业税收总额 978 亿元,减去政府各项支农支出 1577 亿元,政府从农民手中集聚的财富约 4500 亿元,平均每年 155 亿元。1979—1994 年,政府通过"剪刀差"取走农民 15000 亿元收入,加上同期农业税收的 1755 亿元的贡献,减去政府各项支农支出 3769 亿元,政府共获取农业剩余 12986 亿元,年均 811 亿元。① 可以毫不夸张地说,没有农业剩余的巨大贡献,就没有工业化的资本集聚,也就没有今日较完整的工业体系和四通八达的高速公路。

我们急切呼吁,尽快研究、尽快立法,还地权于农民,防止曾为国家建设做出巨大贡献的农民被边缘化,依法律形式防范侵害农民地权利益的行为重演。2012 年全国"两会"期间,清华大学蔡继明教授提交了 6 个与土地有关的提案,他认为工业化和城市化都需要占用农村的土地,但是农民土地的产权没有得到充分的实现,承包地、宅基地、住房不能作为资本流动,很难带来财产性收入。② 中国社科院的报告显示,2010 年中国出现了 18.7 万起群体性事件,其中 65%与土地纠纷有关。③

3. 土地所有权和使用权剥离易造成使用权方的农民利益被侵蚀

《农村土地承包法》规定,农民只拥有对土地的承包经营权,因此农民土地的承包经营权取代土地本身成为重要的经济资源。土地承包经营权本身被认为是农民的一种财产权,土地承包经营权流转带来的收入则成为农民财产性收入的主要来源。④ 即便土地承包经营权被视作农民的财产权,农民也没有取得法律意义上的产权,产权并不等同于财产权,产权首先是一种财产所有权,其次才包括与财产所有权相关的财产权。财产所有权是指所有权人依法对自己的财产享有占有、使用、收益和处分的权利。《土地管理法》规定,集体所有的土地只有经过国家征用转为国有土地后才能出让、转让。因此,在法律制度上农民个体不完全拥有土地的占有、使用、处置和收益的权利,也就是没有完全取得土地的财产所有权,导致

---

① 熊晶白、熊德平:《我国取消农业税的政策背景与效应——基于制度分析框架的回顾与总结》,《税收经济研究》2011 年第 4 期,第 75—80 页。

② 贺雪峰:《地权的逻辑Ⅱ:地权变革的真相与谬误》,东方出版社 2013 年版,第 83 页。

③ [美]蒂姆·汉斯塔德:《中国农民土地圈缺乏法律保护》,《参考消息》2011 年 10 月 18 日第 15 版。

④ 高志仁:《农民财产性收入与城乡差距》,《经济科学》2008 年第 4 期,第 124—128 页。

土地流转过程中农民本应该拥有的财产权丧失。

在土地用途转变带来增值时，相比增值总额而言，农民得到的仅是微不足道的收入和补偿，这远远要低于其所放弃的土地使用权的市场价值。我国现行的土地制度规定，集体所有的土地只有经过国家征用转为国有土地才能出让、转让，这一制度某种程度上造成了一种财产性收入的转移，国家通过垄断建设用地一级市场，放开建设用地二级市场，获得农地非农使用的收益，大量的土地增值收益白白地从农民手中转移到了地方政府手中，形成巨额的土地财政，也为地方政府买地、囤地行为推波助澜。经济学家华生认为土地财政并没有错，而是中国特色的土地财政方向错了，错在我们的土地财政不是靠西方城市土地和房产征税的土地财政，而是靠剥夺农民土地的土地财政。[①] 近年来土地出让金收入大幅度提升，2006年全国土地出让金总额是5587亿元，2007年猛增至9333亿元，2009年为1.59万亿元，2010年突破2万亿元，达到2.71万亿元，2011年达到历史性的3.15万亿元。[②] 土地垄断性的制度安排，使得土地收益以每年几万亿元的规模从农村居民向城市居民、向地方政府和开发商转移[③]，据调查推算，从全国范围看，在土地用途转变增值的权益分配方面，地方政府得到60%—80%，村集体组织得到10%—20%，失地农民只得到5%—10%甚至更少。[④] 2011年陕西省全省土地出让收入243亿元，给被征地农民补助1.2亿元，官民分配比例为官方占99.5%，农民仅占0.5%。[⑤] 可以看出，农民失去土地使用权的同时其获得的财产性收入比例非常小，土地资产的大部分收益被地方政府、村集体组织攫取。土地因所有权转换和用途转变所带来的增值收益在地方政府和农民之间分配的不平衡，是造成城乡关系紧张、城乡差距扩大的重要原因。

如果进行更深入的讨论，土地承包经营权只是附加在土地这种资产之上的一种不稳定的权利，这种权利是弱势的，本来就需要被保护。但在现行土地政策下，农民在没有所有权的同时，也没有自由的流转权，于是，

[①] 华生：《土地制度改革亟待顶层设计》，《东方早报》2011年1月11日。

[②] 贺雪峰：《地权的逻辑Ⅱ：地权变革的真相与谬误》，东方出版社2013年版，第99页。

[③] 华生：《土地财政不消灭会动摇国家根基》，《上海证券报》2012年7月19日。

[④] 王信、丁少群：《工业化城市化进程中增加农民财产性收入的研究——以工业化进程中的厦门市为例》，《西北农林科技大学学报（社会科学版）》2010年第1期，第22—32页。

[⑤] 参见《陕西去年卖地收入243亿，给被征地农民1亿》，新浪财经（http://finance.sina.com.cn/china/dfjj/20120928/125513270669.shtml）。

在多方利益博弈中，农民本应获得的财产性收入被大量转移现象便不足为奇。美国农村发展研究所所长蒂姆·汉斯塔德的研究认为，中国农民缺少土地权利主要有三个原因。其一，只有约一半的中国农民达到正式确认其30年土地使用权的关键法律文件——土地使用权证。美国农村发展研究所的调查发现，拥有合法契约的农民比没有地契的农民进行长期的、提高生产力的投资的可能性要高76%。其二，地方政府征收土地时，农民的土地权利得不到充分保护。其三，妇女的土地权利根本得不到正式确认或文件证明。要解决以上问题，中国政府首先得尽快下发土地权证明文件，其次得改革现行土地法规，限制征地范围，加大赔偿力度并提高透明度。法律应至少规定，农民目前30年土地使用权可自动续订，或大大延长30年的期限，以增强农村的稳定。[①]

（四）制约农民房产增收的制度原因

住房是陕西农民的另一大主要资产。相对城市居民面积更多的住房资产，却为何难以给陕西农民带来更丰厚的财产性收益呢？周其仁认为，由于房屋产权流转的市场化不足，农民只具有房产的使用权和占有权，却没有商业性利用的权利或者转让的权利，以致农民无法从房屋流转中获得财产性收入。[②] 农村居民拥有的住房用地及面积超过城市居民，但是城乡住房的市场价值却不可同日而语。如在城市有房产，居民或许能取得房产证，既可用以抵押，获得经营性的融资来源，还可对其转让，享有房地产市场价值上升带来的全部或大部分收益。城市居民住户大多对房产拥有完全的产权功能，包括抵押和在抵押基础上产生的融资功能。而农村居民对其所拥有的宅基地及住房却不拥有完全的产权功能。《土地管理法》规定，农民宅基地的所有权属集体而非农民个人所有。《土地管理法》明确规定，"农村村民一户只能拥有一处宅地基，农村村民出卖、出租住房后，再申请宅基地的不予批准"。可见，与城镇住房制度相反，现有法律对农村宅基地及住房所采取的是"一户一宅"原则，法律明令禁止把宅基地转让给市民，而一个村集体内部并无多少对宅基地的市场需求，被制度限制的市场需求必然导致供给价格极低。如果农民迁移至城镇定居，那

---

① ［美］蒂姆·汉斯塔德：《稳定中国的土地权》，原文源自《华尔街日报》网站2011年10月14日，转引自《中国农民土地圈缺乏法律保护》，《参考消息》2011年10月18日第15版。

② 周其仁：《增加中国农民的财产性收入》，《农村金融研究》2009年第11期，第30—32页。

么农民或是让房屋闲置或是以极低的价格出卖。之所以价格低,是因为该价格只包含了使用权而不包含所有权。制度因素带来的产权功能不完整,造成农民不动产的流转价格难以反映土地资源的稀缺程度,掩盖了农民宅基地及其房产的真实价值。

现行的农村住房制度使得农民住房产权虚位,农村住房价值严重缩水,这大大限制了农村住房租赁和出售的获益,制约了农民财产性收入的增长。

二 转移性收入及其制约因素

(一) 陕西农民转移性收入现状

农民的转移性收入,指农村住户和家庭成员无须付出任何对应物而获得的货物、服务、资金或资产的所有权等,不包括无偿提供的用于固定资本形成的资金。从获取收入的渠道不同可将转移性收入分解为:国家所属部门的各种直接补贴、救济金、救灾款、退休金、抚恤金、五保户供给、奖励收入;社会机构的救济金、保险赔款、奖励收入;集体的五保户的供给、奖励收入;农村外部亲友的赠送;在外人口的寄回或带回。

陕西省农民的转移性收入在绝对数额上与全国平均水平进行比较,一些年份低于全国水平,一些年份高于全国水平,呈现不规则态势。如表5—8所示,在收入中所占比例高于全国平均水平,尤其是2008—2009年,纯转移性收入在纯收入中占比达10%以上[①],而全国平均水平2008年为6.8%,2009年为7.7%[②]。陕西农民转移性收入占总收入比例高于全国平均水平,可能原因有二:其一,经营性、劳务性以及财产性收入不够高,在总收入一定情况下,会显得转移性收入比重高。其二,近年来政府部门对陕西农民的各种直接补贴的确增加较快。

---

① 因为《中国统计年鉴》中没有关于农民总收入的数据,所以这里采用纯收入进行分析。
② 此处数据由《中国统计年鉴》和《陕西统计年鉴》整理计算得出。陕西数据来源于陕西省统计局《陕西统计年鉴》,中国统计出版社,1996—1997年数据来自1998年版第220页;1998—2003年数据来自2004年版第207页;2004—2007年数据来自2008年版第195页;2008—2009年数据来自2010年版第200页。2010年数据来自国家统计局陕西调查总队:《陕西农民人均纯收入2010年突破四千元》(http://www.nbs—sosn.cn/index.aspx? menuid = 4&type = articleinfo&lanmuid = 18&infoid = 105&language = c)。全国数据来源于《陕西统计年鉴》,中国统计出版社2010年版,表10—20。

表 5—8　　　　　　陕西农民人均年收入与转移性收入情况　　　　单位：元、%

年份	总收入	总转移性收入	所占比例	纯收入	纯转移性收入	所占比例
2005	3037	152	5.0	2052	120	5.9
2006	3338	171	5.1	2260	140	6.2
2007	3816	228	6.0	2645	189	7.1
2008	4484	368	8.2	3136	332	10.6
2009	4831	388	8.0	3436	346	10.1
2010	5794	428	7.4	4105	391	9.5
2011	—	—	—	5028	450	8.9

由图 5—10 可知，2003 年后转移性收入逐年上升，2008 年比 2007 年猛增 75%。转移性收入增长的原因：一是国家一系列生活补贴类强农惠农政策为农民带来实惠，粮食直补、农资综合补贴、良种补贴、农业机械购置补贴在农民生产过程中起到增收作用；二是由于一系列生活保障类强

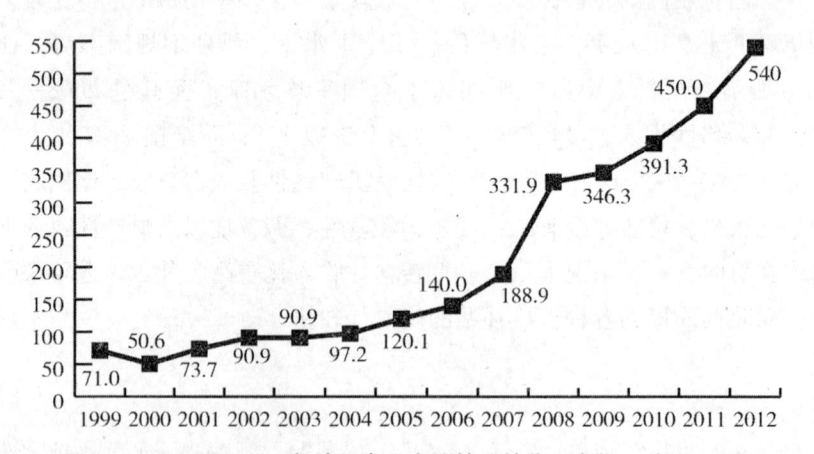

图 5—10　1999—2012 年陕西农民人均转移性收入变化（单位：元）

资料来源：陕西省统计局：《陕西统计年鉴》，中国统计出版社。1996—1997 年数据来自 1998 年版第 220 页，1998—2003 年数据来自 2004 年版第 207 页，2004—2007 年数据来自 2008 年版第 195 页，2008—2009 年数据来自 2010 年版第 200 页，2010—2011 年数据来自 2012 年版第 245 页，2012 年数据来自《陕西统计年鉴》2013 年版（电子版）表 10—17。

农惠农政策实施，如新型农村合作医疗政策、家电下乡政策、汽车下乡补贴政策、农村最低生活保障政策、养老保险政策等，直接起到增收和提高群众生活水平效果。在全国范围内，农民人均转移性收入只占农民收入的一小部分，一般不能左右农民收入水平。但陕西省农民人均转移性收入比重较大，近年在纯收入中占比在10%以上，一方面表明陕西农民收入相对偏低，另一方面说明转移性收入对陕西农民收入乃至社会和谐贡献较大。

(二) 制约陕西农民转移性收入增加的主要因素

农民的转移性收入相对应的是政府的财政转移支付，根据联合国《1990年国民账户制度修订案》，转移支付的定义为："转移支付是指货币资金、商品、服务或金融资产的所有权由一方向另一方的无偿转移。转移的对象可以是现金，也可以是实物。"[①] 在我国政府支出的分类中，转移性支出分设9款，包括返还性支出、财力性转移支付、专项转移支付、政府性基金转移支付、彩票公益金转移支付、预算外转移支付、预算单位间转移支付、调出资金和年终结余。[②] 具体来讲，主要由养老金、补贴、债务利息和失业救济金等方面的支出构成。由于转移性支出的对象是特定的，通常是那些收入难以维持基本生活的社会弱势群体，因此转移性支出将调节收入分配格局向有利于低收入群体转变，对于农民来讲，转移性支出将直接增加其收入，表现为转移性收入的增加。制约陕西农民转移性收入增加的因素较多，较为重要的，一是转移分配政策是否完善，二是政策执行状况如何。

1. 转移政策制定不完善，转移性收入分配政策缺乏灵活自由度

在陕西，各个地区经济发展情况以及农业生产情况虽有不同，但对农业生产的补贴政策却基本上是整齐划一的，结果补贴款到不了最需要的项目和最该得到的家庭，造成转移性收入分配不合理，补贴难以真正到位。如农机购置补贴，关中由于土地平坦，农民购置大型机械的机会多，因此这部分的补贴收入转移给关中农民较多；而对陕南农民，由于可耕种土地数量有限且分布分散，几乎不会购置大型农机。由此，经营性收入高的地区得到补贴，经营性收入相对较低的陕南农民反而得不到补贴，又没有针对当地特色的农业生产补贴政策。制度不合理，造成转移性收入分配效果

---

① 高培勇：《公共经济学》，中国人民大学出版社2012年第3版，第277页。
② 高培勇：《人大代表政府预算知识200题（修订版）》，中国民主法制出版社2008年版。

大打折扣，转移支付的目的难以完全达到。

2. 政策执行过程不透明，缺乏监督机制

其一，补贴发放过程极易产生道德风险。相对于发放补贴的机构而言，农民是信息不足的一方，发放补贴的机构可能利用多于农民的信息有意克扣补贴款，导致最终转移到农民手中的收入减少。

其二，执行过程不透明，存在暗箱操作现象。

其三，转移性收入也存在发放不及时现象。笔者及调研组在调研中发现，一些村镇农资综合直补和粮食直补发放标准模糊，资金兑付不到位，补偿款去向不明。诸多问题反映出转移性收入分配过程中的一系列执行与监管问题。

第四节　保障性收入及其背后的问题

社会保障通过改变生命周期闲暇成本来影响劳动年限，进而影响劳动者收入以及幸福感。保障性收入指转移性收入中具有保障性质的收入，是政府各项保障政策给农民带来的收入。农民保障性政策主要有以下一些部分：农村合作医疗政策、农村养老保险政策、农村最低生活保障政策以及灾害救济政策。

一　"新农合"的主要问题

新农合制度在陕西实施过程中尚存在很多问题。

第一，社会满意度低。社会保险最基本、最重要的衡量指标是保险金的社会满意度。新农合作为一种社会保险，受益的农民和政府补助资金来源的纳税人的满意度对其成功与否具有举足轻重的作用。笔者及调研组在调查中发现，一些农民不愿意参加"新农合"，一些农民虽缴费参保却很少实际享受"新农合"的报销，加上"新农合"保障水平低，参保和办理报销的程序烦琐，不同地区政策不公平等因素造成"新农合"制度的社会满意度较低。

第二，保障水平低。"新农合"制度是以大病统筹兼顾小病理赔为主的农民医疗互助共济制度。该定义显示出"新农合"制度是救助农民的疾病医疗费用的，而门诊、跌打损伤等不在该保险范围内，这项规定使农民实际受益没有预想的那么大。于是乎，多数农民会选择小病不去看（因不报销），大病治不起（报销比例太低），医疗保险制度未能实现其本该实现的防止农民"因病返贫"、"因病致穷"的初衷。

第三，宣传不到位。现有宣传多集中在介绍"新农合"给农民带来的表面好处上，未向农民介绍该制度的风险，未对不参加农民进行原因调查。许多农民并不真正了解"新农合"制度的意义，他们仅从自己短期得失的角度考虑，认为如果自己身体好，生病住院的概率低，就无必要花冤枉钱。

第四，程序过于烦琐。参加"新农合"及其报销登记程序都很烦琐。国外的医疗保险是让医院、医生与保险公司而非患者发生直接的利益关系。有的村庄离报账中心和信用社很远，来回车费较贵。烦琐的登记、理赔程序给农民带来许多不必要的麻烦，降低了满意度。尤其在陕南、陕北农村地区，农户居住分散，本身诊疗成本就很高，若报销繁杂，农民参保积极性当然难以提高。

另外，政府在筹资中占主导地位，这种单极突出的筹资结构使"新农合"过度依赖于政府出资。有研究认为，这种筹资结构风险过于集中，从理论上判断，这种筹资结构缺乏稳定性。[①]

二 陕西农村养老保险政策实施过程中暴露出的主要问题

新农保及由此演变来的城乡居民养老保险制度推行中存在如下问题。

（一）地方财政筹资难

根据国发〔2009〕32号文件的规定，新农保基金由个人缴费、集体补助和政府补贴组成，其中政府补贴包括中央财政补贴和地方财政补贴。因此，从融资的角度来讲，新农保基金筹集的主体包括了个人、集体、中央财政和地方财政。[②] 个人筹资因为和自身利益联系紧密比较容易达成；我国除少部分城乡接合部等地区外，绝大部分地区的农村集体经济实力非常薄弱，基本拿不出补助，又因集体补助不是硬性规定，可补可不补，因此，既无能力也无愿望约束下，指望集体进行补助的可能性不大；中央财

[①] 李卫平、石光、赵琨：《我国农村卫生保健的历史、现状与问题》，《管理世界》2003年第4期，第33—43页。

[②] 郑秉文：《新农保在试点过程中可能存在五大问题》（http://www.cnss.cn/new/bjzm/xjj/200910/t20091014_243226.htm）。

政有能力负担补贴；有数据表明中西部地方财政的总体负担还是比东部重[①]，另外，农业人口比较多的省份财政负担也比较重。对于陕西来说既属于经济不发达的西部省份，农业人口又相对较多，如何解决地方财政筹资难的问题将成为制约新农保制度推行的一大瓶颈。

（二）参保意识不够

一方面由于传统因素的影响，家庭养老的意识在农村比较普遍；另一方面由于农民对新农保不熟悉，农民对新农保的信任度和了解度不高，比如，在陕南的调研中发现农民普遍存在对缴纳年金上涨的担心。

（三）保障标准太低

据统计女 40 岁以上，男 50 岁以上的农民工，已占农民工总量的 40%，他们不怕吃苦，却很难找到工作，对工资和环境的要求极低，对社会保障的要求更低，他们中的很多人都想在城里打工直到干不动为止，然后回到农村养老。然而相对于农村居民一般生活水准，考虑到物价因素，目前陕西农民每月 60 元（每年 720 元）的养老金，根本不足以使农村老人过上最基本的生活。按陕西农村居民消费价格 2001—2010 年 10 年平均增长率 3.1% 计算[②]，5 年后年养老金 720 元仅相当于现在的 $720/(1+3.1\%)^5=618.08$ 元，相当于现在农民每月只能拿到 51.5 元；10 年后的年 720 元仅相当于现在的 $720/(1+3.1\%)^{10}=530.58$ 元，即每月 44.2 元。显然，每月四五十元的养老金是根本不足以养老的。随着农村少子化及农村家庭老龄化来临，家庭养老功能弱化，如果子女赡养不到位的话，如此之低的养老金使农村老人的基本生活很难得到保障，已到花甲、古稀之年的农民在外拾荒、打工者比比皆是的现象也不足为奇。

三 陕西省最低生活保障制度尚待改进之处

陕西省实施的农村居民最低生活保障制度，对保障低收入农民基本生活功不可没。2007 年由陕西省政府制定的《陕西省农村居民最低生活保障暂行办法》规定，陕西省农民最低生活保障制度的对象范围，是家庭

[①] 邓大松、薛惠元：《新型农村社会养老保险制度推行中的难点分析——兼析个人、集体和政府的筹资能力》，《中国社会保障》2009 年第 9 期，第 90—93 页。

[②] 数据由 2001—2010 年农村居民消费价格指数分析得出，2001—2010 年农村居民消费支出数据分别来自《陕西统计年鉴》2002 年版、2003 年版、2004 年版、2005 年版、2006 年版、2007 年版、2008 年版、2009 年版、2010 年版、2011 年版表 10—16。

年人均纯收入低于当地生活保障标准的农村居民,主要是因病残、年老体弱、丧失劳动能力以及生存条件恶劣等原因造成生活常年困难的农村居民。

按照维持陕西省农村居民全年基本生活所必需的吃饭、穿衣、用水、用电等费用的测算,2010 年 10 月 1 日前陕西农村低保标准按每人每年 1196 元执行。考虑到陕西经济增长迅猛、城乡居民人均收入增长较快及物价上涨等因素,从 2010 年 10 月 1 日起,陕西城乡居民最低生活保障标准和农村五保供养最低限定标准有较大提高。农村低保最低限定标准由每人每年 1196 元提高到每人每年 1600 元,月人均补助由 65 元提高到 85 元,全省农村五保供养最低限定标准由 2104 元/人·年(其中,现金不低于 1904 元/人·年)提高到 3200 元/人·年(其中,现金不低于 3000 元/人·年)。① 考虑到农村居民基本生活费用价格上涨及人均生活消费支出情况,陕西省政府决定从 2012 年 10 月 1 日起,提高全省城乡低保保障标准和农村五保供养标准,其中农村低保最低限定标准提高到 2020 元/年·人;农村五保集中供养最低限定标准提高到 5200 元/人·年(其中,现金不低于 5000 元/人·年),分散供养最低限定标准提高到 4700 元/人·年(其中,现金不低于 4500 元/人·年)。②

制度化最低保障无疑对农村广大生活困难群体带来福利,但最低生活保障制度在实施过程中的很多问题也不容小觑。

(一)低保资金严重不足,受惠面不足

1999 年农村实行税费改革之前,农村低保资金主要靠县财政和乡村集体经济投入。2000 年中央和国务院关于农村税费试点工作的通知中只规定五保户的供养资金列入农业税附加,而没有规定对特困户救济的资金来源。由于税费改革使乡镇经费大幅度减少,只靠县财政提供的有限资金不能保证为所有特困户提供救济,有些经费紧张的地方,农村最低生活保障工作处于停顿状态。③ 依据陕西省扶贫办、省民政厅、省财政厅、省统

---

① 《陕西省民政厅、陕西省老龄工作委员会办公室新闻发布会公告》,全国民政网站群,陕西民政(http://shaanxi.mca.gov.cn/article/tzgg/201011/20101100113031.shtml)。
② 省民政厅:《我省提高全省城乡低保保障标准和农村五保供养标准并实行电价补贴》,中央政府门户网站,陕西省人民政府(http://www.shaanxi.gov.cn/0/1/9/41/131209.htm)。
③ 刘翠霄:《政府有责任为农民提供最低生活保障》,中国普法网(http://www.legalinfo.gov.cn/index/content/2010—07/19/content_2199599.htm?node=7879)。

计局、省残联2010年联合出台的《陕西省农村最低生活保障制度和扶贫开发政策有效衔接工作实施方案》，以农村人均年纯收入1500元的标准识别低收入人口，陕西省需要扶持保障的总人口数约为530万人，占陕西省乡村人口的20%[①]，截至2010年6月底，纳入农村低保81.4万户、212.7万人，支出资金19.67亿元。[②] 符合农村五保条件的142653人，占农业人口2634万人的0.54%。纳入农村低保和五保人数共计226.965万人，受惠人数仅占应保障530万人的42.8%。

（二）基层管理力量薄弱，难以适应低保任务要求

低保工作客观上要求基层工作人员进行大量的调查、走访、宣传、复查、反馈、监督、协调等具体而繁杂的工作，特别是动态管理，更增加了工作的复杂性和艰巨性，基层工作人员工作量大、难度高、条件差。县级以上民政部门虽已基本解决了低保工作机构和人员编制问题，但在乡镇、社区和企业厂矿，大多没有专职人员，仍然由民政助理员和其他人员兼管。

（三）公平性差导致"低保"目的失效

笔者及调研组在对各保障性政策的实施状况进行调研中发现，"低保"政策是享受度和满意度最差的政策，进行抽样调查结果表明政策享受度只有6.2%，满意度只有37.7%。[③] 其满意度在各项强农惠农政策中最低，其原因主要是农民对低保的公平性普遍质疑，认为真正需要最低生活保障的农民往往享受不到保障。

（四）低保标准过低，难以保障困难群众最低生活

和养老保险金一样，在通货膨胀背景下，最初每人每月85元目前即便成倍增长到168元（2020元/人·年）的低保金标准，仍难以保证陕西省农村居民基本生活所必需的吃饭、穿衣、用水、用电等最低开支。

总之，就目前看，养老金、农村最低保障金及农村合作医疗保障资金构成陕西省农民社会保障的三大资金支柱，虽在制度建设、增强农民生活

[①] 《我省五部门联合出台"方案"：农村低保和扶贫开发有效衔接工作将全面展开 扶持对象涉及全省20%乡村人口》，中央政府门户网站，陕西省人民政府（http://www.shaanxi.gov.cn/0/1/9/39/90425.htm）。

[②] 陕西省发展和改革委员会、陕西省财政厅：《陕西省民生工程年度报告（2010）》，中央政府门户网站，陕西省人民政府（http://www.shaanxi.gov.cn/0/1/9/39/98814.htm）。

[③] 参见附录3。

保障能力、稳定社会等方面发挥着巨大作用，但不可否认，目前此三项保障资金有诸多需改进之处：陕西省农村合作医疗在统筹大病为主与扩大受益面之间尚存在矛盾；① 农村社会保障制度残缺不全，保障项目较少：工伤、生育、失业三大社会保险制度至今尚未在农村建立；社会救助制度体系不完善；社会福利体系残缺不全。② 政府投入少，保障范围窄，覆盖面小，保障水平低。大多数农民尚未被社会保障的安全网覆盖，社会保障能力还很脆弱，主要表现在保险基金数量不大，保障水平非常低。③ 农村社会保障制度法律建设的滞后，农村社会保障不符合公平原则，保障内容不够全面。④

四 制约陕西农民增收因素梳理

通过本章分析可得出制约陕西农民增收的主要因素。

（一）制约陕西农民劳务性收入的主要因素

制约陕西农民劳务性收入的因素主要有农村剩余劳动力转移量、农民的受教育程度、户籍制度、农民工技能、区域发展水平、产业结构、农民工就业的法律制度等。

（二）制约陕西农民经营性收入增加的主要因素

制约陕西农民经营性收入增加的主要障碍，一是土地所有权不明确造成土地流转率低；二是农业生产投入水平低；三是第二、第三产业收入低；四是农业生产的外部性现象明显；五是农村金融服务水平低，无法有效为经营性生产提供金融支持。此外，其他因素如税收政策、农产品收购政策等国家宏观调控政策失灵也影响经营性收入的增加。

（三）制约陕西农民财产性收入因素

影响财产性收入的因素主要是现有土地和房产制度存在严重缺陷。

（四）制约转移性收入增加的因素

制约转移性收入的因素是转移支付政策制定不完善，政策执行过程不

---

① 李斌宁：《我国农村社会保障体系建设研究综述》，《山东省农业管理干部学院学报》2011年第5期，第21—23页。

② 陈佳贵、王延中：《中国社会保障发展报告：让人人享有公平的社会保障》，社会科学文献出版社2010年版，第137页。

③ 于淑文、李百齐：《论我国东部地区农村社会保障体系建设》，《探索与争鸣》2009年第12期，第49—51页。

④ 耿相魁：《当前我国农村社会保障制度存在的问题及对策》，《哈尔滨市委党校学报》2009年第1期，第13—15页。

透明，缺乏监督机制。

(五) 制约陕西农民保障性收入增加的因素

陕西新农合、新农保及低保政策，普遍都存在受惠面较窄、保障水平低、程序过于烦琐、筹资来源单极突出、筹资结构稳定不足、基层管理薄弱等诸多问题。其中，政府能否大幅提高保障费用预算及支付标准，成为制约农民保障性收入的决定性因素。

第六章

完善强农惠农政策的若干建议

世界各国大多对较脆弱的农业实施政府保护与支持政策。我国处在市场化、城镇化、工业化、信息化高速发展阶段，传统农业面对的经营环境更不确定，单纯依靠农民自身力量增收困难重重。依循这一基本判断，在经济较快增长各级政府财力已较雄厚的背景下，采取全方位、多元化政策措施保障每一陕西农民基本生活、创造条件促进农民增收，既有必要性，也有可能性。

第一节 促进陕西农民劳务性收入增加政策的着力点

通过增加农民在非农领域的就业而获取劳务性收入，是增加农民收入的有效途径。近几年，各级政府采取的一系列政策措施，在促进陕西农村剩余劳动力转移、增加农民劳务性收入方面发挥了巨大作用。农村剩余劳动力向非农产业和城镇转移是一把双刃剑，使我国城市化、工业化、现代化过程获得源源不断的较低成本劳动力支持，但同时意味着农村最优质劳动力资源的流失。这就要求制定出的农业政策，能同时在促进劳务输出和保证当地经济稳定发展两方面取得平衡。

一 促进劳动力外部转移及就地消化

国际经验表明，影响农村劳动力转移的决定性因素是经济发展所处阶段和工业化、城市化的道路选择。[①] 针对目前陕西省剩余劳动力转移速度

[①] 包宗顺、霍丽玥：《农村劳动力转移的国际借鉴研究》，《江海学刊》2004年第3期，第59—64页。

较慢的实际，建议制定中长期农村剩余劳动力转移规划，推动市场这只"看不见的手"吸纳劳动力，同时依靠政府这只"帮扶之手"组织、推动剩余劳动力有序转移。

（一）加快推进陕西农村城镇化进程

工业化和城镇化是一个国家或地区实现现代化的必由之路。城镇化是农村社会生产力发展的必然产物，是农村市场经济发展的必然趋势。中共十八大及中共十八届三中全会提出的新型城镇化改革思路，试图引导离开土地的农民在城镇就业安居、生息繁衍。城镇化是个逐步的过程。至少三类农民涉及城镇化：第一类，是在城市经商或工作的农村居民，随着收入增加并在城市租购房产逐步城市化的过程；第二类，是随着城市骨架拉大导致的城中村、城边村农民逐步融入城市的过程；第三类，可能是有望成为未来城镇化主流方式涉及的广大农村居民，是伴随农业土地集约化、农业生产工业化、农产品交易市场化出现的农村居民逐渐向村落周边已有城镇或新建城镇聚集的过程。可见，城镇化不仅仅是农村人口向城镇集中的过程，而是涵盖产业、人口、市场机会、配套化的教育医疗服务的同时逐步向城镇聚集的过程。因此，城镇化绝不是单纯地将农村建设成城镇，将农民赶到开发商的楼盘里，而在于改善交通条件、教育条件、医疗条件和合理规划乡镇、想方设法增加农民收入，根本在于调整产业结构，通过发展第三产业来吸纳农村富余劳动力。此外，新型城镇化如果没有户籍制度、土地制度的改革、农民产权的界定，恐怕与传统城镇化没有差异，可能会因新旧矛盾交织、积累甚至放大衍生出各种意想不到的社会问题。

就陕西实际情况而言，实施农村城镇化战略有利于统筹城乡发展，有利于扩大内需，有利于解决农村剩余劳动力问题，缩小城乡差距。有研究指出，2008年陕西省城镇化水平达42.1%，较2000年增长了9.84%，但城镇化水平低于全国平均水平3.6%；陕西省城镇化率每增加1%可转移农村劳动力28.02万人次。[1] 另据陕西省有关部门测算，城镇居民的消费水平是农民的3倍以上，城镇化率每提高1个百分点，就可刺激增加消费30.5亿元。[2] 另有研究表明，西部地区的城镇化发展对农民收入增长存在

---

[1] 刘科伟：《进一步推进陕西省城镇化研究——陕西省"十二五"规划重大问题研究》，陕西出版集团、三秦出版社2010年版，第426—427页。

[2] 韩红刚：《新型城镇化的陕西路径》，《城市经济导报》2012年12月26日。

较大的促进作用。①

城镇化发展过程有着其自身的发展规律，1979年美国地理学家诺瑟姆发现，各国城镇化发展所经历的轨迹，可以被概括为一条稍微被拉平的S形曲线，如图6—1所示，而近30年世界上大多数国家或地区的城镇化发展客观上都基本遵循这一S形曲线。②

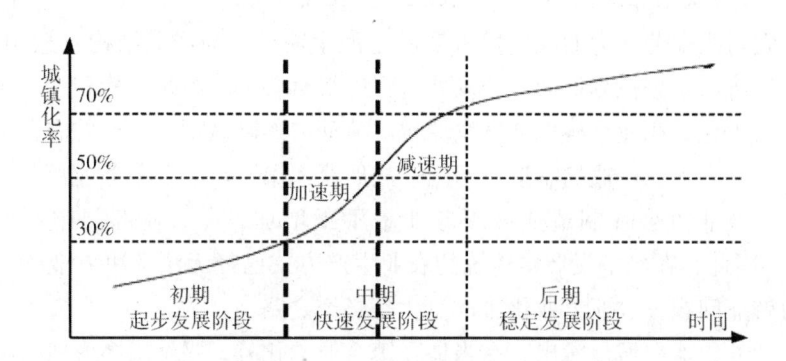

图6—1 城镇化演进的S形曲线

相关数据显示，1978年中国的城镇化率是17.9%，2012年达到52.6%，初步进入城镇化中后期阶段。相比而言，2012年西部地区城镇化率仅有44.93%，陕西省的城镇化率为47.3%，处于城镇化前中期阶段，城镇化进程滞后于工业化进程。预计到"十二五"末，陕西省城镇化水平将达到57%，城镇化水平达到中后期阶段。③

基于以上研判，建议在推进陕西城镇化建设过程中，通过优惠政策的制定和实施，把各地已经发展起来的布局较分散的乡镇企业和地方工业从农村适度向县城和发展条件优越的小城镇的工业开发区集中，形成规模经济。其一，乡村工业集聚，便于投资者向城镇基础设施集中投资，降低城镇基础设施的建设成本。其二，产业集聚、集群，能有效降低企业之间生产技术、人才、资金等信息交流成本、物流成本，使各乡镇企业彼此获得

---

① 张晓山：《农民增收问题的理论探索与实证分析》，经济管理出版社2007年版，第239—250页。

② 曲福田等：《中国工业化、城镇化进程中的农村土地问题研究》，经济科学出版社2010年版，第10页。

③ 韩红刚：《新型城镇化的陕西路径》，《城市经济导报》2012年12月26日（http://www.ceeh.com.cn/html/news/2012/12/24/20121224030811_0.html）。

外部经济效益。其三，乡镇企业适度向城镇集中，既为乡镇企业拓宽了发展空间，又可带动建筑业和第三产业发展，在各地城镇创造较多就业岗位，有利于陕西省农村剩余劳动力就地转移。反过来，人口的适度集中又会加速城镇化进程，逐步形成一个乡镇企业集聚、城镇化及就业带动的就地循环机制。

(二) 大力推进陕西农业工业化、产业化

农村剩余劳动力的就业需求实质是派生需求，与产业结构息息相关。英国经济学家克拉克认为经济发展过程中最重要的内容是结构转变、工业化和城市化，职业结构也会发生变化。劳动力逐渐从第一产业的农业部门迁出，流入第二产业的制造业部门，然后流入第三产业的服务业部门，相应地，就业机会在制造业和服务业中不断增加，在农业部门中不断下降。① 因此，在经济发展中传统的农业生产方式已经无法解决农业剩余劳动力就业问题，农业工业化、产业化是必经之路。

此外，除向城市输出、在当地乡镇企业消化外，吸纳更多农村劳动力还得挖掘农村自身潜力。经济学家赫尔希曼教授在解释如何选择最为有效的不平衡发展格局的时候提出了"关联效应"原理。所谓的"关联效应"是指国民经济各个产业之间存在的相互依赖和相互影响的关系。农产品大多是初级产品，农业部门的关联效应比较低，发展中国家应该精心选择和优先发展国民经济产业结构中关联效应最大的产业。② 虽然这一理论忽视了发展中国家农业部门在经济发展中的作用，但其也启示我们在农业发展中要优先进行农产品深加工，延长产业链，增强农业生产的"关联效应"，农业工业化、产业化加强了农业的"关联效应"，是带动当地农民就业、增加农民收入的重要途径。通过扶持、培育具有一定规模的农产品深加工企业，使农产品转化为工业品，既延长农业产业链，增加了农副产品附加值；还拉动农产品产销，增加农民收入。更重要的是，通过农产品种植、加工、储运、销售、科技服务等环节，派生出大量就业岗位，吸纳更多农村劳动力。

二 在有关国际公约框架下构建陕西省就业保障的法律法规

市场经济是法制经济，完善的法律体系是建立和完善社会主义市场经

---

① 叶静怡：《发展经济学》，北京大学出版社 2007 年第 2 版，第 31 页。
② 同上书，第 264—266 页。

济的法律基石。农民工劳动力市场的完善和发展同样需要健全的劳动法律体系来支撑。宪法规定,就业权是最基本的一项人权。国际劳工组织关于保障社会成员就业达成了多项公约,中国也是这些公约的签署国。有必要依据这些公约制定更适合陕西省情,更细致、更全面、更具可操作性的保障陕西省劳动力尤其是农村劳动力就业的法律法规,并严格实施之。

(一)建议构建并推动实施陕西省消除就业与职业歧视的法律法规

就业与职业歧视是经济歧视的一种,经济歧视被定义为家庭之间的收入差异和劳动者之间的职业差异,以及相同劳动结构的工资差异,这种差异是系统的、长存的,被大多数人认为是不公平的。[1] 在反对就业歧视和消除待遇不公方面,国际劳工组织大会已通过一系列公约,并为世界各国所接受。主要有《同酬公约》和《同酬建议书》[2]、《就业和职业歧视公约》和《就业和职业歧视建议书》[3] 等。其中,《就业和职业歧视公约》,是国际劳工组织通过的最重要的公约之一,也是国际社会公认和广泛接受的具有普遍价值的国际准则。《就业和职业歧视建议书》,要求会员国制定防止就业或职业歧视的国家政策,并通过立法等措施对政策的实施予以保证。强调政府机构应在其一切活动中实施非歧视性就业政策;强调所有人员都应在各方面无歧视地享有机会均等和待遇平等。通过出台相关法律法规,确保政府机构在其一切活动中实施非歧视性就业政策;保障所有人员都应在各方面无歧视地享有机会均等和待遇平等。

既然劳动力市场上出现了对农民工的就业歧视,且农民工是社会的弱势群体,作为经济运行的"守夜人"的政府应当通过出台相关法律法规保障农民工在就业和职业上无歧视地享有就业机会均等和工资待遇平等,政府的职能之一就是保障社会弱势群体不被社会边缘化。我国于2007年8月30日由全国人大常委会通过并于2008年1月1日起实施的《就业促进法》对此做了明确规定。该法第二十五条规定:"各级人民政府创造公平的就业环境,消除就业歧视,制定政策并采取措施对就业困难人员给予

---

[1] [美]奥利·阿申费尔特、[英]理查德·莱亚德主编:《劳动经济学手册》第1卷,曹阳、陈银娥译,经济科学出版社2009年版,第600—601页。

[2] 即第100号公约和第90号建议书,于1951年6月6日国际劳工组织大会第34届会议通过,1953年5月23日生效。参见《国际劳工公约和建议书》中文版,第166—169页。

[3] 即第111号公约和建议书,于1958年6月4日国际劳工组织大会第42届会议通过,1960年6月15日生效。参见《国际劳工公约和建议书》中文版,第282—287页。

扶持和援助。"第二十六条规定："用人单位招用人员、职业中介机构从事职业中介活动，应当向劳动者提供平等的就业机会和公平的就业条件，不得实施就业歧视。"陕西省应当在此法律精神的基础上着重就消除农民就业与职业歧视方面出台法律法规，尤其要尽快出台对已经过时的户籍制度改革的法律制度，要求雇主对具有相同生产力的人提供相同的工资与福利、相同的就业以及平等的晋升机会，并制定具体的实际操作规范。

（二）建议组建陕西省公益性职业介绍机构网络

目前陕西职介市场十分混乱，欺诈现象比比皆是，这种状况与我国目前职介行业日趋民营化、进入门槛低、人员素质差有很大关系。国际劳工组织规定，职介机构网络应成为政府提供的公共产品。根据《职业介绍设施公约》[①]，国家有义务建立全国性职业介绍机构网络。而且，应是不以营利为目的的"一个公共的、无偿的职业介绍设施"，该设施的主要任务是，"以最佳方式把就业市场组织起来，使之成为旨在确保并保持充分就业、开发利用生产力资源的全国性计划的组成部分"。该公约同时要求，职业介绍设施应由在国家当局监督下的职业介绍办事处全国体系组成，应包括一个有足够数量的地方办事处的网络，能分管全国各地理区域，并分设在对雇主和工人方便的地方。公约明确要求，"职业介绍设施的人员应由公务人员组成，他们的工作地位和条件使他们不受任何政府变动和任何不适当的外部干预的影响，而且只要工作上有需要，应保证他们职业的稳定"。同届大会通过的《职业介绍设施建议书》，进一步对职业介绍机构的组织和管理、劳动力市场调查、劳动力需求和资源的评估、工人的流动、职业介绍机构的国际合作等方面，提出了更为详细的要求和保障措施。针对许多国家的公共职业介绍机构尚未建立健全的状况，国际劳工组织第三十二届会议上，重新修订通过了新的《收费职业介绍所公约》，但仅将收费职业介绍所的合法存在，作为公共职业介绍所尚未建立健全时的补充。[②] 由此看来，收费职业介绍所作为陕西省职介机构主力军的状况确实需要改变了。

建议陕西省政府率先建立统一的就业信息发布平台，及时充分地提供招聘信息，增加专业的就业服务人员，转变服务思路，改进服务质量，一

---

① 1950年8月10日生效。参见《国际劳工公约和建议书》中文版，第101—104页。
② 包宗顺：《农村改革发展与农民权益保护》，社会科学文献出版社2011年版，第254—255页。

方面可以规范陕西省的职业中介市场，有效地降低农民外出务工的工作搜寻成本；另一方面还可以缩短外出务工农民的工作搜寻与匹配的时间，使农村剩余劳动力尽快就业，促进农民增加劳务性收入。

（三）建议陕西省制定积极的就业保障与促进法规

只靠农民自身力量去市场寻觅很难保证农民就业，必须通过制度化、法规化措施来保障。涉及就业政策方面的国际公约主要是《就业政策公约》①。该公约要求各国"审查和考虑经济和财政政策对就业政策的影响"，"为了促进经济增长和发展，提高生活水平，满足对人力的需求，并解决失业和不充分就业的问题"，"宣布并实行一项积极的政策，其目的在于促进充分的、自由选择的生产性就业"。"每个工人不论其种族、肤色、性别、宗教信仰、政治见解、民族血统或社会出身如何，都有选择职业的自由，并有获得必要技能和使其技能与天赋的最大可能的机会，取得一项对其很合适的工作。"与该公约同时通过的就业政策建议书，进一步具体提出了就业政策的总原则、促进就业增长的短期和长期可供选择的若干政策措施。

目前，农民工就业权益保障缺失现象严重：雇主大多不与农民工签订劳动合同，也不缴纳工伤保险，当农民工因劳动条件恶劣而染病、发生工伤事故时，却因未与用人单位签订劳动合同而得不到政府公共管理部门的保护，法律也无法追究雇主的事故责任；农民工加班不付加班费或少付加班费，故意克扣、拖欠农民工工资；劳动时间过长，休息权受到侵犯；工作环境恶劣，缺乏安全保障，寒冬无保暖设备、酷暑无降温措施，近年来各地频频发生建筑工地的农民工高温中暑甚至死亡的事件，正是农民工劳动环境恶劣的写照。②在农民工权益纠纷事件中，法律应该是保护其合法权益的最有力的武器。

建议陕西地方立法机构率先专门立法保护农民工就业，保护面应该涵盖劳动、失业、养老、医疗、工伤、生育、居住、子女受教育等涉及农民工生活的各个方面，同时执法部门应该严格执法，真正做到"有法可依、有法必依、执法必严、违法必究"。促进陕西农民就业，不应只是农业管

---

① 1964年6月17日国际劳工组织第四十八届会议通过，1966年7月15日生效。参见《国际劳工公约和建议书》中文版，第376—377页。

② 胡雅妮、郭威：《浅论农民工就业权益的法律保障》，《安阳师范学院学报》2006年第3期，第72—74页。

理部门的职责，每一个政府部门、企事业单位、社会团体都该重视，社会应当向农民工宣讲法律，使其知法懂法，当其合法权益受到侵犯时，提供法律援助。此外，应当在陕西政府部门的主导下，企事业单位、社会团体以及监管机构签署《保障农民就业承诺书》，以契约化形式确保其履行社会责任，同时要有明确的激励惩罚措施。

(四) 强化陕西省农村居民的技能培训和职业指导

国际劳工组织《人力资源开发公约》①专门针对职业指导和培训而制定。公约明确要求各国"发展综合性和相互协调的职业指导和职业培训方面的政策和计划，特别要通过公共职业介绍机构把职业指导和职业培训同就业紧密联系起来"。公约还要求制定相关政策和计划时，应充分考虑到地区和全国范围内就业方面的需求、就业机会和存在问题；考虑经济、社会和文化发展的阶段性和水平；考虑人力资源开发和其他经济、社会和文化目标之间的关系。同时通过的《人力资源开发建议书》，对政策和计划的制定、职业指导、职业培训等许多方面提出了许多具体的建议。如"农村地区计划应旨在保证在职业指导和职业培训方面做到农村和城市人口完全机会均等"；"这些计划应在国家发展政策范畴内，特别在考虑到农村和城市地区的移民特征和趋势的情况下制定"。

笔者及调研组调研结果显示，陕西省农村家庭中的受教育程度为：小学为 11.2%，初中为 50.4%，高中或中专为 21.9%，大专为 10.5%，本科及本科以上为 6%（见图 5—4）。可见受教育水平和劳动技能相对较低是制约陕西省农村剩余劳动力转移的内在因素。由于农村劳动力素质和技能偏低，农村剩余劳动力只能进行低层次的季节性流动，对就业收入的预期难以提高，往往只能在一些非正规部门就业。这并不是真正意义上的人口转移。这种季节性流动，除农业生产对劳动力需求的季节性因素外，主要原因是农村劳动力就业技能和素质较低难以获得长期稳定工作机会。另外，在城市就业的农民工因无法享受到真正意义上的社会保障，增加了其在城市生存的难度，也是其频繁流动的重要原因。因此，农村剩余劳动力要实现稳定的永久性转移，职业指导、技能培训必不可少。

美国学者伯纳德·L. 温斯坦博士在研究西方国家发展的普遍规律时

---

① 1977 年 7 月 19 日生效。参见《国际劳工公约和建议书》1994 年中文版，第 104—105 页。

得出结论:"西方的经验有力地证明,一个健全的中等教育和职业教育体系,是一个比高等教育还要关键的因素。"①

在陕西这样一个劳动力数量密集、技术水平相对较低的省份,在农村地区发展职业技术教育更为迫切。陕西省从2004年起在全省范围开展"人人技能"工程、"阳光"工程、"雨露计划"等农村劳动力转移就业培训,对参加培训农民给予"四免一补"(免收培训费、职业介绍费、技能鉴定费和单程交通费,给予一次性生活补贴)政策支持。无疑,这些措施对促进陕西农村剩余劳动力转移和农民工资性收入提供了重要条件。

建议政府部门进行农村人力资本开发,加大农村人力资本投资,将陕西已经实施的"人人技能"工程、"阳光"工程等农村劳动力转移就业培训项目,在较短期限内由政府的"形象"工程、"义务"工程向法制约束下的"公共责任"工程跨越,各级政府部门,尤其是基层政府应从制度上、财政上确保对农民就业的职业指导和培训。

1. 让"阳光"工程真正发挥作用

目前的"阳光"工程存在培训经费不足、培训的岗位供给和农民需求不匹配、培训时间太短和内容太浅无法满足农民的务工需求、培训缺乏激励与跟踪评价机制等问题,从而导致"阳光"工程效率较低。上述问题对政府工作至少提出三点思路。

其一,加大财政对"阳光"工程的支持力度,提高劳工人均补助标准。据全国阳光工程办公室对餐饮、建筑等9个培训量大的专业培训的调查,平均培训成本602元(不含生活费),而目前的平均财政补助为231元,财政补助只占支出成本的38%(其中中央财政补助占28%)。农民如果参加技术含量较高的培训,还需负担相当的费用。②

其二,大幅提高"阳光"工程作为公共产品的投入产出效率。建议培训前期应加强对农民务工职业意愿调查,培训期间要逐步增加培训深度和强度,培训后期要给予农民就业指导并对就业情况进行跟踪反馈等。

其三,陕西省可从省级财政安排专项资金,解决陕西省国家级贫困县及其他部分财政困难县市培训经费不足的问题,为"阳光"工程的日常运营和监管提供财力保障。但考虑到陕西省财政收支的现状,短时间大幅度

---

① 曾湘泉:《劳动经济学》,复旦大学出版社2010年第2版,第180页。
② 张红宇:《我国农村劳动力转移就业的现状与政策建议》,《理论视野》2007年第7期,第13—15页。

地倾向农村人力资本建设也不现实,因此,在现有投资基础上调整结构,"好钢要用在刀刃上",就市场需求而言,重点进行需求量较大的行业必备技能培训,培养合格的产业工人。同时拓宽培训经费筹集渠道,采取适当的激励措施,鼓励民间企业资本参与农村人力资源的开发。

2. 实现政府部门为农民提供就业指导和培训从义务化向制度化跨越

政府部门同时兼具公共管理和公共服务双重职能。在促进陕西省农民就业方面,各级政府应服务当先,把为农民提供就业指导、咨询和各种实用技能培训从昔日的"阳光"工程逐步过渡为法制工程,要求省、县(市)能从制度上、财政上确保对农民就业的职业指导和培训。

(五)限制随意解雇劳工,切实维护农民就业权益

政府和社会各界除采取上述促进就业方面的种种努力外,还应通过相应法律条文,限制雇主随意解雇职工的行为,以保障就业稳定。国际劳工组织在第 68 届国际劳工组织大会上通过的新的《雇主主动终止雇佣公约》[1]明确指出,除非有正当理由,不应解雇工人。同时规定,如职工由于疾病、受伤或产假等离岗,工会会员在工作时间参加工会活动、指控雇主或主管行政当局违法违规,还有种族、肤色、性别、婚姻状况、家庭责任、怀孕、宗教信仰、政治见解、民族血统或社会出身等情况,均不能作为解雇理由。公约及该次大会同时通过的《雇主主动终止雇佣建议书》还对解雇程序,特别是因经济、技术、结构或类似原因解雇职工程序等做了详细规定。[2] 以该公约为依据,制定适应陕西实际情况的具有可操作性的防止随意解雇劳工的限制性法律法规,对保障农民权益十分必要和紧迫。

三 改革户籍制度,统筹城乡发展

中国社会科学院根据 2010 年第六次全国人口普查数据撰写的《社会蓝皮书:2012 年中国社会形势分析与预测》报告指出,城市人口 2011 年将占到总人口的一半以上。社会学家陆学艺指出,城市现有 1.6 亿农民工,到 2050 年,城市人口将超过总人口的 80%。然而,高达 30%农村户

---

[1] 1985 年 11 月 23 日生效。参见《国际劳工公约和建议书》1994 年中文版,第 286—291 页。

[2] 包宗顺、霍丽玥:《农村劳动力转移的国际借鉴研究》,《江海学刊》2004 年第 3 期,第 59—64 页。

口的人在城市生活和工作，他们占城市人口的40%。因户籍制度的限制，这些人的绝大多数享受不到社会保障。仅有17.6%的农民工能享受到由城市户口的人所享有的医疗保险，只有30%的农民工享有社会保险。[①] 实际上，连同他们的子女也无法像拥有城市户口的子女一样享受正常的义务教育。

户籍管理制度的特点，是通过户籍决定公共福利和公共服务的分配关系。[②] 推进户籍制度改革，实际上是推进公共服务和社会分配均等化。户籍改革要达到逐步实现人口自由迁徙的目的。构建城乡一体化的户籍管理制度，解决目前城乡居民两种身份、就业和待遇不平等问题，让陕西省农民真正得到与城市居民同样的国民待遇，为促进农村劳动力自由流动敞开制度的大门。

不应让户籍制度成为陕西省农民收入增长的阻力。在户籍制度改革经验的基础上，采用国际上通行的按居住地登记户口的原则，实行以居住地划分城镇户口与农村户口，以职业划分农业人口与非农业人口的办法；允许和鼓励有条件的农民在城镇定居谋业，适当放宽农村剩余劳动力进城落户的条件，放松对户口的管制，逐步有条件地解决长期在城市就业和居住农民工的户籍问题；变事前迁移制度为国际惯行的事后迁移制度，放松户籍管理制度对人口流动的控制。陕西省政府已经开始关注并解决现行户籍制度自身缺陷。2012年《陕西省政府工作报告》指出，在2013年以推行居住证为重点继续深化户籍制度改革，认真做好流动人口、农村留守人口和特殊人群的服务管理工作，努力使流动人口与居住地居民同享基本公共服务。

第二节 促进农民经营性收入增加的思路

一 美化净化农村，为农民多元化增收创造良好条件

农村不只是农村居民的农村，而是我们每个人的故乡，是城市的后花园。在城市被装扮得愈来愈美的同时，还得让我们的后花园愈来愈美。依

[①] 参见港报评述《城市化面临农民工困境挑战》，转引自《参考消息》2011年12月22日第16版。

[②] 李铁、乔润令等：《城镇化进程中的城乡关系》，中国发展出版社2013年版，第3页。

照"生产发展、生活宽裕、乡风文明、村容整洁、管理民主"的新农村建设方针,加大政府对农村生态环保投资迫在眉睫。《2012年陕西省政府工作报告》指出,在2013年要进一步做好农村环境整治工作,建设43个农村环境连片整治示范县。建议近期内陕西各级政府农村环境改善着重做好如下环境整治工作。

(1) 加大财政资金投入治理农村点源污染与面源污染、生活污染和工业污染,兴修给排水设施,改善农村村容村貌。

(2) 调整农业产业结构和布局,大力发展生态农业、有机农业;鼓励集约化、无污染的农业生产方式。

(3) 平衡施肥,科学使用农地膜,提高农地膜回收率。

(4) 合理规划畜禽养殖业布局,鼓励畜禽粪便资源化。

(5) 严格控制秸秆焚烧,研制、开发低成本、高效益、适宜农民推广应用的农业废弃物和生活废弃物资源化新技术。

生态环境的净化、美化和生活条件的便捷化,将会使陕西乡村成为人人向往的赏玩田园风光、品味天然美味、体验传统民俗的宜居宜玩的最佳去处。农村生产生活环境的改善,既提高了农民的主人翁地位及对家乡的自豪感,还有利于增加对拥挤不堪的城市居民的吸引力进而增加农民交易机会和经营性收入,更有利于提升农民房产和土地的收入预期与估值进而增加财产性收入。

二 引导劳动力、技术、资金向农村流动

厉以宁认为,城乡收入差距扩大不利于社会的和谐与稳定,应通过城乡发展一体化来缩小城乡差距,资本下乡在城乡一体化过程中极其必要且重要。厉以宁认为,是物质资本、人力资本和社会资本的结合创造了财富,然而目前就三种资本的任何一种资本来说都是城市占优势,农村占劣势[1],劳动、资本、土地作为生产的三要素都在不同程度上流失,使陕西农村失去致富的动力。其一,大量年轻力壮劳动力远离故土到城市务工,劳动力资源流失。笔者及调研组在陕西各地的实地走访中发现,各地人丁凋零现象十分普遍。有学者估计,全国真正留守于农村者不超过4亿人,

---

[1] 厉以宁:《双向城乡一体化显露生机》,《北京日报》2012年11月12日。

其中绝大部分由"386199"部队组成,真正的青壮年劳动力可能不足1亿人。① 其二,广大农村非但得不到金融机构的"输血",农村信用合作社等农村金融机构还像抽水泵一样将农户好不容易取得的一些储蓄抽走并输往城市,货币资本流失。其三,在城市周边,农民赖以生存的土地也在不断流失;而离城市较远的农村地区,由于劳动力流失、投资缺失和土地流转制度的不到位,土地资源抛荒或粗放式经营非常普遍,土地利用率大大降低。随着各种生产要素纷纷流失,农村的凋零和"空心化"即成必然。所以,农民从整体上致富增收,单靠自身力量很难达到,要扭转农村凋零和空心化现状,迫切需要采用各种政策将能给农民带来财富的各种资源聚拢起来。

(一) 聚拢劳动力资源

聚拢劳动力资源有两层含义:第一层含义是指聚拢农村已经外流的剩余劳动力,使之回流,增强农村的活力。政府将原先着重于城市投资建设逐步转向大规模农村基础设施(道路、农田水利、给排水设施)投资,通过新农村建设政策吸引劳动力回流;在大中城市周围构建"卫星城",在缓解大中城市交通居住压力、推进城镇化建设的同时,通过培养新的经济"增长极"给农民创造就业机会;提供一定数额补贴,鼓励在外拥有一技之长的农民返乡、回乡创业。随着劳动力逐渐回流,城乡均衡发展指日可待。第二层含义是指聚拢农村仍旧从事农业生产的种田能手。厉以宁将上述两种含义概括为"双向城乡一体化",即农村剩余劳动力愿意进城打工的就进城打工,种田大户愿意进行农业经营的就来农村发展农业,他们通过转包、租赁的办法,扩大耕种面积,实现规模经营。② 这一思路,是让市场决定分工、保证经济交易高效率的思路。上述两种类型的劳动力聚拢产生四种分工模式:第一种,有一技之长但不愿从事农业生产而愿进城务工者;第二种,愿在农村经营农业的种植能手从愿流转耕地的农户那里获得大片耕地的规模经营者;第三种,虽进城务工但不愿流转土地仍维持典型农村家庭生计模式者——青壮年劳动力进城务工获得劳务性收入,年老劳动力在农村务农获得经营性收入;第四种,不愿进城务工无法获得

---

① 王文龙:《粮食危机、伪城市化与地权瓶颈》,《河北经贸大学学报》2011年第5期,第24—28页。

② 厉以宁:《双向城乡一体化显露生机》,《北京日报》2012年11月12日。

劳务性收入，留在农村又未掌握农业种植技术经营性收入很低者。现阶段，第三种分工模式是我国农村普遍存在的劳动力分工模式；第一种和第二种分工模式是未来发展的趋势，聚拢劳动力资源，应当更重视这两种分工模式，应创造条件加以引导；第四种分工模式比较少见，且正逐步减少，但短期内不会消失，政府可对这种经营模式的家庭给予最低生活补助，保障其家庭基本生活。

（二）聚拢资本

资本天生具有内在的逐利性，要想将资本聚拢在农村，农村必须有现实或者潜在的经济利益，传统的种植模式产生的经济效益不足以吸引资本在此运转，因此要聚拢资本首先要优化农作物种植结构，随着城镇化的有序推进，蔬菜、水果、肉、蛋、奶等农产品的需求也会随着增加，农作物种植结构应该以粮食作物为主向粮食与经济作物二元结构和粮食、经济、饲料三元结构转变。对于陕西省来说，农村种植结构已有一定程度的优化，基本形成了粮食经济二元种植结构，并且有向粮食、经济、饲料三元种植结构转变的趋势。在苹果、猕猴桃、板栗、核桃及其他水果、坚果的集中产地（如洛川、周至、杨凌、山阳等地），鼓励厂商投资水果及坚果加工厂，采用高新技术，带资本下乡，带技术下乡，搞农副产品深加工，兴办农产品储存、保鲜、加工、配送等投资项目。在油菜等油料经济作物的集中产地（如汉中），一方面想方设法地吸引资本，投资建厂提炼油料，生产绿色健康食用油；另一方面鉴于油菜花的观赏价值，可吸引资本在此投资旅游观光项目。在肉牛[如临渭、蒲城、富平、大荔等20个县（区）为代表的秦川牛中心产区]、奶山羊畜牧业集中的产地（如富平等县区）初步形成粮食、经济、饲料三元种植结构，吸引资本前来经营牧场、草场等，对这些涉农项目，财政资金可给予一定比例补助，并出台鼓励性和保护性政策，引导金融机构贷款。适当放宽对农户的小额贷款政策，积极为农村输血。资本的日渐集聚，将促进陕西省实体经济大发展，农村繁盛指日可待。

（三）聚拢土地资源

在明晰农民土地所有权、规范农地流转交易市场的基础上，通过市场交易聚拢土地资源，节省了农户在碎块化土地耕作的成本，提高农民土地价值的同时,农村土地资源得以整合，集中土地者则有机会实现规模经营。农民既可出让土地所有权，一次性获得财产性收入，也可以将土地折合成资本金，充当现代化农业公司的股东，持续获得财产性收益。

总之，要巩固陕西农业基础地位，消除城乡二元化倾向，必须走农业产业化和工业化之路，必须加大包括政府投资、银行信贷尤其社会资本对新农村各种建设项目的投资力度，走城乡一体化统筹发展的道路。

（四）挖掘各地产业优势，促进特色化经营

以市场需求为导向，充分发挥资源优势，转变农村种植结构，挖掘农村产业优势，积极利用科技成果，进行农产品深加工，延长农产品产业链，增加农业的关联效应，转变农业增长方式，促进农民收入不断提高。

首先，抓好粮食生产。要继续抓好粮食主产县生产能力建设，关中平原、渭北重点发展优质小麦及专用玉米；陕南地区发展优质水稻和双低油菜；陕北地区重点发展地膜玉米及名优杂粮。

其次，利用市场机制，做大做强果业。发展水果产业要坚持两手抓，一手抓科技投入提高水果质量和产量，另一手重点抓水果的销售与储存。由于水果不易库存，一旦水果滞销，果农的劳动可能血本无归。因此，水果主产区政府应一方面通过构建信息平台、品牌建设、市场建设、订单销售等方式促进水果销售，同时要着力改善水果的库存条件，鼓励私人资本进行冷库建设。陕西省应加快建设渭北绿色果品基地，扩大加工专用果基地规模。苹果产业规模效应、品牌效应已逐步显现，但猕猴桃等其他果业链发展规模有待强化。陕西省应大力推广果业发展的"洛川经验"，引导各地因地制宜发展猕猴桃、梨、板栗、核桃、红枣、柑橘、柿子、石榴等干鲜果品的生产，以市场为纽带整合果业生产链条中的各种生产要素，以尽可能增加附加值为目标，拉长加粗果业生产链条。

再次，促进畜牧业规模逐步扩张。继续抓好关中奶畜、秦川肉牛、陕北舍饲养羊、陕南瘦肉型猪，稳步发展特种养殖，扩大绿色有机饲料种植面积，提倡科学饲养。

最后，继续推动设施蔬菜发展。依托各地资源优势和陕西省农村劳动力资源丰富的优势，从市场需求出发，实行产业结构调整，大力发展符合劳动力密集型的蔬菜产业，提高农业产值。针对城镇蔬菜价格居高不下、农村蔬菜销售不畅等问题，建议各级政府部门搭建信息平台，为供求双方无偿提供最新市场信息。

三 发展绿色有机农业，增加农民收入

近年来各地频出农业种植乱施农药、农产品农药残留超标、重金属污染等恶性事件，甚至有的地方农民生产的农产品自己都不敢吃。农民乱施农药，农产品被污染，成为一项社会问题。这种不科学的生产模式，一方面污染了农业生产者自己的土壤、地下水及地表径流，对农业生产将产生致命打击；另一方面，生产出的被污染的农产品流向市场，最终可能进入千万家餐馆及普通百姓的厨房、餐桌，可能危害到每个人的健康。因此，绿色有机农业将是未来农业发展的方向。建议陕西各级政府倡导、鼓励农产品在生产、加工、物流、消费诸领域实施一场声势浩大的绿色革命。

（一）农田生产现场的绿色革命

提倡、鼓励农产品生产环节不使用农药，不使用化学肥料。提倡采用杀虫灯、天敌灭虫的物理防虫方式。要开发新的生产技术，比如发展以培育土壤为基础的农业，促进土壤中微生物的繁殖，提高土壤的固化性、通气性和保水性等。用轮作方式，在一定年限内，在同一块土地上，按预定的顺序轮换种植不同种类或不同科属的蔬菜改善农作物的生长环境，施用有机肥，努力维持并提高土壤肥力。

（二）初级产品加工中的绿色革命

杜绝在农产品加工环节添加或过量添加有害健康的添加剂、防腐剂，保证最终"进口"产品纯净、安全、放心。

（三）农产品物流系统中的绿色革命

采取制度化措施，防止农产品储存过程的霉烂、变质。鼓励多种农产品；将"农超对接"、"农校对接"政策扩展到"农企对接"、"农产品进社区"等范围，积极推动农产品在运输过程"全程绿色通道政策"，降低农产品物流、推广成本，力争农产品生产者和最终消费者双赢。

（四）农产品消费观念上的绿色革命

鼓励有能力的消费者，为追求自身健康，支付相对较高的价格（绿色有机农产品相对成本高、产量低，如不施用"膨大剂"的猕猴桃产量大打折扣，虽然品质大大提升，但价格也较高）购买绿色有机农产品。

四 鼓励发展城郊休闲农业，增加农民收入

城郊作为都市的后花园，一方面具备便捷的交通，另一方面又进行着

农业生产。当人们在喧嚣的都市快节奏地工作生活之余,利用节假日或其他闲暇时间携亲带友到周边农村品味农家饭菜、呼吸田园空气、观赏自然风光、体味民俗民风,已然成为一种时尚。近年来,"农家乐"这种城郊休闲农业得以兴盛,明显表现出其在促进农民增收方面的经济效应。西安市南郊的上王村以及咸阳市礼泉县的袁家村便是"农家乐"城郊休闲农业发展繁荣的典范。

五 加大政府向农村提供公共产品和服务力度

通过市场配置资源并不总是有效率的,在市场失灵时就需要政府介入到资源配置过程。公共经济学认为,市场经济中政府的职能主要体现三方面:第一,生产或提供公共物品或服务,即由政府部门负责提供那些社会边际效益大于社会边际成本,无法通过市场有效供给的物品或服务;第二,调节收入分配,即由政府部门运用各种手段对有欠公平的居民收入分配状况进行调节,包括经济手段、法律手段及必要的行政手段;第三,促进经济稳定发展,即由政府部门担当起维持经济稳定发展的责任,干预调节经济的运行。[①] 在新中国成立以来的几十年间,农民通过工农业产品"剪刀差"、上缴农业税以及给城市输送廉价劳动力、土地和货币资金,使城市居民有机会享受城市化、工业化带来的现代物质与精神文明,但同时,那些做过巨大牺牲的农村人群却日益贫困化,甚至出现逐步被"边缘化"的倾向。饮水思源。中国共产党通过农村包围城市最终夺取城市,绝不只是为执政党自己谋福利。统筹城乡发展、工业反哺农业、城市反哺农村的执政理念完全能证明这一点。如果说过去几十年我国现代化建设的重点在城市,今后几十年的公共建设重心则应转向广大农村,真正实现城乡均衡发展。当然,政府的首要职责不是替农民赚钱,而是尽可能提供更好、更多公共产品及服务,同时通过制定实施一系列扶持性、保护性政策,促进农民增收和农村发展。

(一)加大陕西农村基础设施投资,改善农业生产环境

陕西农民增收难的重要原因之一是农业生产基础薄弱。据笔者及调研组对关中、陕南、陕北 1000 户农民的调查问卷分析,发现受访农户的 23.3%建议完善农田水利设施,47.6%希望整修农村道路,29.3%认为应

---

① 高培勇:《公共经济学》,中国人民大学出版社 2012 年版,第 9 页。

进行水电路等基础设施建设。此三方面问题，同时指出政府工作可依循的思路。为此，笔者建议：

首先，摸清家底，规划先行。建议由陕西省农业管理部门牵头，对陕西各县、市农田基础设施、农村道路设施、水电气等居民生活设施的数量、质量、运行状况、管理模式等进行全面清查，并组织专家根据现状、存在问题和未来国民经济发展规划编制陕西省农村基础设施发展规划。

其次，预算保障，精细投资。依照规划，将陕西农村基础设施建设的投资纳入省、市、县各级预算，以制度化支持农村基础设施建设的常态化。加大财政投资力度，尽快恢复、兴建农田基础设施，实现水利、道路、电力、信息畅通；确保财政拨款到位率和项目资金专款专用；对农村因资金不足而产生的未建完工程，要查明原因，核定建成完工需要的追加投资额和建设期，在第三方监督下保质按期完工交付运营。

再次，设施运营，效率优先。以目标管理方式，加强农业基础设施运行的日常管理与控制。建议在省农业管理部门设立专门办公室，设立全省各项农村基础设施运行目标，将总目标分解给每一县市，各县市将目标再分解与各乡镇，最终将设施运营具体目标责任落实至村委会。在现行体制下，由村委会负责人承担对农村基础设施利用及管护的直接责任。各层级有明确的责任人，每一层级责任人与其上级签订目标责任书，明确责任目标以及达成目标将获得的激励或未达成目标将面临的惩罚。在这一管理机制下，下一层支撑上一层责任目标的完成，最终保证全省总体运营目标得以实现。目标责任的层层落实、分级考核，对保证农业设施最大化发挥效用意义重大。

（二）大幅增加陕西农村教育投资

1979 年诺贝尔经济学奖得主西奥多·舒尔茨认为人力资本投资是经济增长的主要源泉。他对 1929—1957 年美国教育投资对经济增长的关系做了定量研究，得出许多重大结论，其中之一是教育投资增长的收益占劳动收入增长的比重高达 70%，人力资本投资是回报率最高的投资。[①] 有实证研究表明，农村义务教育普及率与农村居民收入之间存在显著的正相关关系，农村义务教育普及率每提高 1%，可带来 6.5% 的当期收入增加和 8.4% 的延迟收入增加，农村义务教育的普及会形成一条把主要人口积聚

---

① 曾湘泉：《劳动经济学》，复旦大学出版社 2010 年第 2 版，第 161 页。

在农村的压力转变为人力资源优势的有效途径。① 目前，陕西省已普及农村义务教育，并实施义务教育学杂费减免政策。继续加大政府对义务教育的投入，对全面提高农村新生人口文化素质至关重要。首先，推进基础教育均衡发展。继续加大农村教育投资力度，改善农村中小学办学条件，提高中小学师资力量，全面缩小城乡办学条件差距，提高农村教育质量。继续加大对经济薄弱地区教育的扶持力度，缩小陕西省地区之间教育发展差距。进一步完善资助体系，帮助家庭经济困难学生顺利完成学业。严格控制义务教育阶段学生辍学，切实治理学前教育高收费和中小学屡禁不止的乱收费现象。以较高工薪收入激励师范类高校毕业生到农村学校任教，逐步均衡城乡之间教育资源。其次，大力发展农民知识技能职业培训。建立一批职业教育培训基地、农民工培训示范基地和再就业培训基地，并加强职业教育师资队伍建设。

（三）设法降低农产品生产与流通成本

笔者及调研组对陕西农户的调查显示，高达78.3%的受访农户建议政府控制农资成本，主要因为近年农业生产资料成本逐年增加，而农产品价格增速缓慢甚至基本不变，致使农民增收十分困难。

1. 政府应实施农资价格干预政策

对农业生产资料实施最高限价和市场指导价制度，通过物资储备、政府采购和低价供应等方式，确保政府对农业生产资料价格的调控能力。

2. 确保农资综合补贴的实施

一味要求化肥、农药价格长期不变，并不现实，因生产厂商原材料成本、劳工成本和融资成本上升会造成其生产成本上升，若不允许其调升产品价格致其长期亏损，会导致减产、停产和市场供应下降，从长期看，还会导致生产资料价格更大幅上涨。为此，笔者建议：①从根本看，我国商品价格轮番上涨源于货币供应量增长率远远超过经济增长率，为此，中央银行控制货币发行速度是遏制农资价格上涨的基本途径；②加大政府扶持农资生产的力度，通过供求关系变化促使农资价格逐步下降；③引导、鼓励农资生产商通过内部控制消化成本上涨压力，力保产品价格稳定；④加大对农民综合补贴力度，以补贴额至少弥补农资价格上涨为基本要求。

---

① 邵奇涛：《社会主义新农村建设中农民主体地位研究》，硕士学位论文，山东师范大学，2008年，第32页。

3. 采取各种政策措施降低农产品流通成本

降低农产品流通成本的政策措施主要包括：①创造条件，促进农民水果、蔬菜及各种农产品直接进超市、进社区、进厂矿企业，将"农超对接"扩大到农校对接、农企对接，减少农产品流通节，农民得实惠的同时高校师生、企业职工、社区居民也得实惠；②农产品"绿色通道"政策是政府让利于民的好政策，针对该政策实施过程中暴露出的问题，建议扩大"绿色通道"设计的农产品品种，尽快将粮食、冷冻肉类纳入受惠范围；打破省级壁垒，实现跨省农产品运输的过桥过路费全免政策，在全国范围施行统一的"绿色通道"政策，切实降低农产品流通成本扩展交易市场。

（四）健全陕西农业产业化服务体系

鉴于农村的小生产方式与千变万化的大市场难以实现有效对接①，进而制约农民收入增长，需通过健全农村服务体系，建立以报纸、刊物、电视、广播、网络媒体等媒介组成的农业技术、农产品及农资信息传播平台，加强沟通和信息宣传，为农民解决信息不畅等实际问题。陕西省部分地区乡镇构建的网络信息平台，可为农民提供大量实用信息，建议在全省范围推广。

六 发挥财政与金融杠杆作用，促进多元投资主体投资陕西农业项目

2013年中央1号文件突出强调要改善农村金融服务，中国银监会要求引导和督促涉农银行业机构深化改革、改进服务，加强对"三农"的金融支持，加大涉农信贷投放，调整放宽农村地区银行业金融机构准入，加强服务新型农民合作组织，一批村镇银行、贷款公司和农民资金互助社等三类新型农村金融机构诞生提升薄弱地区金融服务水平。

目前陕西农村金融服务主体少、能力较弱，难以满足农民融资需求，为此笔者建议：

（一）现有金融机构要为陕西农业发展"输血"、"造血"而不是"抽血"

我国农村现有的金融机构分三类，分别是商业性、合作性、政策性金

---

① 谢亮泓：《农民增收问题的制度分析》，《安徽农业科学》2006年第4期，第778—780页。

融机构。由于农业是弱质产业,商业性的金融机构很少会将资金投资于农业,因此建议通过税收优惠的方式,引导商业银行把一定比例资金用于农业产业化经营和农村基础设施建设贷款,遏制农村资金外流现象;通过提供财政贴息、补助和贷款担保等方式,支持农村信用社小额农户贷款拓范围上规模;鼓励农业发展银行等政策性金融机构对基础设施建设和农业结构调整项目信贷投入制定更优惠政策,扩大信贷额度,带动各金融机构的信贷资金流向农村市场;应准许农民用土地、房屋等资产做抵押在银行获得贷款;允许有条件的农业合作社或农户开办小额贷款公司,为农户融资开辟新途径。

(二) 充分发挥村镇银行在农村金融发展中的作用

自中国银监会 2007 年 1 月发布《村镇银行管理暂行规定》至 2011 年 6 月末,陕西省共有 7 家村镇银行,设立营业网点 9 个,其中乡镇以下网点 2 个,资产总额 8.89 亿元,负债总额 7.38 亿元,存款 4.73 亿元,贷款 2.92 亿元,其中"三农"贷款余额 2.08 亿元。与全国相比,陕西省村镇银行无论在规模上,还是盈利能力方面都明显落后,规模小,吸收存款难度大,盈利水平低,未实现商业化可持续发展。至 2011 年 6 月末,陕西省仅有一家村镇银行实现盈利,两家处于盈亏平衡,其余四家都处于亏损。[①] 为此笔者建议陕西省应当重视并鼓励村镇银行的设立与发展,建议地方财政应该设立相应的奖励、补贴、税收优惠等政策,鼓励村镇银行进行产品创新,并对风险较大的种植业和养殖业贷款,建立健全支持村镇银行发展的保险性政策,引导各类资本到农村创业,实现资源的有效利用,缩小地区经济差距,加快新农村建设。

(三) 发展乡村民间金融,拓宽农民融资渠道

有调研结果表明,农村金融资源总体配置效率较低,农村金融市场促进经济增长的功能没有得到有效发挥。[②] 乡村民间金融作为一种非正规金融,是农村经济发展的直接产物,在农村有着特殊的地位和作用:缓解了农村资金供求矛盾,改善了农村社会信用环境,提高了农村金融资源的配置效率。但是这种非正规金融也存在极大的风险,因此,笔者建议放松对

[①] 王敏:《欠发达地区村镇银行发展状况调查——以陕西省为例》,《西部金融》2011 年第 11 期,第 69—70 页。

[②] 王桂堂:《中部传统农区金融压抑与农村金融制度建设研究》,中国金融出版社 2012 年版,第 55—59 页。

农村非正规金融的管制,将其纳入良性发展轨道,为促进陕西省农村金融资源配置效率的提高做出贡献。加强对民间金融的监管,对于有益经济发展的部分,给予政策引导,对于可能产生消极后果的部分,实施必要的监管,使民间金融在法律的框架内健康发展,填补正规金融未触及的领域。

(四)鼓励社会主体的投资

政府可通过财政补贴方式对投资农村的社会主体给予优惠和激励。

七 加快构建陕西农民风险防范制度

农业保险被称为农民进行农业生产的稳定器,是政府保护农业、稳定农村经济、确保国家粮食安全、扶持农民的一个重要工具。[①] 从风险保障能力来看,我国农业保险在实现基本覆盖农林牧渔各主要农业产业的同时,在农业产业链前后都有了新的延伸:从生产领域的自然灾害、疫病风险等逐步向流通领域的市场风险、农产品质量风险等延伸。2012年共计向2818万农户支付赔款148.2亿元,在一些保险覆盖面高的地区,农业保险赔款已成为灾后恢复生产的重要资金来源。[②] 农业保险在保障农业生产顺利进行、促进农民增收和改善农村金融环境等方面发挥着积极作用。陕西省地理位置特殊,陕北地区位于黄土高原,气候干旱,降水量少,水土流失严重,地表沟壑纵横,农业生产受到限制;而陕南地区地处秦岭腹地,种植业生产也因地形地貌受到限制,秦岭作为天然屏障保护着这一地区人民的同时也阻碍交通和通信的发展;关中地区虽然气候适宜、沃野千里,但是受传统耕种方式影响,农业经营比较粗放、分散,部分地区缺乏交通和通信设施,市场价格和交易量调整之间具有严重的滞后性。因此,陕西省农业生产受自然灾害和市场波动影响大,自然风险与经济风险相互交织,加之陕西农民收入较低,农民生活因疾病、伤残、死亡或其他原因面临极大不确定性。因此,建立并完善政策性农业保险制度,对稳定陕西省农业生产、增加农民收入至关重要。

之所以陕西省农民抗风险能力难以有突破性提升,是因为目前的各种惠农政策如新农合、新农保、商业保险各自为政,缺乏协调,如果没有系

[①] 王桂堂:《中部传统农区金融压抑与农村金融制度建设研究》,中国金融出版社2012年版,第199页。

[②] 中国人民银行农村金融服务研究小组:《中国农村金融服务报告2012》,中国金融出版社2013年3月版,第12—13页。

统性、制度性保障,单靠一家一户抵御自然灾害、疾病、意外伤残等风险,事实上都无法真正使农民获得抗风险能力。鉴于此,笔者提出以下建议。

(一)建立陕西独具特色的政策性保险制度

农业政策性保险是指在政府政策的直接扶持下,对种植业、养殖业在生产过程中遭受到自然灾害或意外事故所造成的经济损失提供经济补偿的一种制度安排,是一种向"三农"提供准公共保险产品的保险制度,其所覆盖的范围是市场机制无法调节的"死角",在市场失灵的条件下进行政府干预。[1] 我国农业保险发展缓慢,农业保险具有高风险与高赔付率并存的特征,由于商业保险公司要控制风险,其逐渐退出农业政策性保险领域是符合其市场行为选择的。由于保费设计偏高、农民对农业保险认识不足等原因,陕西农民购买农业保险者寥寥,使农民缺少运用现代金融手段转移风险的机会。为提高陕西农民的抗风险能力,保障农民生产生活的平稳运行,在推进农业现代化建设的同时,有必要建立由各级财政替农民负担大部分保费、由保险公司(或在陕西省试点农业保险公司)承保、由出险农民受益的一套政策性保险制度。为保障保险资金有可靠来源,建议陕西省政府建立农业保险费专项基金,专款专用缴纳农业保险费。为保障农民粮、棉、油、菜、果等经营安全,可由政府替农民缴纳大部分保险费,将保险产品的价格维持在较低水平,使农民能够负担得起。万一价格波动过于剧烈或遭受自然灾害,则由保险公司赔付。在政策性保险制度保护下,即便陕西省农户遭遇自然灾害或农产品价格暴跌,也能平稳度灾,不致因灾致穷、因灾返贫。

(二)鼓励保险公司在政策性保险范围外为农民提供商业保险业务

鼓励保险公司在基本政策性保险范围外为农民提供低保费、手续简单的商业保险业务,扩大农民投保面,通过风险损失的分担机制,增强陕西省农民生产经营的稳定性。

八 有选择、有调控地实施农业适度规模经营

本书第五章对陕西农民经营性收入的成本—收益比较中发现,陕西农

---

[1] 王桂堂:《中部传统农区金融压抑与农村金融制度建设研究》,中国金融出版社2012年版,第206—212页。

民一家一户分散经营土地年收益仅为每亩 58 元，但以公司化运作模式农民每亩土地折合成 1 股得到的年收益高达 408 元，是分散经营收益 7 倍还强，规模经营效应显而易见。随着城镇化推进及农业劳动力的流出，陕西农村人均土地实际使用面积将有所增加，为农村实施适度规模经营和农场化提供了有利条件。建议陕西省率先在有条件的地区布点试验，改革理论上讲不通且在实践中已经漏洞百出的农村土地制度，促进农村适度规模经营，为增加陕西农民经营性收入提供制度保障。

第三节　土地、住宅财产权变革与农民财产性收入增加

目前陕西省农民财产性收入在总收入中虽只占很小部分，但增长潜力极大。有效提高农民财产性收入，能为陕西省徘徊不前的农民收入增长开辟一个新突破口。陕西省农民财产性收入主要集中于金融理财、房产收益及土地经营承包权转让等方面，因此，构建现代财产权制度，保障农民的土地所有权、房屋所有权已成当务之急。

一　改革土地制度，完善土地市场

威廉·配第认为"土地是财富之母，劳动是财富之父"[1]，土地是农民重要的生产资料，劳动作用于土地才有农业收益，因此，土地制度完善与否与农民收入息息相关。从世界范围看，各国农业均建立于土地私有化基础上，虽然，世界上还存在着基布兹等少数集体所有制农业生产模式，但却是特例，且因激励不足而日益衰落。不管从维护国家粮食安全、解决农二代漂泊于城市边缘的伪城市化现象，还是从维护社会稳定、提高农业生产效率考察，土地产权的明晰化都势在必行。[2] 本书第四章第一节和第五章第三节所揭示的现行土地承包制和土地经营权流转政策暴露的种种矛盾，也要求对现行土地制度的变革。根据帕累托改进原则，理想的有效率的政策改革应该是提高一部分人的福利水平的同时，不改变其他人的福利水平，可见，帕累托改善是社会福利提高的充分条件。但在现实社会经济

---

[1]　[英] 威廉·配第：《赋税论》，商务印书馆 1978 年版，第 66 页。
[2]　王文龙：《粮食危机、伪城市化与地权瓶颈》，《河北经贸大学学报》2011 年第 5 期，第 24—28 页。

运行中，改革是利益的重新分配，任何一项改革都会因损害利益既得者，无法实现经济上的有效率。福利经济学家卡尔多用补偿原理对此问题进行解决，他认为，如果某项政策变革，使一部分人受损，另一部分人受益，如果受益者可以弥补受损者的损失并且有剩余，那么该项政策改革就值得进行。[①] 我国土地制度改革只要能达到"得者的所得大于失者的所失"，即农民群体所得大于国家和集体所失，这项改革在经济上、政治上就是有效率的。土地市场是实现农村资源优化配置的有效途径，因此，在明确土地产权的基础上应当界定合理的政府干预力度，避免政府的"寻租"行为，提高土地资源市场化配置程度。

（一）建议在陕西实施界定农村土地所有权试点，还地权于农民

土地所有权，指土地所有者在法律规定的范围内可以对其所拥有的土地进行占有、使用、收益、处分，并排除他人干涉的权利。目前我国土地所有权的界定并不清晰，这严重制约着农民财产性收入的增加，尽快修改与保护农民土地权益相冲突的《土地管理法》，让农民享有土地非农化进程中的土地所有权、使用权、收益权和转让权。政府部门要给农民颁发有物权含义的土地所有权证，并进行农民土地登记、土地流转的信息登记。

有学者提出改"承包制"为"永包制"，给农民颁发"土地永久使用权证书"，赋予农民永久的土地使用权即"永佃权"。[②] 但这一思路，所界定给农民的地权仍是使用权，仍非终极所有权，而且在制度层面留有政府及其他力量未来侵害农民土地权益的可能性，所以仍是残缺不全的改良思路。能一劳永逸提高土地效率的土地制度改革方案，就是将土地所有权界定于农民。取得土地所有权，有利于农民自主决策转让或不转让土地；即便转让，由于是所有权永久转让，价值会大幅增加，有利于农民增收；在土地交易谈判中，农民与买主之间有机会展开真正对等的谈判，真正的土地市场自然就建立起来，集体或基层政府再无借口利用公权力剥夺农民利益，有利于保护相对弱势的每一个体利益；产权清晰有利于提高土地效率，有利于实现粮食安全和陕西社会稳定。如果说界定所有权本身会发生一些费用，主要是土地规则制定成本、执行成本、土地量化分配成本以及给农民颁发土地所有权证的少量费用，所以，如果做成本—收益分析，明

[①] 王桂胜：《福利经济学》，中国劳动社会保障出版社2006年版，第38页。
[②] 杨海钦：《中国特色农业现代化与土地经营制度创新》，《农业经济》2010年第1期，第65—67页。

确农民土地所有权所产生的宏观微观收益将远远大于宏观微观成本。

（二）改革现行农地征用政策

由于征地的强制性和补偿的不公平，相当一部分失地农民生活、就业困难，引发社会问题。国外发达国家土地征收的实践表明，明晰的土地产权、土地征收或征用的公共利益目的、市场定价的征地标准和较为宽泛的补偿范围，体现公平、公正、公开的征地程序以及完善的申诉程序，是征地制度得以成功的关键。[1] 为此笔者建议：

第一，在农地征用时，首先要尊重农民的土地财产权利，这是征地制度改革的首要前提。在征地过程中应当协调好政府与农民的利益关系，对政府的公权力进行必要的限制，避免政府"寻租"行为。有学者认为，征地拆迁的矛盾主要是农民土地和城市建设用地之间的矛盾，任何单位和个人进行建设，需要使用土地的必须依法使用国有土地，农村土地转变为城市建设用地，首先要通过政府征收转变为国有土地，一些地方以农村土地属于集体所有为名，不与农民协商、沟通，就强行征收农民的承包地，损害农民的合法权益。[2] 因此，在农地征用过程中应限制村集体的土地出让权和收益享有权利，由土地受让方与农民直接谈判或交易。只要解决了农民对土地的所有权归属问题，农民个体权利自然得以彰显。现行土地制度，易导致基层村镇干部拿集体土地做交易，中饱私囊，而每一位集体成员几乎无能为力。若认为村集体组织为提供集体成员公共服务确需一定开支，为筹集相应资金来源，可立法界定将不超过土地价值的较小比例（如5%）用于集体提留。这种按比例提留政策，将集体收入和作为土地所有者的农户利益捆绑起来，有利于村镇干部和农民一道与土地受让方讨价还价，土地价值最大化目标有机会得以实现。只有弱化村集体的权力才能突出农民对土地的产权，也才能保证农民利益。

第二，土地征用前必须对土地进行价值评估和公证，以保证处于相对弱势的农民土地价值不被低估；在对农地进行评估时可以借鉴发达国家农地价值核算体系，不能忽视农地资源非市场价值的核算，不仅要评估土地的生产性收益，也要评估土地的非生产性收益，不仅要考虑土地资源的经

---

[1] 曲福田等：《中国工业化、城镇化进程中的农村土地问题研究》，经济科学出版社2010年版，第247页。

[2] 白田田：《土地变革调查：低成本扩张的城市化模式难以持续》，《经济参考报》2012年9月17日。

济产出价值，而且要评估土地资源总价值。土地征用时必须征得农民的确认。在农地的商业性占用中，应依法律形式规定，农民有权不转让，有权在评估价值以上索要自己认为的合理价格。

第三，提升补偿标准，扩大补偿范围。土地价值全面评估完毕交由公证处进行公证后，可交由政府和被征地农民之外的第三方中介机构确定土地补偿标准。补偿标准应该等于或高于土地总价值。由于土地对于农民不仅是农业生产资料，更是一种生存保障资料，因此在对征地农民进行补偿时，应该扩大补偿范围，有学者研究表明，合理的补偿范围应该包括：一是土地权利损失补偿，包括土地所有权损失、土地使用权损失；二是营业损失补偿，即在被征土地上进行经营活动的投资补偿；三是附着物损失补偿，包括青苗补偿、房屋补偿；四是重新安置补偿，包括迁移费、安家费、置业费；五是社会保障补偿，农民失去了土地这一生存保障资料，补偿主体应为失地农民缴纳足够的社会保障费用，以保障其失地后的基本生活。[1]

第四，健全征地制度。陕西省现行的残缺的土地征用制度，一方面损害失地农民的合法权益，另一方面不利于征地的正常进行，常常引起纠纷，破坏社会稳定。健全的征地制度应该包括以下内容：土地征用必须事前公告，必须征得农民的确认；补偿主体与被征地农民双方平等协商征地补偿安置办法，充分保障农民的知情权和参与权；补偿款必须及时足额发放，且发放过程要公开、公平、公正，必须对补偿款进行有效的监管；建立土地纠纷仲裁机构，完善农民申诉渠道，对于农民维权应提供司法援助；妥善安置失地农民，保障其基本生活不因失地而受影响；加快征地立法进程，以法律条款的形式规范各行为主体的行为。

（三）建立土地流转机构，健全土地流转机制

陕西各地都存在农地闲置现象。为此，建立公开化的土地流转机构实现土地市场化交易，十分必要。其一，通过租赁、转包、出让等形式实现土地的自愿有偿转让，农民可获得租金、转包费或土地出让款，取得属于农民自己的财产性收益；其二，公开化、较普遍的交易将促使土地价格市场化、均衡化，公道合理的价格会致交易双方都满意。土地流转机构的专

---

[1] 曲福田等：《中国工业化、城镇化进程中的农村土地问题研究》，经济科学出版社2010年版，第247—249页。

业化服务,能为流转双方尤其是处于信息弱势的一方提供信息沟通、法规咨询、价格评估、合同签订、纠纷调处等服务,最大限度减少流转双方的收集信息成本、谈判成本、签订合同成本、执行成本、监督成本,以及出现争议时的维权成本等。因此,健全的流转机制不仅应在政府规范引导前提下引入市场机制,包括供求机制、竞争机制以及价格机制等方面,同时要加快立法,为农村土地流转提供法律保障,还要培育和引导农村中介组织,明确农村土地中介组织的职能,并规范其行为。流转机构的设立和流转机制的健全,将在一定程度上解决自愿流转不规范引争议、非法流转不受法律保护、村集体行政干预强行流转等造成的土地纠纷问题。①

（四）促进农业经营模式从分散化家庭经营向集约化公司经营方向演进

陕西省现行的以家庭为基本单位的分散化、小规模经营模式,经营成本高,农民收益有限。在产权明晰之后,农民可选择以土地入股、出让土地所有权、出包或出租土地等方式,将土地交付专业化农业公司运营。正如本书第五章第二节对陕西农村家庭小规模土地经营和公司化运营的比较所得出的结论,公司化、规模化、集约化土地运营比分散化经营将令陕西农民收益大大提高。这一政策主张,不同于有学者提出的在坚持土地国家（集体）所有制前提下,农业投资主体采取承包、租赁、转让、买断等方式获取具有一定规模的农地经营使用权,雇工经营、企业化管理、集约化经营的所谓"农庄经营模式"的主张。② 仅仅变革经营权而不涉及所有权的方案,也许容易推进,尤其受基层乡村干部青睐,但由于不能切实保障每一农民个体利益,仍是不彻底的残缺不全的产权改革思路,最终会像我国曾实践过的"人民公社"制度一样惨遭失败。

二 完善农村宅基地制度,促进农民住房商品化

（一）改革宅基地制度

我国农村建设用地有 1.9 亿亩,大于全国大城市、中等城市、小城市

---

① 陈丹、陈柳钦:《新时期农村土地纠纷的类型、根源及其治理》,《河北经贸大学学报》2011 年第 11 期,第 71—78 页。

② 杨海钦:《中国特色农业现代化与土地经营制度创新》,《农业经济》2010 年第 1 期,第 65—67 页。

和城镇面积的总和,这其中75%是农民的宅基地。[1] 耕地资源自身的稀缺性与人类日益增长的粮食需求是我国目前经济发展阶段的矛盾之一,如果将用于宅基地建设的优质土地转化为农耕地,对于缓解我国耕地紧张的国情,意义不言而喻。陕西省一定要抓住社会主义新农村建设契机,谨慎推动农村城镇化和宅基地市场化,可考虑在有条件地区,逐步实现乡村人口集中于城镇居住,整合农村宅基地资源,腾出更多宅基地用于农耕地,促进农民增加经营性收入;提高土地集约利用水平,彰显宅基地的资产功能,促进农民财产性收入增加。目前各地探索并形成了宅基地流转和置换的多种模式:宅基地自营模式、土地股份合作模式、"两股一改"模式、"双置换"模式、异地置换建设用地指标模式等。[2] 重庆市九龙坡区实施宅基地换城镇住房已取得很好的效果。[3] 重庆模式比较多样,其中宅基地自营模式更符合农民的个体流转需求,能实现真正意义上的农村宅基地自由流转。建议陕西省根据不同地域的经济发展水平、资源禀赋、农民实际需求、土地市场培育状况,尽快摸索出适合陕西各地的宅基地流转模式。

(二)培育规范的农村房屋产权流转市场

在农村宅基地流转过程中,首先要明确产权主体,通过立法,使农民宅基地的所有权归农民个人所有有明确的法制保障,改变目前所有权归集体、农民仅有使用权的现状,赋予宅基地及住房完全的产权功能;不再限制外来人口在本地交易宅基地,赋予宅基地完全的市场属性,使农民宅基地价值由市场供求决定,不被人为限制而造成价值低估。明确界定农村房屋产权的取得、内容和转让,赋予农村住房产权应有的内涵;对农村住房进行产权登记,并核发土地及房屋所有权凭证,建立陕西省农村宅基地数据库与城镇住房登记一体化;建立宅基地价格评估体系,出台有关政策,培育规范的农村住房交易市场,统一城乡住房交易政策,规范交易行为,鼓励农民自愿、有偿流转住房,所得财产性收入归农民;土地、房产等政府职能部门,其主要职责是土地规划、利用、整治政策的制定和监督执

---

[1] 刘文纪:《中国农民就地城市化研究》,中国经济出版社2010年版,第287页。

[2] 曲福田等:《中国工业化、城镇化进程中的农村土地问题研究》,经济科学出版社2010年版,第409页。

[3] 参见《住房换宅基地,社保换承包地》,《经济参考报》2007年7月20日第4版。

行①，只为农民所有者提供交易规则和服务，不作为交易主体参与农村房地产交易。允许农村产权流转担保公司担保进行抵押融资，实现农村宅基地及房屋资本化。

三　推进农村金融机构的混业经营

陕西农村金融服务体系落后，可供利用的现代金融工具匮乏。增加农民财产性收入，有必要延伸金融机构和金融市场服务领域，让农村居民有机会拥有更多金融工具。提倡在农村较发达集镇建立基金管理公司，专为农民理财，使农村居民能享受到与城市居民相同或类似的金融服务。鉴于混业经营在降低经营风险、形成规模经济和范围经济等方面的作用②，建议在陕西开展农业银行和农村信用合作社在农村市场开展混业型理财业务试点，同时简化交易程序，方便农民参与储蓄、信贷、证券交易、基金投资、保险投资等金融活动，为促进陕西农民增加财产性收入创造良好的市场环境。

第四节　进一步增加陕西农民转移性收入

一　转移性收入对农民的作用评价

农业作为国民经济的基础性产业部门，无论从占有的资源还是经营方式看均处于弱势地位，农民作为农业生产的主力军势必也处于弱势地位，是社会的低收入者。福利经济学认为，由于货币的边际效用是递减的，高收入者的货币边际效用必然低于低收入者的货币边际效用，因此收入分配越公平，贫富差距越小，社会整体福利水平越高。③"十二五"规划以国家战略形式，要求加快健全以税收、社会保障、转移支付为主要手段的再分配调节机制，调整财政支出机构，提高公共服务支出比重，加大社会保障投入，较大幅度提高居民转移性收入。④近些年，我国采取多种措施增

---

① 周璐红、马卫鹏、王晓峰、孔小藤：《江苏省农民财产性收入研究》，《安徽农业科学》2011年第21期，第13151—13152、13155页。
② 王军霞：《我国金融业分业经营与混业经营的选择》，《时代金融》2012年第5期（下旬刊），第134页。
③ 任保平、宋宇：《微观经济学》，科学出版社2009年版，第262页。
④ 参见《中华人民共和国国民经济和社会发展第十二个五年规划纲要》第八篇第三十二章第三节。

加农民收入、缩小城乡收入差距,工业反哺农业,国家对农业的投入力度增加,尤其是取消农业税后,中央和省级财政向地方提供大量的财政转移支付,对农民进行各项补贴,并实施了众多稳农、扶农、强农、惠农、富农政策。笔者及调研组对陕西省农民转移性政策社会合意性调查结果表明,77%的受访农民对粮食补贴政策满意,76%的受访农民对家电下乡政策满意,48%的受访农民对农机具补贴政策满意,37.7%的受访农民对农村低保政策满意。[①]

二 创新政府转移方式,加大转移力度,增加农民转移性收入

(一)整合补贴项目,有针对性进行补贴

目前农业补贴中粮食类补贴项目多、分类细、资金分散,需有效整合,以减少工作量并降低成本,而且对粮食类补贴资金集中发放,补贴效用更简洁直观。陕西省大部分地区粮食生产为一年两季,良种补贴也已覆盖全省。由于良种补贴的统计口径与粮食补贴相同,为此,建议将良种补贴与粮食补贴合并,统称作粮食种植补贴,以当年播种面积为准,全年一次发放。

为提高粮食直补对农民粮食生产激励的有效性,粮食直补应更有针对性。现有的粮食补贴实质上是补给具有土地经营权凭证的农户,一方面土地闲置也可获得补贴,另一方面经营权流转后的实际种地者得不到补助。以上两个原因削弱了粮食直补对农民种植农作物的激励效果。建议以播种面积为准,并界定应由实际种植粮食者享受补贴。

转移支付政策在陕南应有区别对待。笔者及调研组在陕南的调研发现外出务工、种植非粮食经济作物是陕南地区农民的主要收入来源。为此,对陕南的转移支付,不再以粮食直补方式出现,建议:①大幅增加陕南各县劳动力技能培训的财政补贴额度,并定性定量考核投入产出效率。补贴资金可用于培训前期农民务工职业意愿调查、培训期间增加培训深度和强度、培训后给予农民就业指导并对就业情况跟踪反馈等。②非粮食作物种植往往是陕南山区农民收入的依靠,各县可根据自身情况,确定应给予补贴的品名,由财政部门审定后每年划拨一次专项补贴资金解决。

(二)大幅提高粮食补贴标准,并建立补贴与农资价格上涨联动机制

粮食补贴虽一定程度调动了农民种粮积极性,但由于现行土地政策导

---

① 参见附录3。

致的土地碎块化不利于规模种植和农业生产资料成本的日渐上涨，农民粮食种植收益愈来愈低，现有补贴不足以激励农民种植粮食。如第四章第二节之计算，目前陕西农民每亩粮食种植可获得综合粮食直补、良种补贴和农资补贴资金共计61元（小麦、玉米）或66元（水稻）的补贴。根据国家发改委农产品成本收益调查，玉米、稻谷和小麦三种粮食每亩平均成本为：2007年为481.06元，2008年为562.42元，年增长率高达16.91%。[①] 以该增长率测算，2011年每亩粮食平均种植成本为898.71元，与第五章第二节测算出的陕西蒲城县农民种植一亩小麦和玉米成本870元和880元十分接近。与居高不下的粮食种植成本相比，补贴款仅能弥补种植成本的7%—8%。若考虑到农资价格进一步攀升种植成本继续增大，农民种地收益就会出现亏损。因此，基于陕西粮食安全和稳定农民生产生活考虑，大幅增加种粮补贴，并建立补贴与农资价格上涨幅度联动机制，以补贴激励、促进陕西农民的粮食种植实为必要。

（三）建立财政支农补贴资金公示制度

建议各级财政部门定期公示财政支农惠农资金的数额、用途及其明细，既让纳税人心中有数，也让受惠农民心服口服。财政支农惠农补贴公示制度的建立，可确保补贴资金在筹措、投放、管理各环节做到公平、公正、公开。补贴资金的透明化管理，"暗箱"操作的杜绝，有利于强化行政监督，有利于提升各级政府部门廉政为民形象，也将为其他领域财务公开管理提供有益经验。

第五节 政府在确保农民保障性收入方面大有可为

陕西经济发展相对滞后，社会保障体系还很不完善，农民生活质量尚待提高。市场交易无法确保每一位陕西农民过上老有所养、病有所医、残有所依的最基本、较体面的生活，按照经济学理论，"市场失灵"了。市场失灵情况下，才需要政府干预。为此，政府可动用纳税人缴纳的款项，扶弱济贫，给最贫弱的群体提供基本生存和生活保障。

---

① 《2008年三种粮食平均成本收益情况》，全国成本调查网（http://www.npcs.gov.cn/web/NewsInfo.asp?NewsId=912）。

一 保障农民基本生存生活条件是政府应尽职责

现存的城乡二元经济结构,使陕西省社会保障体系也呈现出二元性,城镇社会保障体系基本覆盖了所有城镇居民,而农村社会保障体系只保障了部分农民。城镇与农村社会保障体系在受重视程度、保障水平及资金投入等方面还存在较大差距,农村社会保障远远落后于城市。

由于我国对基层干部的考核,主要以经济发展、财政投入、招商引资等经济指标作为考核指标,未将农村社会保障工作纳入考核范围,例如社会救济、社会福利等方面的预算资金与经常性支出交叉在一起,养老保险基金与失业保险基金也仅是列收列支。再加上统筹层次低,基金管理权掌握在地方政府手中,中央很难调控,从而社会保险基金收支总量不清楚,不利于社会监督、上级监督和政府对自身工作评估。当社会保险基金收支有结余时,一些地方政府往往擅自挪用,用于当地基本建设项目,或搞房地产甚至炒股,社保基金呆账、坏账风险极大。当支付出现缺口时,往往依靠上级乃至中央的补助解决。

因此,地方政府忽视农村社会保障工作成为必然。要解决农村社会保障的财政投入偏少问题,首先要求各级政府转变观念,不能只重视城市社保轻视农村社保,将让每一位农民能过上较体面生活作为执政目标,将改善农民基本生存生活条件作为各级政府官员尤其是基层政府官员的考核指标,以制度化推进陕西农民保障性收入有较大提高。

二 建议将政府保障性支出纳入预算依法管理

"凡事预则立,不预则废。"预算管理是现代经济社会事务管理的重要工具。政府预算的一个重要特征是可靠性,一是指收支数据必须可靠准确;二是指各种收支的性质必须明确区分,不能掺杂混同。[1] 如不能有效区分,或细化程度不够,那么在执行过程中就有可能出于某种利益目的而出现"相机抉择"的支出分配,左右原本预算中的科目结构,使政策效应大打折扣。依据《"十二五"规划纲要》,"十二五"时期我国政府预算改革要实行全口径预算管理,完善公共财政预算,细化政府性基金预算,在完善社会保险基金预算基础上研究编制社会保障预算,建立健全有

---

[1] 高培勇:《我们期待一部怎样的预算法》,《经济月刊》2004年第5期,第55页。

效衔接的政府预算体系。① 虽然我国目前各项社会保障资金都纳入了政府预算，但社会保障支出却分散于不同的预算科目中，并未实行单独的预算管理。将社会保障支出纳入社会保障预算，确保资金专款专用，是世界各国通行的做法。长期以来，中央及各级地方财政一直偏向于城镇社会保障，农村社会保障发展相对缓慢。

建议将保障性收入从转移性收入统计口径中分离出来，统计部门对其单独统计反映，与之对应，各级财政部门应就保障性支出（其中应单独反映农村保障性支出）单独预算、单独列支。鉴于农村社会保障预算公示的主要对象是农民，受知识水平等的限制，农民不一定能看懂政府公示的预算，为此，政府部门尤其是基层政府应组建预算讲解小分队，深入农户当中进行讲解，保证农民知情权、监督权、审议权等各项权利的真正行使。在具体预算编制上，社会保障基金预算应单独编制预算，不与其他科目有所关联。将农村社会保障支出纳入政府预算和统计口径依法管理，意义重大：①可确保农村社会保障制度顺利实施，保证被纳入保障范围的农民得到必要保障；②可彰显政府执政为民的信心与决心；③可确保对弱势群体接济从过年过节象征性送米面油的"形象工程"，转变为制度化、常态化的能让每一位困苦农民无一遗漏被接济的"普济工程"；④可促进政府部门及全社会对弱势群体的进一步关注和保障，促进"哑铃状"或"倒金字塔形"社会结构逐步向"橄榄状"结构转变。②

三 大幅提高陕西省社会保障金支付标准

就目前看，养老金、农村最低保障金及农村合作医疗保障资金构成陕西农民社会保障的三大资金支柱。

（一）关于养老金给付标准的确定

笔者建议，一要大幅提高基础养老金给付标准，同时考虑经济增长率和物价指数确定年递增率。

---

① 参见《中华人民共和国国民经济和社会发展第十二个五年规划纲要》第十一篇第四十七章第二节。

② 完美的社会结构应为一个两头小、中间大的橄榄状结构，即无产者和极富有人群均占少数、中产阶级为主流比较稳定的社会结构。我国目前社会结构被认为是无产阶层最多、中产阶层较少，富人群体极少的"倒金字塔形"社会结构，也有人认为是无产群体难以消减、中产阶层难以成社会主流、富人群体日益增多的"哑铃状"社会结构。

1. 关于基础养老金基数的确定

2010年陕西省农村居民家庭人均生活消费支出为3793.8元[1]，若以此为依据，被赡养的老人每年也按能领取3793.8元养老金，每月可领取约320元。按目前的物价状况，每月320元生活费大致可使养老农民过上最基本的生活。按陕西领取养老金人数109万人测算，一年支出为41.856亿元。2010年，全省销售收入过百亿元的企业达到16户，仅延长石油集团一家就达800亿元以上，陕西煤化集团和陕西有色集团分别突破300亿元，完成财政总收入1389.5亿元。[2] 按41.856亿元的标准计算，对农民养老的支出仅仅占了2010年陕西财政收入的3%，仅相当于花掉5%延长集团或不足14%陕西煤化集团和陕西有色集团的年收入。随着陕西省经济高速发展，这一比例还会有所下降，除中央财政支付的每月55元基础养老金外，陕西财政有能力负担其余部分。相信这样的民生预算被人代会通过也很容易。

2. 关于养老金年递增率的确定

除要求提高农村养老金标准，考虑到物价逐年上涨和城乡居民收入不断增加、财政收入更大幅度增加的现实，由我们赡养的老人的生活水平理应成正比增长。假定未来陕西农村居民消费价格年增长率延续过去10年的历史趋势，保持3.1%的年增长率[3]，不考虑其他因素，要保障老人维持以前的生活水准，年养老金最低增长率应为3.1%；考虑陕西省GDP 10%的年增长率，若要求农村老人养老金随经济增长同比例增长，则陕西省养老金年增长率应再附加10%。综合考虑物价和经济增长因素，陕西养老金年增长率应在3.1%—13.1%，取平均值为8.1%。这一增长率远低于"十一五"期间陕西全省财政总收入年均增长率27.76%的水平，也低于"十二五"期间全省财政总收入年均增长17%和全省财政支出年均增长18%的财政发展目标[4]，完全在财政可负担范围内。

---

[1] 《陕西统计年鉴》，2011年，第10—19页。

[2] 袁纯清：《陕西省2010年政府工作报告》，人民网（http://unn.people.com.cn/GB/14748/10935384.html）。

[3] 数据由2001—2010年农村居民消费价格指数分析得出，《陕西统计年鉴2002—2011》，中国统计出版社。

[4] 陕西省财政厅：《关于陕西省2010年财政预算执行情况和2011年财政预算草案的报告（摘要）》，财政部网站（http://www.mof.gov.cn/zhuantihuigu/2011yusuan/shengshiyusuan11/201103/t20110306_476057.html）。

(二) 提高低保金标准，实现应扶尽扶、应保尽保，瞄准穷人、重点扶持[①]

陕西省政府决定从2012年10月1日起，提高全省城乡低保保障标准和农村五保供养标准，其中农村低保最低限定标准提高到2020元/人·年；农村五保集中供养最低限定标准提高到5200元/人·年（其中，现金不低于5000元/人·年），分散供养最低限定标准提高到4700元/人·年（其中，现金不低于4500元/人·年）。[②] 鉴于上述划分过粗，且无制度化递增安排，笔者建议将低保对象区分成如下四类，实施差异化保障政策。

1. 对农村五保供养最低限定标准与递增率的确定

考虑到农村五保供养保障对象多为孤寡老人生存生活更为困难的现实，理应比农村养老金给付标准高些。目前确定的集中供养5200元/人·年和分散供养4700元/人·年的最低供养标准，已超过陕西农村居民人均消费支出，表明陕西省在供养弱势人群方面的确愿意付出财力，值得肯定。但考虑到经济增长和物价上涨因素，按每年8.1%的递增率，实有必要。

2. 对因病残、丧失劳动能力且未年满60岁的生活常年困难农村居民低保标准的确定

对因病残、丧失劳动能力且未年满60岁的生活常年困难的陕西省农村居民，将低保支付标准由现行每人每年2020元，月人均补助168元，一次提高到相当于同期农民人均消费水平每人每年3793.8元，每月320元，同时按8.1%年增长率递增。

3. 对年老体弱、年满60岁但未参加城乡居民养老保险者的低保标准的确定

对年老体弱、年满60岁但未参加新型农村养老保险者，继续执行现行低保标准，即每人每年2020元，月人均补助168元，同时亦按8.1%年增长率递增。

[①] "应扶尽扶、应保尽保，瞄准穷人、重点扶持"是《陕西省农村最低生活保障制度和扶贫开发政策有效衔接试点工作实施方案》确立的五个基本原则中的两个。见中央政府门户网站，陕西省人民政府网（http://www.shaanxi.gov.cn/0/1/1065/1114/1197/89757.htm）。

[②] 省民政厅：《我省提高全省城乡低保保障标准和农村五保供养标准并实行电价补贴》，中央政府门户网站，陕西省人民政府（http://www.shaanxi.gov.cn/0/1/9/41/131209.htm）。

4. 对因生存条件恶劣而常年贫困未年满 60 岁有劳动能力的农村居民低保标准的确定

对因生存条件恶劣而常年贫困的未年满 60 岁有劳动能力的农村居民，可暂按现标准执行，即每人每年 2020 元，月人均补助 168 元，不执行递增机制；同时限定保障期限（如 2 年），尽可能于保障期限内改善其生存条件，帮助其寻找就业机会，鼓励其通过自身劳动摆脱贫困。若保障期限内仍无收入来源，可给予 0.5—1 年的宽限期，宽限期满后不再提供任何保障。

建议尽可能将已经识别的 530 万低收入人口的未被纳入农村低保或五保的另外 303 万农村贫困人口，亦依上述标准纳入保障范围，实现应扶尽扶、应保尽保。

（三）政府较高补助数额和比例，对引导农民持续参合意义重大

据陕西统计年鉴，陕西省在医疗卫生方面的支出逐年增加，如图 6—2 所示，由 2007 年的 49.91 亿元增加到 2012 年的 222.3 亿元，五年几何平均增长率高达 34.8%。陕西省 2009 年农民医疗费支出人均为 255 元。若依陕西医疗卫生支出平均增长率 34.8%估计，2010 年农民医疗费用支出人均应为 343.7 元，2011 年会进一步增加至 463.4 元，2012 年 624.6 元，2013 年会提高至 842 元。

	2007	2008	2009	2010	2011	2012
陕西省医疗卫生支出	49.91	78.39	125.83	156.66	197.61	222.3

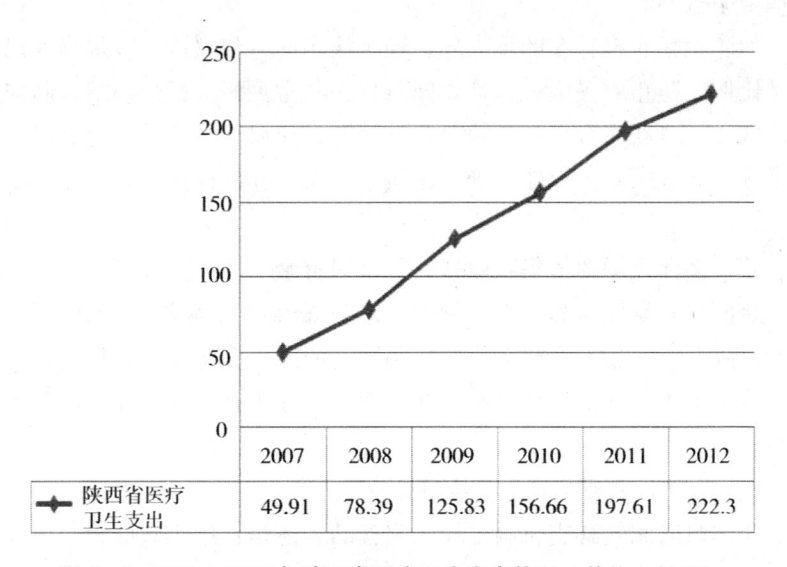

图 6—2 2007—2012 年陕西省医疗卫生支出状况（单位：亿元）

资料来源：2007—2011 年数据据国家统计局《陕西统计年鉴》（2008、2009、2010、2011、2012）绘制，中国统计出版社。2012 年数据来自《中国统计年鉴》2013 年版（电子版）。

有研究认为合作医疗基金的筹资水平达到"农民人均医疗支出的50%为宜"①。以此为依据计算，2010—2013年每人每年筹集医疗保障资金分别为170元、230元、310元和420元才基本能抵御医疗风险。2010年陕西新农合筹资标准150元，各级财政补助120元，政府负担率80%。2011年陕西省新农合筹资标准提高到年人均250元，其中，各级财政补助标准提高到每人每年200元。各级政府补助比率高达80%，个人负担率仅20%。已基本达到陕西农民人均医疗支出的50%。2012年，全省新农合筹资水平提高到人均300元，其中，政府补助提高到人均250元，个人缴费标准为每人50元，政府补助标准高达83.3%，个人负担率降低至16.7%。2013年新农合筹资水平更是提升到365元，其中，政府补助300元，个人缴纳65元，政府补助高达82.2%。可见，在主要靠政府补助前提下，2010—2013年实际筹集的150元、250元、300元和365元与需要筹资额基本相当。无疑，各级财政补助金额的不断加大和较高的补助比例，对吸引农民持续参保，进而对农民病有所医，防止因病致穷、因病返贫意义重大。

建议将近几年政府每年增加补助金额50—65元，改为按医疗费用上涨指数及全省财政收入增长速度，确定一个较稳定的合作医疗政府补助标准递增率机制。

为防止新农合存在的重大病、轻小病倾向，建议进一步提高农民大病报销比例，防止农民因病返贫，同时将一些常见病、慢性病纳入新农合报销范围；针对新农合报销手续繁杂等问题，建议出台政策简化农民诊疗报销手续，让就医农民也能享受到跟城市医保一样的便捷。

四 多元化渠道筹集陕西省农村社保资金

陕西的新型农村养老保险制度（现行城乡居民养老保险制度）、农村最低保障制度及新型农村合作医疗制度，所需资金每年数百亿元，必须设法多渠道筹集，才能保证这些功在当代、利在千秋的社会保障制度的正常运行。

（一）争取中央财政更多转移支付

我国政府间转移支付制度较为完整的表述是：中央政府为了引导下级

---

① 贾树兰：《中国新型农村合作医疗筹资机制的研究述评》，《中南财经政法大学学报》2008年第3期，第83—87页。

政府的社会和经济管理行为，协调地方政府财权和事权的不对称状态，调节地区之间因客观因素造成的财力水平差异，将中央财力的一部分转移给地方的再分配制度。①

陕西地方经济发展水平较低，贫困人数占比较高。如表6—1所示，2009年全国农村贫困人口3597万人，其中陕西农村贫困人口335.39万人，占全国农村贫困人口比例高达9.3%。贫困发生率是指贫困人口占全部总人口的比例，它反映一个地区贫困的广度。2009年全国农村贫困发生率3.8%，陕西高达12.6%；2010年全国农村贫困人口减少到2688万人，其中陕西农村贫困人口215.4万人，占全国农村贫困人口比例降至8.0%。2010年全国农村贫困发生率2.8%，陕西则高达7.8%。

表6—1　　　　陕西与全国贫困人口及贫困发生率比较　　　单位：万人、%

年份	人数 陕西	人数 全国	贫困发生率 陕西	贫困发生率 全国	比上年增减 陕西	比上年增减 全国
2005	523.5	6432	19.8	6.8	-69.8	-1155
2008	372.86	4007	13.5	4.2	-28.25	-313
2009	335.39	3597	12.6	3.8	-37.47	-410
2010	215.4	2688	7.8	2.8	-120	-909

资料来源：陕西省统计局：《农村贫困人口减少，贫困地区农民收入明显增加》，中央政府门户网站，陕西省人民政府（http://www.shaanxi.gov.cn/0/xxgk/1/2/6/557/738/782/11531.htm）。

与中东部省份乃至与西部地区其他省份相比，陕西工业化基础薄弱，地方财力有限，除少数县乡财政较宽裕外，绝大部分县乡财政捉襟见肘。没有中央财政的大力扶持，仅靠陕西自身力量，难以承受相对沉重的社会保障负担。为此，笔者建议，中央政府较大幅增加对陕西的转移支付力度，进而构建起由中央财政、省级财政、县级财政共同担负的陕西农村社会保障资金筹集体系。考虑到地方政府财权较少、事权较多的现实，考虑到取消农业税后基层政府财力短缺现状，建议由中央政府根据陕西实际情况确定保障范围和标准，并按7∶2∶1的比例，划分中央财政、陕西省财

---

① 高培勇：《公共经济学》，中国人民大学出版社2012年版，第276—277页。

政和县级财政的保障资金出资责任。不再由乡镇基层政府筹资。

有学者认为，只要从新增财政收入中每年提取100亿元用于农村社会保障，农村社会保障将能极大地得到推进。① 但据笔者测算，100亿元无论相对于每年6970.628亿元的财政收入增量②，还是相对于数以千万计（2010年全国农村贫困人口比上年大幅下降25%后仍多达2688万人）的贫困人口均显杯水车薪。建议中央政府拿出每年新增财政收入的20%—30%用来提供我国农村居民尤其陕西这样经济欠发达的西部省份农村居民的生存生活保障。资料表明，2010年我国财政收入83080亿元，比上年68518亿元同比增长21.3%③，新增14562亿元。2012年全国实现财政收入人民币11.72万亿元，同比增长12.8%④，增加额13299亿元。若将新增部分20%—30%用于农村社保，则每年会筹集到两三千亿甚至三四千亿元的社保资金。若按陕西贫困人口占全国贫困人口比例的8%转移支付，则陕西每年即可获得一两百亿甚至两三百亿元的农村社保经费。若能如此，在不减少任何其他支出预算前提下，陕西养老金标准、低保标准大幅提高并有一定递增率以及大幅提高农合政府补助标准的设想就较容易实现了。有学者建议，对于农村养老保险，政府出资部分不应低于保障资金的30%，以履行政府的基本职责，实现全体公民的社会公平。⑤ 但笔者认为，对农村养老保险金的政府负担比例，应该不同地区有不同标准。像陕西这样的不发达省份，政府负担比例应尽可能高些，至少提高到80%—90%（其中中央财政、省级财政和县财政各自负担比例也按7∶2∶1），农民只负担10%—20%即可。

中央财政对陕西农村社会保障的投入，将大大改善陕西农民的生活生存状况。当陕西每一位农民能在现代社会保障制度庇护下，病有所医、老有所养、至少能过上最基本生活时，和谐社会、科学发展、包容性增长的

---

① 刘峰：《政府资金来源在农村社会保障建设中的主导地位及立法建设》，《大连干部学刊》2010年第2期，第39—41页。

② 据对2000—2010年财政收入增量的平均计算得到。国家统计局：《中国统计年鉴》，中国统计出版社2011年版。

③ 国家统计局：《图表：2010年我国财政收入同比增长21.3%》，中央政府门户网站（http://www.gov.cn/jrzg/2011—02/28/content_1813025.htm）。

④ 《中国统计年鉴》2013年版（电子版）表9—1。

⑤ 经庭如、奚畅：《拓展渠道促进农村社会保障资金来源多元化》，《当代经济研究》2007年第4期，第57—60页。

执政目标将初步达成。

(二) 国有股转持充实社保资金

随着 2009 年 6 月 19 日财政部、证监会、国资委和全国社保基金理事会等四部委联合发布的《境内证券市场转持部分国有股充实全国社会保障基金实施办法》实施,已有 131 家上市公司 10% 的股份约 83.94 亿股国有股权划转给社保基金,按 2009 年 6 月的收盘价计算,划转完成后的社保基金持股市值将达到 1004.43 亿元。[①] 截至 2011 年底,全国国有企业(不含金融类企业)已划归社保基金国有股权 2119 亿元,占全部社保基金财政性收入的 43.1%。[②] 而且随着今后其他改制国企上市融资,划转给社保基金的股份会愈来愈多。建议将社保基金获得的收益(股利收益和价差收益)全部用于增加农村及城市居民社保,专款专用,不被挪用于任何其他方面。

陕西省国有企业数量多,2009 年陕西省国有企业 2900 户,拥有总资产 7345.8 亿元,国有资产 2123.9 亿元。[③] 截至 2012 年 6 月底,陕西省国资委监管企业资产总额达 10013.4 亿元,突破万亿元大关,成为全国第 7 个地方国资委系统资产规模跨入万亿元的省份。建议参照全国社保基金做法,争取将陕西省国有企业的部分股份直接划转由省社会保障基金持有,并以这些股份各期所获股利支付农村及城市社保费用。

(三) 争取试点开征社会保障税

目前全世界有约 172 个国家和地区建立了社会保障制度,其中近 100 个国家开征了社会保障税。在一些西方国家社会保障税收甚至成为收入最多的税种。[④] 社会保障税是一种法定、规范化的筹措社保基金的方式。随着我国经济发展、社会法制进步,可考虑在适当的时候开征此税种。社会保障税的课征范围是全体工薪者和自营人员,课税对象是全体工薪者的薪金收入额以及自营人员的事业纯收益额。社会保障税是一种"专税专用"

[①]《转持国有股:社保持仓市值将突破千亿元大关》,新华网(http://news.xinhuanet.com/fortune/2009—06/22/content_ 11578467.htm)。

[②]《国有企业已向社保基金划转国有股权 2119 亿元》,新华网(http://news.xinhuanet.com/fortune/2012—10/24/c_ 113484533.htm)。

[③]《陕西国有企业资产突破万亿》,新华网(http://www.sn.xinhuanet.com/misc/2012—07/25/content_ 25512142.htm)。

[④] 黄小娟:《我国农村社保资金筹措问题研究》,硕士学位论文,新疆财经大学,2008 年,第 53 页。

的税，它虽由税务机关统一征收，但税款入库后则是集中到负责社会保障的专门机构统一管理，专门用于各项社会保障的支付。① 在未开设该税种前，可考虑将从相对收入较高群体征收到的个人所得税或加大奢侈品消费税征收力度，将特定税种所获税款收入专项用于城乡社会保障，尤其农村社保，关照相对"弱势群体"。有研究指出，奢侈品的收入弹性很大，随着富人群体及其资产的增加，奢侈品消费将日趋旺盛，且这一群体对税收调整带来的价格上涨不敏感，该打高尔夫的还是要打的，买得起游艇的也照买不误，对于这样稳定、持久、可观的税收收入，政府不但不能拒绝，而且要加大征收力度。② 建议按各省贫困人口占全国贫困人口的比例将全国社保税收或部分个人所得税切块分配于各省、自治区和直辖市。

（四）争取试点从农村土地收益中提取农村社会保障资金

建议适时立法开征农村土地交易税，专款专用，并用以充实社会统筹账户。建议在土地初次买卖时，按照土地成交金额，征收一定比例土地交易税，在土地再次买卖时，可依据增值额征收土地增值税。税率的高低，可依据宏观调控需要和不同地区的发展情况进行调整。③ 在全国性农村土地交易税、土地增值税筹集社保金规则尚未成型前，陕西省可争取先行试点。

（五）发挥非政府组织在农村社保资金筹措中的作用

近年来，非政府组织如各种基金会、慈善组织、民间团体等如雨后春笋般迅速发展。例如，中国扶贫基金会、爱德基金会、中国人口福利基金会、中国青少年发展基金会、民促会等早在20世纪80年代末或90年代就开始致力于中国贫困地区，尤其是西部地区的社会发展，在中国西部地区开展了大量的扶贫、农村社区综合发展、环境保护、扫盲与文化教育、卫生保健项目等，并取得了丰富的经验和成果。此外，一些国际非政府组织在进入中国后，也主要是在中国的西南、西北地区开展扶贫、环境保护、社区发展、教育、卫生等项目，并起到了知识传播与技术扩散、典型示范、增进社会融合、培养人才、提供新的就业方式、提供资金援助等作用。为确保非政府组织提供的资金不会被挪作他用，陕西省可尝试由非政

---

① 高培勇：《公共经济学》，中国人民大学出版社2012年版，第212—213页。
② 同上。
③ 吴云勇、梁峰：《中国农村社会保障模式及资金来源的路径选择》，《农村经济》2007年第8期，第77—79页。

府组织向特定农村社保项目提供资金支持，或尝试由非政府组织向特定贫困乡镇或因偶发性因素（如因病、因自然灾害）等致贫的特定家庭捐助。

(六) 争取试点发行农村社会福利彩票

彩票已是世界上许多国家和地区筹集特种资金时常用的方法，我国的体育彩票、社会福利彩票运作已取得成功经验，农村社保资金筹集也可积极运用这一方式。建议我国政府确立规则，发行农村社会福利彩票，专门筹集农村社会保障资金。在全国性农村福利彩票规制形成之前，陕西省可争取先行试点，积累经验。

附　录

附录1　陕西省农民收入来源及支出调查问卷（一）

尊敬的农民朋友：

　　您好！

　　受全国农业资源区划办公室的委托，由陕西省农业资源区划办公室和西北大学组成的课题研究小组对陕西省农民增收问题进行调查研究，以对有关政府部门制定最切合实际的强农惠农富农政策提供依据。我们郑重承诺，此问卷只供科研使用，绝不以任何方式泄露您家庭的收入信息，诚恳期待能根据您家庭的实际情况回答如下问题。

　　感谢您对我们研究的贡献。

　　请在您所选答案编号处打"√"，或按题目要求填写问卷。

家庭人口_____人　　　劳动力人数_____人

种植面积_____亩　　　外出务工人数_____人

1. 您家住房情况是_____
   A. 瓦房　　　B. 平房或楼房　　　C. 在市、县、镇中心买了房
2. 您家庭中最高的受教育程度是_____
   A. 小学　　B. 初中　　C. 高中或中专　　D. 大专　　E. 本科及本科以上
3. 您家土地使用情况是_____
   A. 没有闲置土地　　B. 有少量闲置土地　　C. 有大量闲置土地
4. 若您家有闲置土地（没有则不需填写）
   A. 主要原因是_____

B. 有无将土地租让他人耕种＿＿＿＿＿＿＿＿

5. 家庭收入的主要来源渠道有＿＿＿＿＿＿

  A. 经商 B. 外出打工 C. 工资 D. 种植农作物

  E. 家畜养殖业 F. 其他，如＿＿＿＿＿＿＿＿＿＿

6. 您家庭去年总收入大约＿＿＿＿＿＿

  A. 5000元以下 B. 5000—10000元 C. 10000—15000元

  D. 15000—20000元 E. 20000—40000元 F. 40000元以上

7. 去年您家的收入中，农产品总收入为＿＿＿＿＿＿元；外出务工总收入为＿＿＿＿＿＿元；财产性收入（包括房租、地租、房产转让、利息、股利等）为＿＿＿＿＿＿元；政府补贴收入：农机购置补贴＿＿＿＿＿＿元；粮食直补＿＿＿＿＿＿元；家电下乡补贴＿＿＿＿＿＿元；良种补贴＿＿＿＿＿＿元；低保收入＿＿＿＿＿＿元；其他补贴＿＿＿＿＿＿元

8. 近三年您家庭收入增长情况是＿＿＿＿＿＿

  A. 有所下降 B. 持续上升 C. 不稳定

9. 您认为收入上升的原因是＿＿＿＿＿＿

  A. 农产品价格提高 B. 人均耕地面积大 C. 打工收入提高

  D. 其他

10. 您认为收入下降的原因是＿＿＿＿＿＿

  A. 农产品价格降低 B. 人均耕地面积小 C. 打工收入降低

  D. 其他

11. 您的家庭收入用于经常性支出为

  家庭生活开支＿＿＿＿＿＿元；子女教育＿＿＿＿＿＿元；医疗＿＿＿＿＿＿元；农业生产＿＿＿＿＿＿元；交通通信＿＿＿＿＿＿元

12. 您的家庭收入用于非经常性支出为：购买耐用消费品（如电视、自行车、手表、厨具等）＿＿＿＿＿＿元；农业机械（如手扶拖拉机、农药喷洒器具等）＿＿＿＿＿＿元；盖房子＿＿＿＿＿＿元；其他方面＿＿＿＿＿＿元

13. 您家近几年收支情况如何＿＿＿＿＿＿

  A. 入不敷出 B. 持平 C. 略有积蓄

14. 您目前提高家庭收入的困难是＿＿＿＿＿＿（可多选）

  A. 资金缺乏   B. 技术缺乏

  C. 劳动力缺乏   D. 农产品销售难、价格低

　　　　E. 自身文化水平低　　　　　　F. 外出打工等增加收入的机会少
　　　　G. 其他因素＿＿＿＿＿＿＿＿（请注明）
　　15. 您认为物价上涨对您家庭的影响是＿＿＿＿
　　　　A. 消费水平降低　　　B. 收入水平提高　　　C. 无影响
　　16. 如果您有余钱想提高生活质量的话，您倾向在哪些方面增加消费支出，前三项依次为 ＿＿＿＿、＿＿＿＿、＿＿＿＿
　　　　A. 吃　　B. 穿　　C. 住　　D. 行　　E. 用　　F. 文化娱乐
　　17. 您认为制约农民收入进一步增加的主要因素是＿＿＿＿（可多选）
　　　　A. 土地分散经营　　　B. 农村空心化　　　C. 农资贵产品贱
　　　　D. 产业结构不合理　　E. 组织化程度低，抵御市场风险能力差
　　18. 税费改革对您家收入的促进作用＿＿＿＿
　　　　A. 非常大　　　B. 比较大　　C. 一般　　　D. 无影响
　　19. 您所在的村子的经济状况与过去五年相比＿＿＿＿
　　　　A. 改善很多　B. 改善一点　C. 没有明显变化　D. 不如过去
　　20. 您认为您所在村落居民经济条件改善最多的地方在＿＿＿＿
　　　　A. 交通设施　　B. 住房条件　C. 家用电器　D. 家用或农用交通工具
　　21. 您认为乡镇政府部门对促进农民增收的作用如何＿＿＿＿
　　　　A. 非常大　　　B. 比较大　　　C. 一般　　　D. 无感受
　　22. 为进一步增加收入，您最希望政府在哪些方面提供政策？（请依次说出最希望得到的三大扶持政策）
　　　　A. ＿＿＿＿＿＿＿＿＿＿＿＿＿＿
　　　　B. ＿＿＿＿＿＿＿＿＿＿＿＿＿＿
　　　　C. ＿＿＿＿＿＿＿＿＿＿＿＿＿＿

签名：
日期：

附录2　陕西省强农惠农政策落实情况调查问卷（二）

尊敬的农民朋友：

您好！

受全国农业资源区划办公室的委托，由陕西省农业资源区划办公室和西北大学组成的课题研究小组对我省强农惠农政策效应进行调查研究，以对有关政府部门制定最切合实际的强农惠农政策提供依据。我们郑重承诺，此问卷只供科研使用，绝不外泄，诚恳期待能根据您家庭的实际情况回答如下问题。

感谢您对我们研究的贡献。

请在您所选答案编号处打"√"，或按题目要求填写问卷。

1. 您是否知道国家已免除义务教育阶段学杂费_____（是/否），您的家庭是否享受过此项政策_____（是/否），对其满意程度为_____

　　A. 很满意　　B. 满意　　C. 不满意　　D. 很不满意　　E. 不了解

2. 您是否了解国家对粮食生产的有关补贴政策_____（是/否），您的家庭是否享受过此项政策_____（是/否），对其满意程度为_____

　　A. 很满意　　B. 满意　　C. 不满意　　D. 很不满意　　E. 不了解

3. 您是否了解农机具购置补贴_____（是/否），您的家庭是否享受过此项政策_____（是/否），对其满意程度为_____

　　A. 很满意　　B. 满意　　C. 不满意　　D. 很不满意　　E. 不了解

4. 您是否了解农村低保政策_____（是/否），您的家庭是否享受过此项政策_____（是/否），对其满意程度为_____

　　A. 很满意　　B. 满意　　C. 不满意　　D. 很不满意　　E. 不了解

5. 您是否了解农村贷款政策_____（是/否），您的家庭是否享受过此项政策_____（是/否），对其满意程度为_____

　　A. 很满意　　B. 满意　　C. 不满意　　D. 很不满意　　E. 不了解

6. 您的种粮补贴资金是否及时足额发放_____

　　A. 及时足额发放　　B. 发放不及时　　C. 补贴被克扣或抵扣老欠

D. 没有拿到"一卡通"存折　　　E. 不了解

7. 您是否了解"家电下乡"的有关政策_____（是/否），您购买家电是否享受过补贴_____（是/否），对其满意程度为_____

　　A. 很满意　　B. 满意　　C. 不满意　　D. 很不满意　　E. 不了解

8. 您是否参加新型农村合作医疗_____（是/否）

　　若未参加，您不参加的理由是_____

9. 若已参加，根据您的认识，农村合作医疗_____

　　A. 确实好　　B. 便宜但定点医疗机构偏少　　C. 医院要价高

　　D. 报销比例低　　E. 其他，如_____

10. 您是否参加新型农村养老保险制度____（是/否），若未参加，不参加的理由是____

　　A. 自己养老　　B. 子女养老　　C. 无资金支持　　D. 不了解

11. 您了解的农民增收工程有_____（可多选）

　　A. 粮食单产提高工程　　　　B. 果业提质增效工程
　　C. 百万亩设施蔬菜工程　　　D. 畜牧业收入倍增工程
　　E. 区域性特色产业发展工程　F. 农村劳动力转移及农民创业工程
　　G. 县域工业化工程

12. 您的家庭收入是否因问题11列举的政策而提高____（是/否），对其满意度为____

　　A. 很满意　　B. 满意　　C. 不满意　　D. 很不满意

13. 您了解的为减少农产品流通环节而促进农民增收的措施有_____（可多选）

　　A. 建立农产品流通网络　　　B. 引导大型零售企业建立直采基地
　　C. 举办农产品产销对接洽谈会　D. 建立农产品产销信息平台
　　E. 开通农产品公路运输"绿色通道"

14. 您的家庭收入是否因问题13列举的措施而提高____（是/否），对其满意度为_____

　　A. 很满意　　B. 满意　　C. 不满意　　D. 很不满意

15. 政府政策使您受益最多的地方是_____

　　A. 基本养老保险　　B. 最低生活保障　　C. 农村合作医疗
　　D. 农业补贴　　　　E. 义务教育减免学杂费

F. 其他，如_____

16. 您认为是什么原因导致有些农民举家迁移至城市居住_____
    A. 农村公共设施不到位　　　　B. 农村交通不方便
    C. 农村工作机会少　　　　　　D. 农村医疗水平低

17. 您对农村道路变化的总体印象是_____
    A. 不好，道路没什么改善
    B. 一般，道路虽然铺过但是质量存在很大问题
    C. 很好，铺路的质量很好能使用很久
    D. 其他，如_____

18. 您认为当前农村土地流转存在的主要问题是_____
    A. 农民利益没有得到有效的保护
    B. 土地流转程序不规范，纠纷增多
    C. 缺乏适合本地实际的流转模式
    D. 缺乏土地流转中介服务组织

19. 您对农村土地承包政策是否满意_____
    A. 满意　　　B. 一般　　　C. 不满意
    若不满意，原因是_____

20. 您认为土地所有权私有化对农业生产是否有促进作用_____
    A. 是　　　　B. 否　　　　C. 不清楚

21. 您是否了解有关小型农田水利工程修建的一些事项和政策____
    A. 非常了解　　　B. 一般　　　C. 不了解

22. 您家的灌溉方式是_____
    A. 靠天　　　　　　　　　B. 自己机械抽水灌溉
    C. 自己运水灌溉　　　　　D. 村或小组有组织地抽水灌溉

23. 您认为目前农田水利灌溉存在哪些问题_____（可多选）
    A. 农田水利建设较少　　　　　B. 灌溉设备不足
    C. 渠道衬砌率低，水资源严重浪费　　D. 人力不足
    E. 渠道运行管理和维护责任不到位　　F. 其他，如_____

24. 您认为政府对农村的资金扶持重点应该放在_____（可多选）
    A. 扶持农民搞好农业生产
    B. 扶持村企业和种植大户，解决大众就业

C. 发展教育、文化、卫生等事业

D. 进行水、电、路等基础设施建设

E. 补贴慰问贫困户

F. 对农民进行专业技能培训

25. 您目前最担心的是_____
    A. 家里人生病   B. 孩子的教育费用高   C. 收入无保障
    D. 治安状况不好   E. 其他, 如_____

26. 您认为当前涉农方面存在的突出问题有_____（可多选）

A. 义务教育乱收费

B. 征地拆迁损害农民利益

C. 截留、抵扣、挪用、套取惠农补贴

D. 向农民集资摊派

E. 部门乱收费、搭车收费加重农民负担

F. 制售假劣农资坑农害农行为

G. 其他, 如_____

27. 您最希望政府出台或修正的惠农政策依次是：

A. _____

B. _____

C. _____

签名：

日期：

附录3 陕西省农民收入现状与强农惠农政策调查问卷分析

一 问卷设计

为给相关政府部门反馈强农惠农政策的实施效果，发现陕西农民收入增加面临的主要困难并提供如何拓宽农民增收渠道的政策建议，设计此问卷对陕西各地农民进行调查。本问卷先行进行过试调查，能够正确地反映调查目的。为保证调研结果的客观、准确、中立，本次调研未通过任何一级政府机构。

二 调研过程

2011年8月中旬至12月中旬，由陕西省农业区划办和西北大学经管学院组成的课题组，对陕南、关中、陕北地区的农村进行了实地访谈和问卷调查。主要包括商洛市山阳县色河铺镇陆湾村、色河村，安康市张滩村、后堰村、余湾村，汉中市西乡县和平村，渭南市蒲城县荆姚镇程家村、史家村，东杨乡黄家村、温家村，西安市户县余下镇占东村、五庄村，石井乡石中村、战马村，延安市黄陵县桥山镇下王村、道北村，甘泉县高哨乡雷家沟、关家沟村，宝塔区万花山乡花源山、折家湾、付家湾、肖渠村。走访过程中，我们尽可能将问卷中涉及的学术化语言（如"农村空心化"）以具体、形象、通俗的语言来提问，以保证走访质量。

本次调查主要采取重点抽样的方法，通过实地走访，具体了解陕西省农村的情况，共发放问卷1000份，收回问卷981份，其中有效问卷784份。

在撰写调查问卷分析和研究报告过程中，一些问题我们还想进一步了解更详细的情况，就运用在农户家中访谈时互留的电话进行电话访谈，进一步取得许多有用信息。

在此，我们课题组全体人员向为我们访谈和填写问卷提供支持的农民朋友表示诚挚的感谢。

三 调查问卷分析

(一) 关于陕西农户基本情况的调查

1. 外出务工状况

调查显示人均种植面积为 0.796 亩,劳动力占家庭人数的 48.6%,外出务工人数占劳动力人数的 44.4%。

本次调查显示:陕南地区人均种植面积比关中、陕北地区都低,故外出务工人数占劳动力人数的比例较高(见表1)。进一步拓宽外出务工人员的外出渠道,增加就业机会,应是增加农民收入的可靠途径。

表1　　　　　　各地区农户基本情况　　　　　　单位:亩、%

选项	陕南	关中	陕北
人均种植面积	0.448	1.134	1.205
劳动力人数占家庭人数	39.7	40.9	52.4
外出务工人数占劳动力人数	59.7	53.8	39.1

2. 陕西农村居民住房情况

本次调查显示:我省农村瓦房住宅占 45.9%,平房或楼房住宅占 53.7%,市、县、镇中心买房的占 0.4%(见图1)。由于陕北地区农村住房大部分为窑洞,将窑洞划为瓦房一列。我省农村的经济状况不断变好,

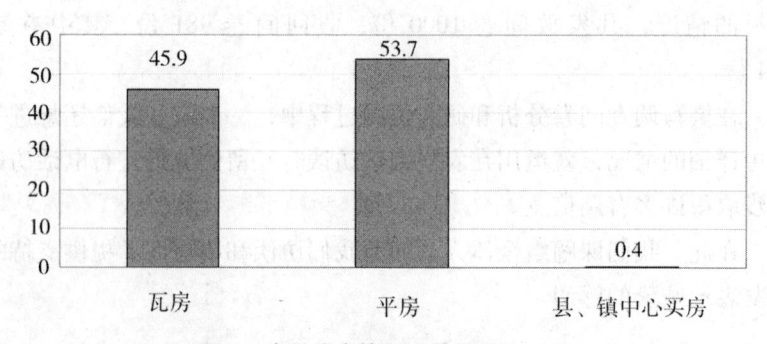

图1　农村住房情况 (单位:%)

农民住房条件的提高也使得农村村容焕然一新。少数靠外出务工致富的农民已基本脱离农业、农村,并在城市或乡镇中心购置了住宅。

3. 陕西农村家庭受教育程度

本次调查显示：我省农村家庭中的受教育程度：小学为11.2%,初中为50.4%,高中或中专为21.9%,大专为10.5%,本科及本科以上为6%（见图2）。这说明我省农民文化水平普遍偏低,迫切需要技能的职业培训以及农村义务教育的再投资。从调查来看,我省农村农民都希望子女脱离农业,从而使农村子女的高等教育需求不断增加。

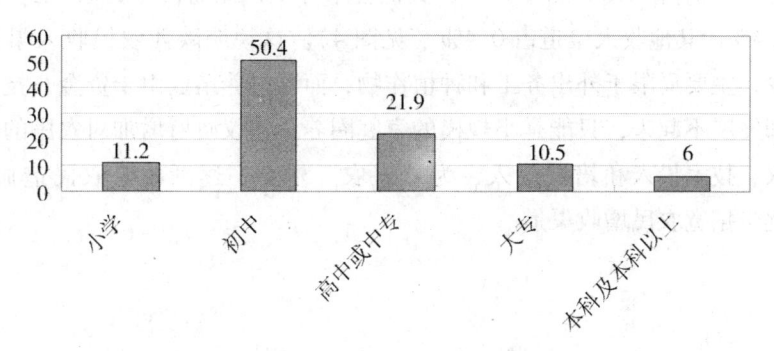

图2 农村家庭中最高受教育程度（单位:%）

4. 陕西农村土地使用情况

本次调查显示：我省农村没有闲置土地的为86.3%,有少量闲置土地的为10.6%,有大量闲置土地的为3.1%（见图3）,闲置土地主要是由

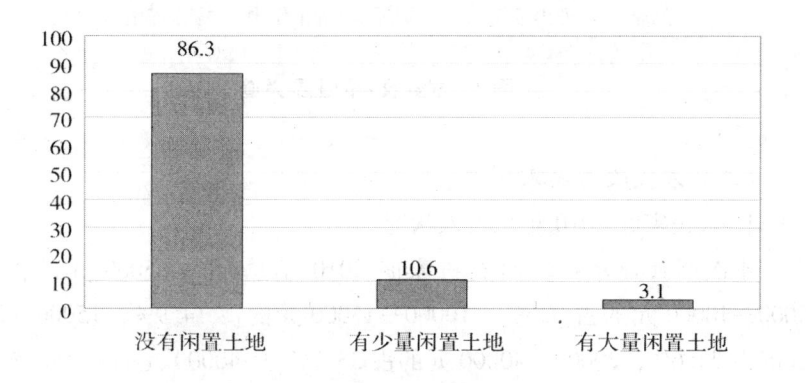

图3 土地使用情况（单位:%）

于农业生产成本过高，而在陕南地区闲置土地还由于道路不便，土地太过分散，致使农民不愿耕种。在关中地区，农民虽无闲置土地，但对土地的使用、管理很潦草，土地效率不高，土地肥力日趋下降。陕北地区大力推行退耕还林，种植土地很紧张，农民大多选择了外出务工。这些情况给陕西各级政府细化土地经营权流转政策提出了新课题。

5. 家庭收入的主要来源渠道

本次调查显示：陕西农民的家庭收入来源主要是外出务工和种植农作物，分别占46.1%和47.3%，其他各来源中，经商占4.3%，工资收入占1.4%，其他收入渠道占0.4%（见图4）。这说明陕西农民收入渠道比较少，主要局限于外出务工和种植作物，而农村养殖业由于资金、技术缺乏却发展不起来，只能是小规模的家庭圈养，建议政府增加对农民的资金投入、技术投入和培训投入，为"三农"输血，逐渐改善农民造血功能，逐步拓宽农民增收渠道。

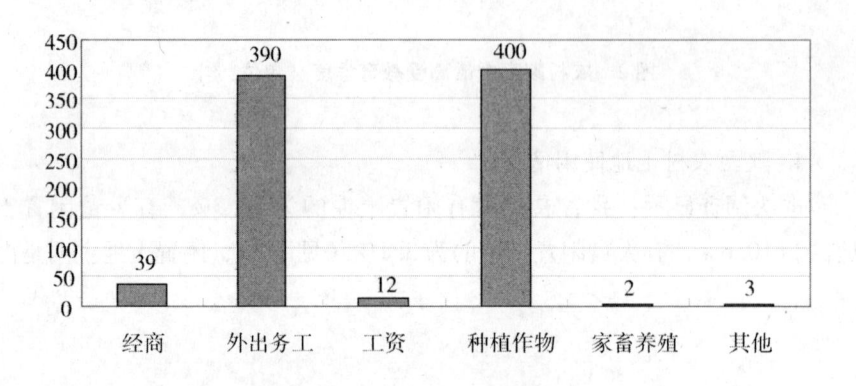

图4　家庭收入的主要渠道

（二）农民收支状况

1. 农民家庭2010年总收入状况

本次调查显示：陕西农村家庭2010年总收入＜5000元的占3%，5000—10000元的占9.3%，10000—15000元的占14.9%，15000—20000元的占23.6%，20000—40000元的占33.7%，＞40000元的占15.5%（见图5）。我省农民总收入在10000—40000元的家庭占72.2%，农民收入不

断增加，为新型农村的建设打好基础，农民收入的增长，使农村居民中较富有群体增多，在生活上进入小康同时，社会和谐的可能性大大增加。

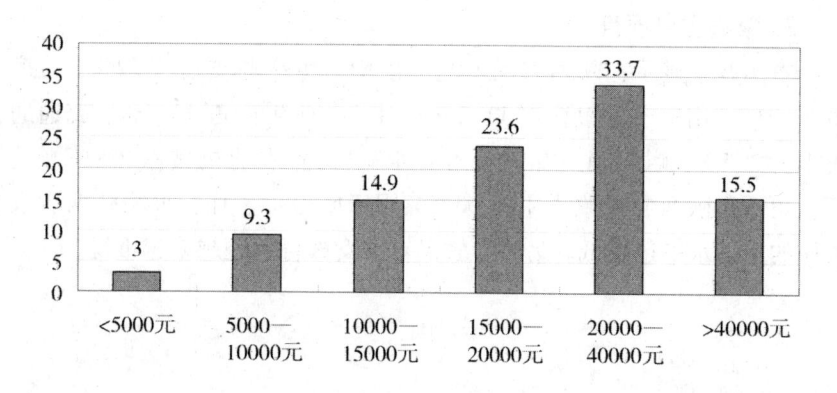

图 5　家庭 2010 年总收入（单位:%）

2. 家庭收入构成

本次调查显示：陕西农民收入，由 49.6% 的农产品收入、47.9% 的外出务工收入、0.05% 的财产性收入、0.52% 的低保收入、0.85% 的家电补贴、0.48% 的粮食补贴、0.56% 的农机具补贴、0.01% 良种补贴以及 0.03% 的其他补贴构成（见图 6）。农民反映良种补贴是建立在要买指定的种子，其他的种子不存在补贴。从数据看出陕西农户的财产性收入仅仅处于萌芽状态，有待于进一步地拓展。政府的各项补贴对农民只起到辅助

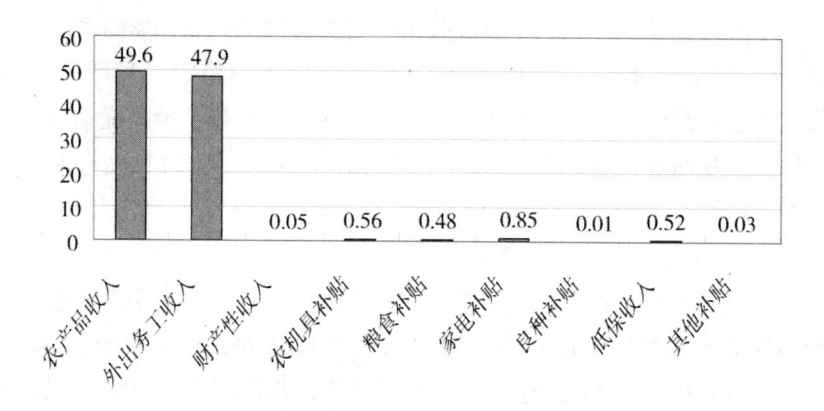

图 6　家庭收入构成（单位:%）

作用，要真正让农民富裕起来，有必要设法增加财产性收入，而增加财产性收入的必由之路，是明确家庭个人对土地的所有权，同时尽可能缩减集体土地比重（越小越好）。

3. 家庭支出项目

本次调查显示：陕西农民家庭支出中，生活开支占33.2%、盖房子占20.1%、用于子女教育占11.2%、用于农业生产占15.5%、交通通信支出占2.5%、耐用消费品添置占4.4%、购置农业机械占2.9%（见图7）。可看出陕西农民收入中的53.3%用于吃、穿、住，说明陕西省农村农民的生活水平还很低。另外，农民对子女教育问题越来越重视。

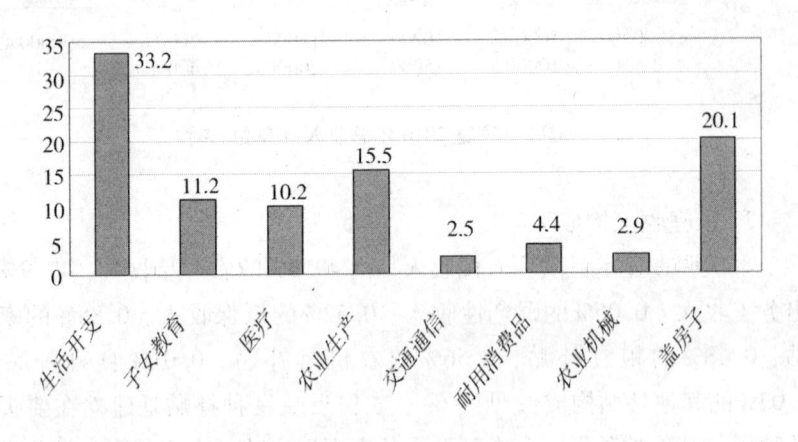

图7　家庭支出统计（单位:%）

4. 近三年家庭收入增长情况

本次调查显示：近三年农民收入的增长情况为，11.2%的家庭收入下降，48.7%的家庭收入上升，40.1%的家庭收入不稳定（见图8）。家庭收入不稳定是由于种植农作物存在不确定性，受产量、价格变动影响。从总体看，陕西农民收入逐年增长，但同时高达40.1%的农民收入存在很大不确定性。

5. 影响收入变动的主要因素

本次调查显示：影响陕西农民收入变动的主要因素包括打工收入、农产品价格、人均耕地面积等。其中被调查者认为农产品价格占42.9%，人均耕地面积占2.5%，打工收入占44.6%，其他因素占10%（见图9）。农产品价格高、人均耕地面积多、打工收入多都会使收入增加。由于农民收入渠道太过单一，使收入增长主要靠农产品价格上涨和打工收入。从调查看，农村道路状况、政府出台的各项政策等其他因素也影响收入增长。

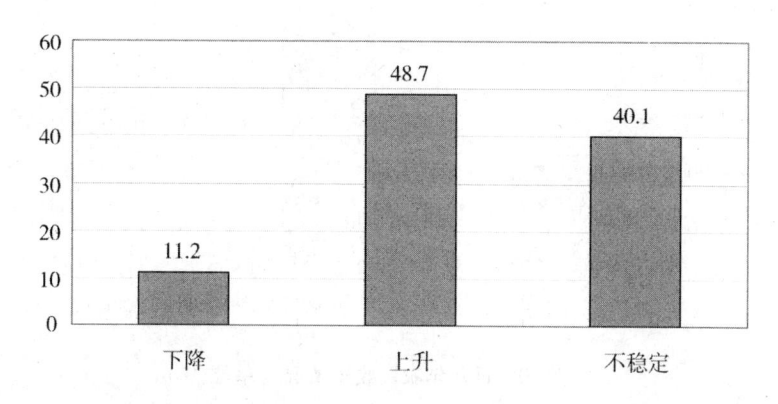

图 8　家庭收入增长情况（单位:%）

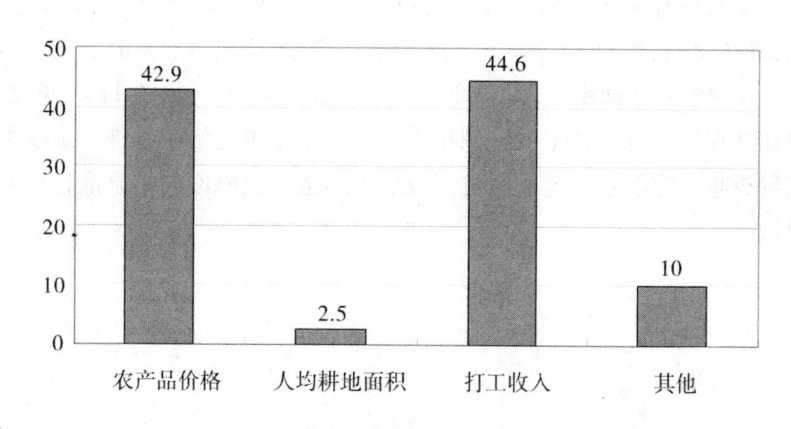

图 9　影响收入增长因素（单位:%）

6. 近几年收支情况

本次调查显示：近年来，被调查者有 20.3%的农民会出现入不敷出，49.4%的农民收支基本持平，30.3%的农民略有积蓄（见图 10）。79.7%的农民已基本自给或略有结余，而农民入不敷出主要是跟重大疾病、子女教育和自然灾害有关。而有积蓄的农民首选的储蓄动机是为防备重大疾病和积攒子女教育费用。这表明，政府在社会保险、合作医疗及教育保障方面，还需加大力度。

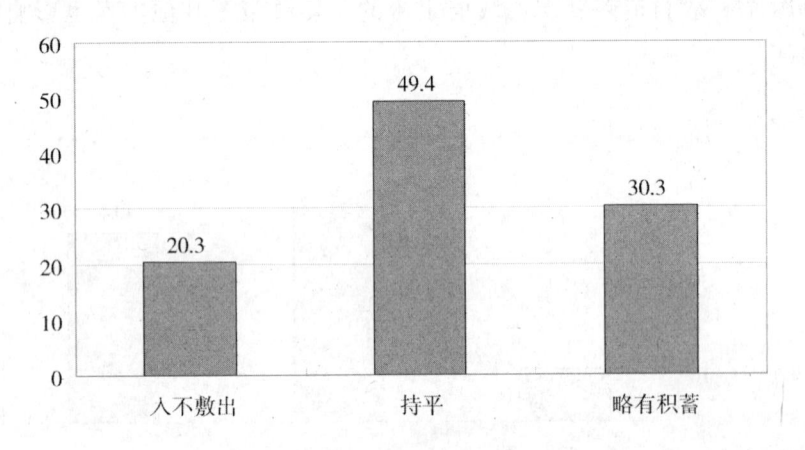

图 10 近几年农民收支情况（单位:%）

7. 如果有余钱想提高生活质量，农民倾向于增加的消费支出

本次调查显示：如果有余钱想提高生活质量，23.5%农民的会选择吃，18%的农民选择穿，24.6%的农民选择住，11.5%的农民选择行，11.5%的农民选择用，10.9%的农民选择文化娱乐（见图11）。可看出农民花费在吃、穿、住上的比例相当高，希望基本生活条件进一步改善，尤其看重吃、穿、住。这表明被调查的大多数农民刚刚满足温饱，正处在由温饱型

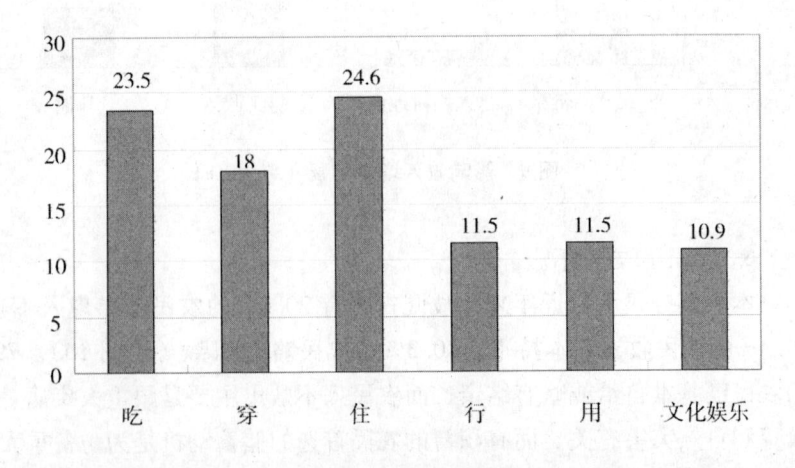

图 11 提高生活质量而增加的消费支出（单位:%）

向小康型过渡阶段,农民收入还有待进一步的提高。而收入相对较高的农民已经产生文化娱乐活动等精神需求,同时对农村公共设施的需求也进一步增加。

(三) 农村的变化

1. 村子的经济状况与过去五年相比

本次调查显示:47.3%的被调查农民认为本村的经济状况与过去五年比改善很多,33.9%的农民认为略有改善,17.4%的农民认为没变化,1.4%的农民认为不如过去(见图12)。从主流看,陕西农村经济状况不断改善。

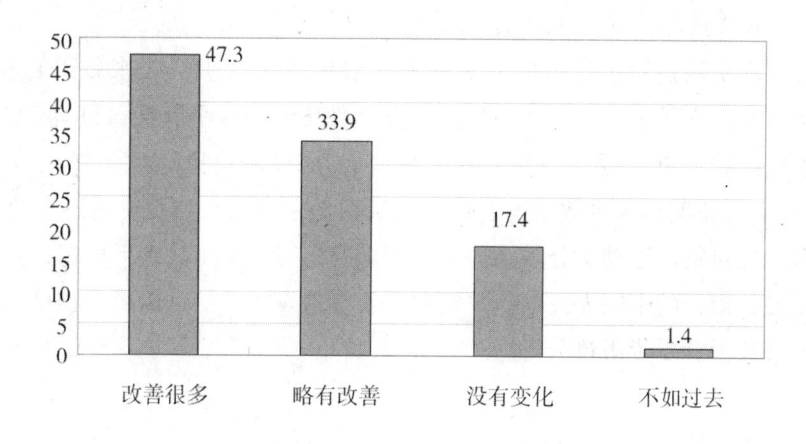

图12 与过去五年相比村子的经济状况(单位:%)

2. 农村经济状况改善最多的地方

本次调查显示:在各项农村经济改善事项中,38.7%的农民认为交通设施改善多,24.9%的农民认为住房条件改善多,27.6%的农民认为家用电器改善多,8.8%的农民认为家用或农用交通工具改善多(见图13)。交通设施的改善,使农村小汽车、摩托车、电动车迅速增多,农民经济状况的改善,使农民住房条件大大改善。随着农民收入提高和家电下乡政策的施行,家用电器在农村已较为普遍,使农民生活更为方便。

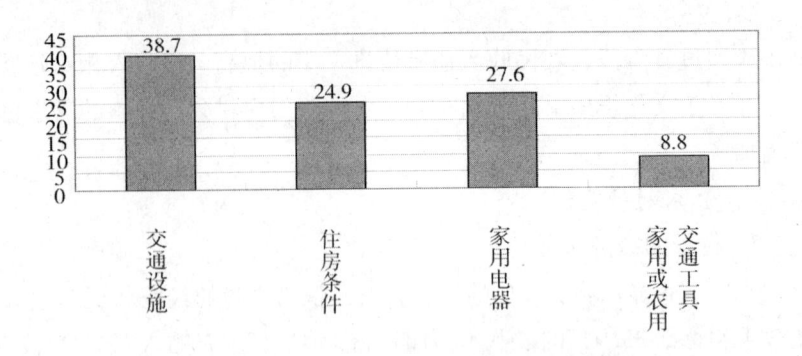

图 13 农村改善最多的地方（单位:%）

（四）制约农民收入增加的因素

1. 物价上涨对农民家庭的影响

本次调查显示：物价上涨给陕西农民的生产生活带来较严重影响。90.1%的被调查农户认为，物价上涨导致其消费水平降低，只有2.7%的农民因物价上涨受益，使其收入提高，7.2%的农民感觉无影响（见图14）。这说明绝大多数农民的收入相对较低，且收入增长率赶不上物价指数，故对物价变动十分敏感。这就要求要保障农民生活水平稳定，作为货币发行银行的中国人民银行一定要严管货币发行闸门，以稳定物价而非经济增长为首要货币政策目标。

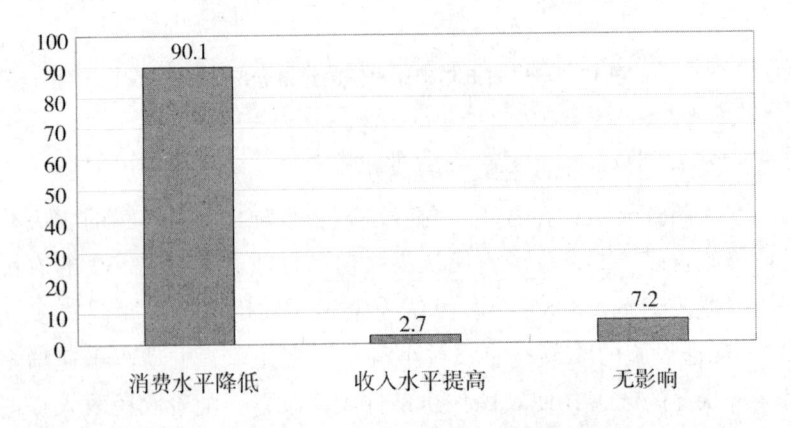

图 14 物价上涨对农民的影响（单位:%）

2. 农村税费改革对收入的影响

本次调查显示：15.8%的农民认为，农村税费改革对收入的影响非常大，36.2%的农民认为比较大，38%的农民认为一般，10%的农民认为无影响（见图15）。减免农业税使农民负担大为减轻，但粮食种植面积少的农户感觉对收入影响不太大。

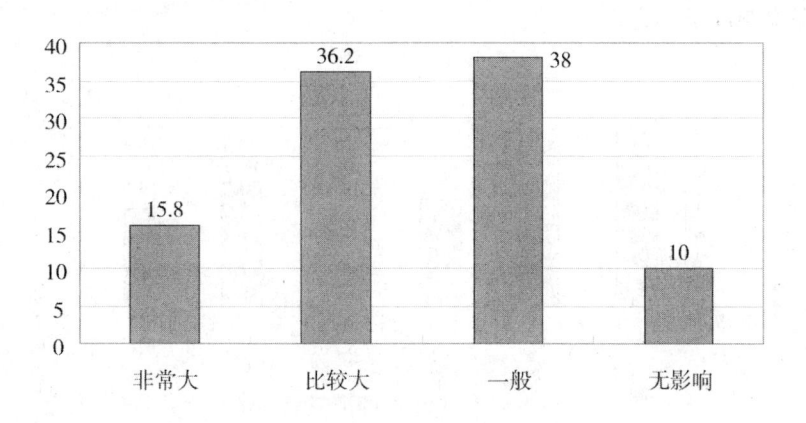

图15 税费改革对收入的影响（单位:%）

3. 提高家庭收入的主要障碍

本次调查显示：资金、技术和劳动力三个要素，对农村的发展起着决定作用。关于提高农民家庭收入的主要障碍，21.4%的被调查者认为是资金缺乏，23.1%认为是技术缺乏，15.1%认为是劳动力缺乏，8.1%认为是农产品销售难、价格低，17.3%认为是自身文化程度偏低，13.6%认为是外出务工机会少，1.4%认为是其他因素（见图16）。由于农村劳动力向发达地区不断转移，使农村劳动力缺乏，只剩下妇女、老人、孩子留守老家。加之，农村资金本身匮乏，技术和文化相对短缺，使农村经济发展的几个必要要素缺失。我们将这种现状称为"农村资源空心化"。另外，一些因各种原因未出外打工者，在农闲时存在劳动力闲置情况。

4. 制约农民收入进一步增加的主要因素

关于制约农民收入进一步增加的主要因素，本次调查显示：24.7%的被调查者认为是土地分散经营，22.9%认为是农村"资源空心化"，28.2%认为是农资贵产品贱，7.5%认为是产业结构不合理，16.7%认为是组织化程度低、单个农户抵御风险能力差（见图17）。由于土地分散经营，使得农业投资成本增大而产品价格却较为低廉，而土地稍多的家庭却因劳动力外流雇工成本大使收入增长缓慢。再加上部分农村产业零散，政府对其漠不关心，导致农民对当地政府有较大不满情绪。单户农民家庭抵御风险能力差，表明目前推行的"公司+农业合作社+农户"的发展模式方向是对的，但同时，还要求商业保险服务于"三农"，尤其是农村社会保险制度亟待完善。

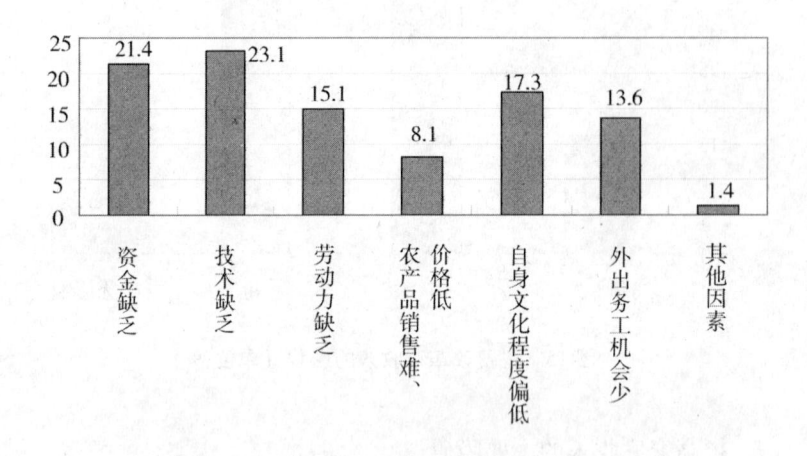

图16 提高家庭收入的障碍（单位:%）

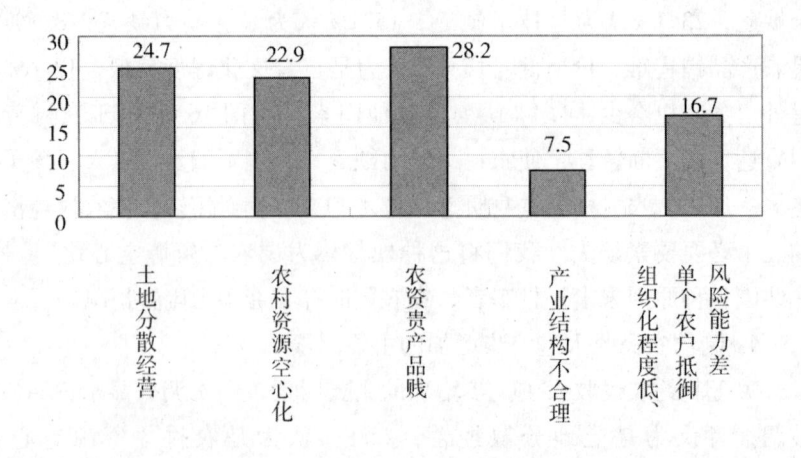

图17 制约农民收入进一步增加的主要因素（单位:%）

(五) 政府服务

关于乡镇政府对促进农民增收的作用,本次调查显示:7.9%的农民认为非常大,15.5%的农民认为比较大,48.8%的农民认为一般,27.8%的农民认为无感受(见图18)。绝大多数被调查农户认为,陕西省乡镇政府在农民增收方面作用不明显。如何改善基层政府在农民心目中的形象,成为各级政府不得不严肃面对的重要课题。

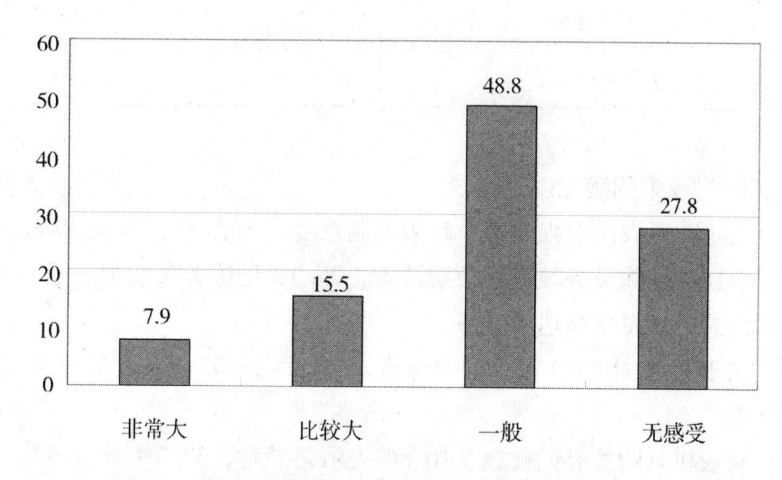

图18 乡镇政府对促进农民增收的作用(单位:%)

(六) 农民对强农惠农政策的了解程度、享受程度及满意度

1. 对政策的了解程度、享受程度

本次调查显示:强农惠农政策在农村已取得了一定的成效,农民对各项政策的了解度几乎都在60%以上。从对惠农政策享受面看,享受免除义务教育学杂费的家庭占49.2%,享受粮食补贴家庭占72.6%,享受家电下乡家庭占53.1%,享受农机具购置补贴家庭占17.2%,享受农村低保家庭只占6.2%,得到农村贷款家庭只占6.6%(见表2)。受访农户表示,对农村贷款的具体事宜了解甚少,使金融支持"三农"未产生预期收益。

表2　　　　陕西农户对强农惠农政策的了解程度、享受程度　　　单位:%

选项	了解度	享受度
免除义务教育学杂费	92.7	49.2
粮食补贴	93.1	72.6
农机具购置补贴	73.9	17.2
农村低保	60.8	6.2
农村贷款	59.1	6.6
家电下乡	88.7	53.1

2. 对政策的满意度

关于陕西农民对强农惠农政策的满意度（见表3），本次调查显示：

农民对免除义务教育学杂费政策，25.9%受访者表示很满意，48.7%表示满意，满意率高达74.6%。

关于粮食补贴政策，24.4%表示很满意，52.6%表示满意，满意率77%。

对农机具购置补贴政策，10.8%表示很满意，37.2%表示满意，满意率尚未过半，可能原因是购置农机具家庭本身较少，故近40%受访者表示不了解该政策。

表3　　　　　陕西农民对强农惠农政策的满意度　　　　　单位:%

选项	很满意	满意	不满意	很不满意	不了解
免除义务教育学杂费	25.9	48.7	4.6	0	20.8
粮食补贴	24.4	52.6	8.9	0.6	13.5
农机具购置补贴	10.8	37.2	10.8	1.3	39.9
农村低保	11.7	26	17.8	12.3	32.2
农村贷款	10.8	22.5	17.1	2.8	46.8
家电下乡	16.7	59.3	7.3	1.4	15.3

对农村低保政策评价为，11.7%的很满意和26%的满意，对该政策不了解者占32.2%，表示不满意者占17.8%，很不满意者占12.3%，两者相加不满意率高达30.1%。

对农村贷款政策的评价为，10.8%受访者表示很满意，22.5%表示满意，满意率1/3。而不了解率高达46.8%，可能跟对农民贷款要求多、程序复杂、很难得到贷款有直接关系。

关于家电下乡政策，16.7%受访者表示很满意，59.3%表示满意，满意率逾3/4。

在受访农民心中，只要是政府的政策，大家都很拥护，所以即使没享受过某项政策，也会对其很满意。受访者大多表示，粮食生产补贴领取手续太过麻烦，补贴资金不能及时到达农民手中。农机具购置补贴政策在关中、陕北地区反应还不错，而在陕南地区作用不大，这应该跟陕南特殊的地质地貌有关。由于农民想投资，但缺少资金，而农民贷款却很艰难，对农民增收造成困难。家电下乡使得农民受益很多，农民普遍反映这项政策很好，为农民减轻了负担。

调查发现，关于农村低保政策的执行情况，在陕西省存在问题较多，农村低保只在部分地区实行公开化，受访者表示，大多数低保户并非由村民自己决定。对低保政策执行情况，大多农民表示不满意，认为由于基层政府官员的背后操作，使一些该得到低保的未得到，而有这样那样关系的相对不贫困家庭却拿走低保。因何好政策没有好的满意度，值得政策执行者反思。可行的办法，让农民民主选择哪些人最该享受低保，同时，随物价上涨和经济增长，将更多农村居民纳入最低保障范围。

3. 种粮补贴资金的发放

关于种粮农民直接补贴政策，本次调查显示：这一政策的确对农民种粮有一定激励作用，关键问题是国家补贴能否尽快发放到农民手中。67.9%的被调查者认为补贴及时且足额发放，10.1%认为发放不及时，5.3%认为补贴被克扣，0.9%表示没有拿到一卡通存折，15.8%表示不了解（见图19）。调查表明，陕西省农村粮食补贴基本能被农民获得，但受访农民表示，基层干部应在各项政策方面加强宣传，以便农民领会政策、享受政策。

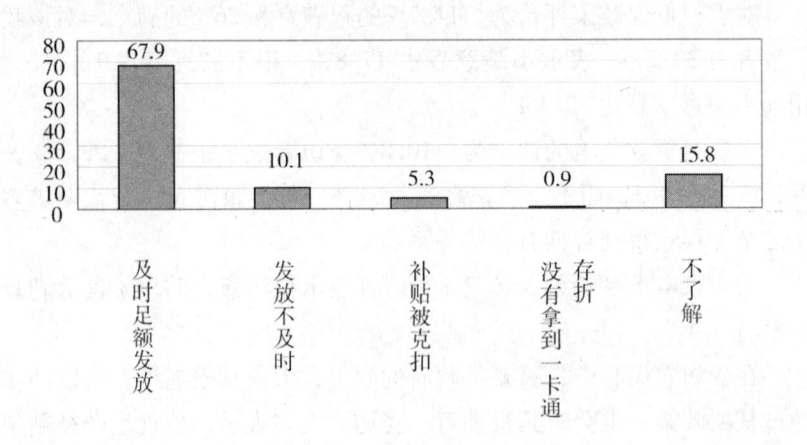

图 19　种粮补贴资金的发放（单位:%）

(七) 农村基本公共服务及基础设施的现状与问题

1. 关于新型农村合作医疗政策

陕西省农村参加新型农村合作医疗的农民占 96.1%，农民对合作医疗的认识如图 20 所示。

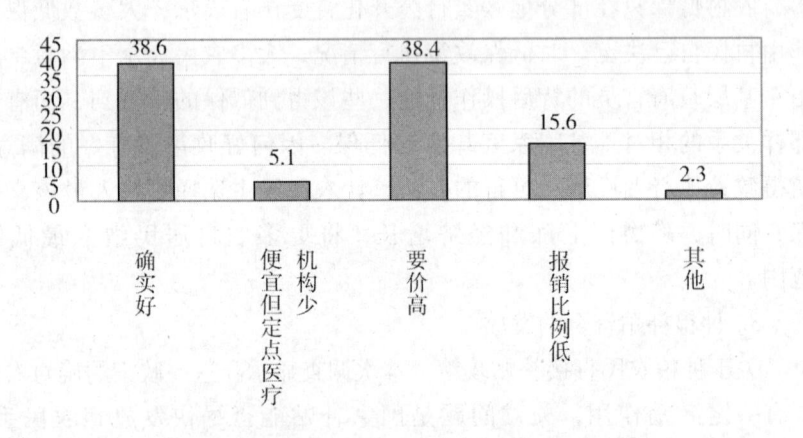

图 20　农村合作医疗的成效（单位:%）

本次调查显示：38.6%受访者认为合作医疗确实好，认为缴费较低但定点医疗机构少者占 5.1%，认为医院要价偏高者占 38.4%，认为报销比例过低者占 15.6%。对大多数农民来说，合作医疗还有待于进一步完善，办理合作医疗后在定点医疗机构看病花的钱竟然比别的医疗地点花费要高。

2. 关于新型农村养老保险政策

本次调查显示：参加农村养老保险的家庭占68.3%，未参加者占31.7%。未参加养老保险的受访者对不参加的原因的回答情况为：58.4%未参加者对养老保险不了解，27.8%的受访者表示无力支付所需费用，8.3%的受访者表示由自己养老，5.5%受访者表示靠子女养老（见图21）。这表明养老保险的进一步推动还需各级财政资金的大力支持。此次调查发现，陕南地区受访的许多农户，根本不知道何为养老保险。这一方面要求基层乡镇干部深入千家万户宣传这一利国利民好政策，另一方面要求政府将农民养老制度化，不论农民是否缴纳由个人负担的养老费，政府都应给付其基础养老金，以使每一农村老人都能安享晚年。个人有缴费者，多交多领，政府再给予一定补贴。

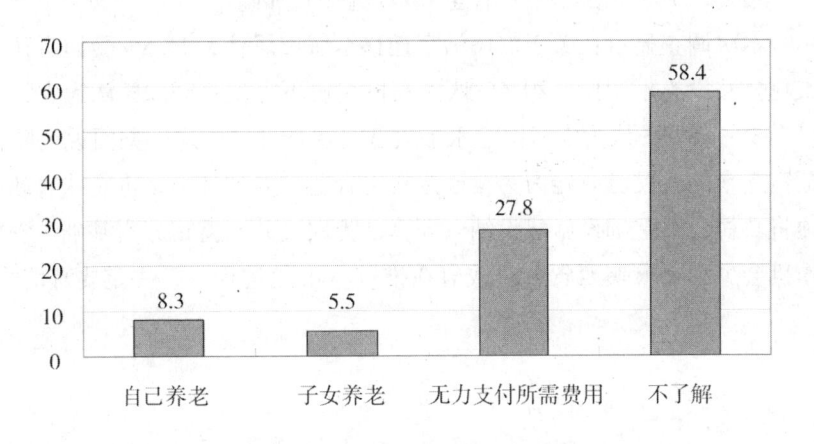

图21　未参加养老保险的原因（单位:%）

3. 关于农村基础设施建设

本次调研主要调查了陕西农户对农村道路及其变化的看法及对一些农民家庭举家迁徙到城市居住的原因。

第一，受访者对农村道路变化的回答情况如图22所示。

调查显示：36.8%的受访农民认为道路不好，近年来也没太大改善；33.2%的受访者认为道路一般，虽然铺过但质量存在问题；30%的受访者认为道路质量很好，能使用很久。在陕南、陕北的调研中发现，因道路建设相对滞后，农副产品的销售难现象十分普遍。

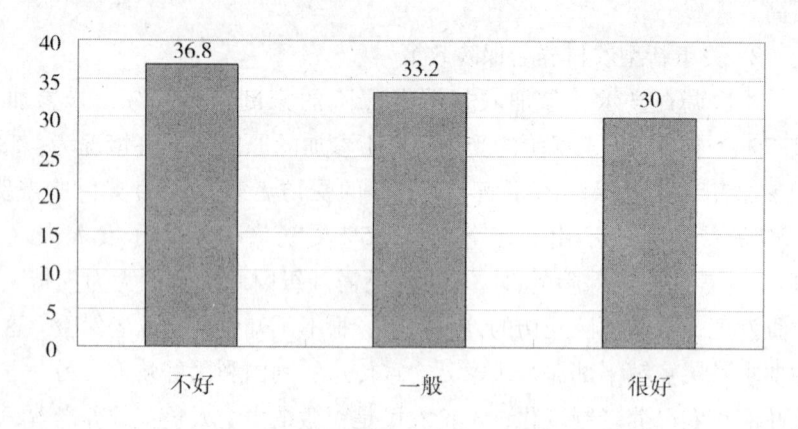

图22　农村道路情况（单位:%）

第二，关于农民举家迁移至城市居住的原因。

本次调查显示：关于农民举家迁移至城市居住，21.8%受访者认为是农村公共设施不到位；20.6%认为农村交通不方便；38.2%认为农村工作机会少；19.4%认为农村医疗水平太低（见图23）。这一方面说明陕西逐渐富起来的农民已有能力为自己寻找更合适的居住环境，也意味着政府亟须将农村公共基础设施建设纳入预算，为农民共同富裕夯实基础。农村工作机会少则要求陕西省各级政府在推进城市化过程中，一定要有前瞻性，

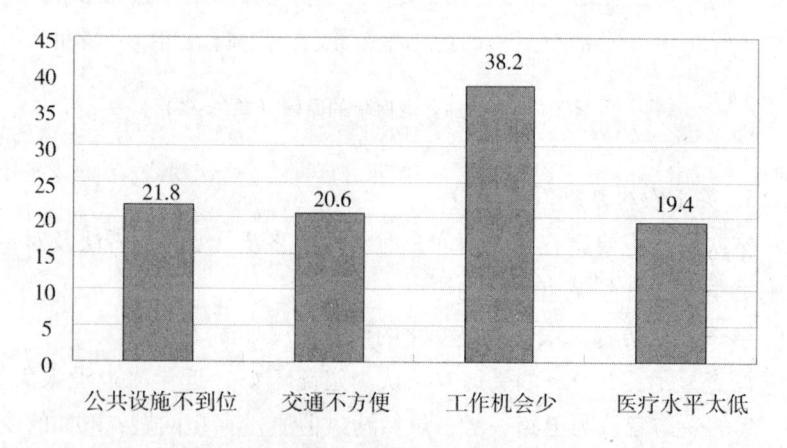

图23　农民居家迁移至城市居住的原因分析（单位:%）

要防止单个中心城市规模过大产生规模不经济现象，通过建设规划、产业转移、鼓励政策，促进多中心、多经济"增长极"出现，同时加大新农村建设，鼓励资金、劳动力逐步回流，努力通过建设和发展创造就业机会，多措并举，解决农村劳动力就业问题。

（八）政府的公共服务政策给农民带来的收益调查

1. 公共服务政策使农民受益

关于公共服务政策给农民带来的收益，本次调查显示：27.4%的受访农民认为从基本养老保险收益最多；8.2%的受访者认为由最低生活保障受益最多；35.5%的被调查者认为合作医疗提供的收益最多；12.9%认为从农业补贴受益最多，16%认为自义务教育免除学杂费受益最多（见图24）。这些数据表明，各项公共服务政策均给农民带来了实惠，尽管这些收益在农民的收入中占比很小，但对农村困难户作用非常大。公共政策的出发点正是如此，不是让富人更富，而是设法让穷人不致更穷，更高要求则应是尽可能使每一社会成员过上比较体面的生活。

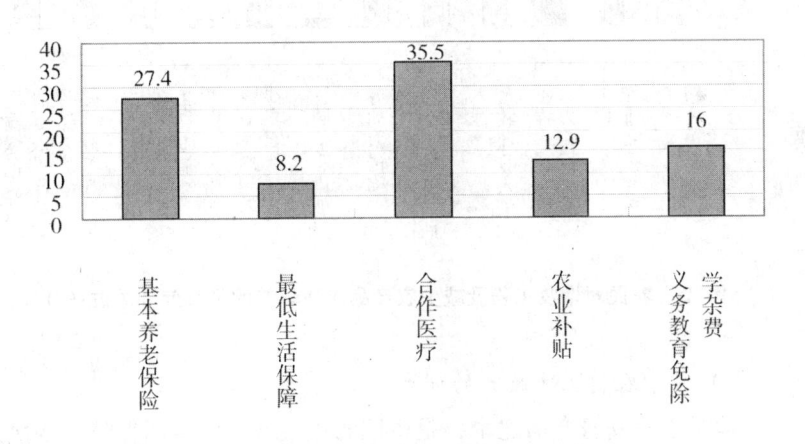

图24 政府公共服务政策使农民收益情况（单位:%）

2. 对陕西省农民增收工程及减少农产品流通环节政策的效果调查

陕西省政府出台了涉及农民增收的一系列工程，以及为促进农民增收减少农产品流通环节的措施，这些政策措施效果如何呢？以下是被调查农户的看法。

调查显示：3.5%的受访农民知道粮食单产提高工程，2.6%的受访者知道果业提质增效工程，3.1%的受访者知道百万亩设施蔬菜工程，4.3%的农户知道畜牧业收入倍增工程，1.7%的了解区域性特色产业，2.6%知道劳动力转移，0.4%了解县域工业化工程，3.5%听说过建立农产品流通网络，0.4%的知道零售企业建立直采基地，6.1%的知道农产品产销对接洽谈会，3.9%的了解农产品产销信息平台，4.9%的知道开通农产品公路运输绿色通道（见图25）。由于这些增收工程鲜为人知，从而对农民收入增长作用有限。可见，要真正促使农民收入大幅提高，不在于提出多少口号、搞了多少工程，而是要采取关键的一两个根本措施，如设法增加适龄人口就业机会，大幅提高新农合、新农保保障力度等。

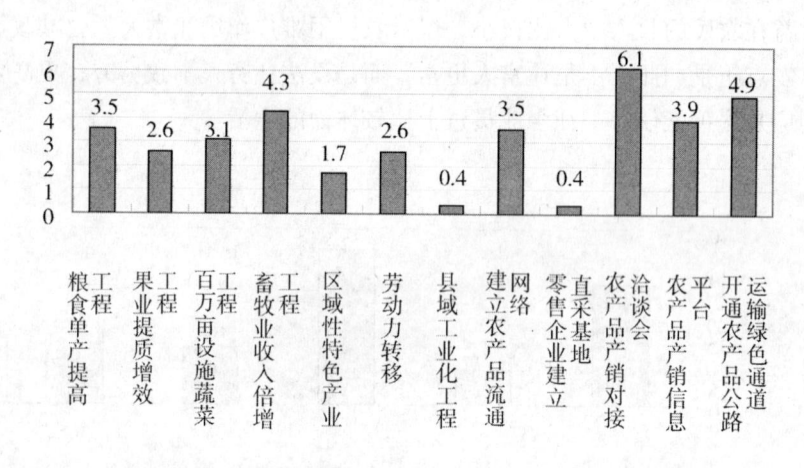

图25 农民对增收工程及减少农产品流通环节的了解度（单位:%）

（九）关于农村土地政策的调查

土地是农民安身立命之本，是中国农民最基本的生活保障。本次入户调查，我们将土地问题作为重点内容之一。

1. 农民对土地承包政策的满意度

关于农民对土地承包政策的满意度，如图26所示，60.1%的受访农民对土地承包政策感到满意；31.3%的农民对承包政策满意度一般；8.6%的农民不满意土地承包政策。目前大量农民无种地意愿，主要因为农业生产成本太高，使其不愿承包更多土地，从而对现行土地承包政策表示满意。而一些希望多承包土地的农户，遭遇村组织不提供或要求以高价承包，往往使农民进退两难。调研发现，很多受访农民在质疑土地承包收入的去向，要求将这笔收入与相关支出公开化的呼声极高。

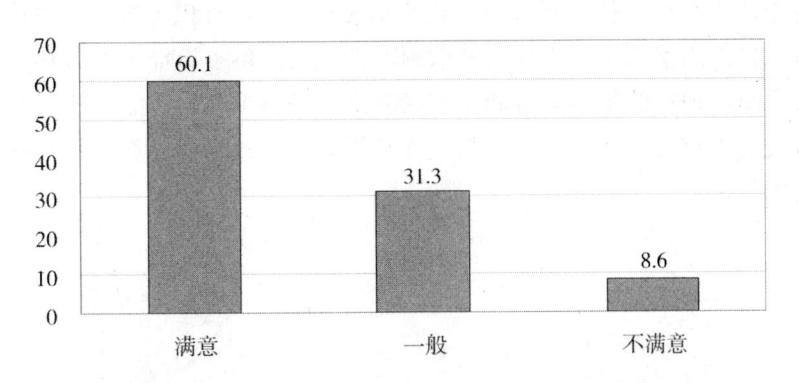

图26 对土地承包政策的满意度（单位:%）

2. 农村土地流转存在的问题

关于陕西农村土地流转存在的问题，受访农户的38.9%认为，是农民自身利益得不到有效保护；31.3%认为是土地流转程序不规范；20.8%认为是缺乏适合本地的流转模式；另有9%认为是缺乏土地流转中介服务组织（见图27）。土地的有效规范流转能为农村种植养殖业的产业化发展、规模化经营奠定基础，更能为增加农民财产性收入提供基本平台。

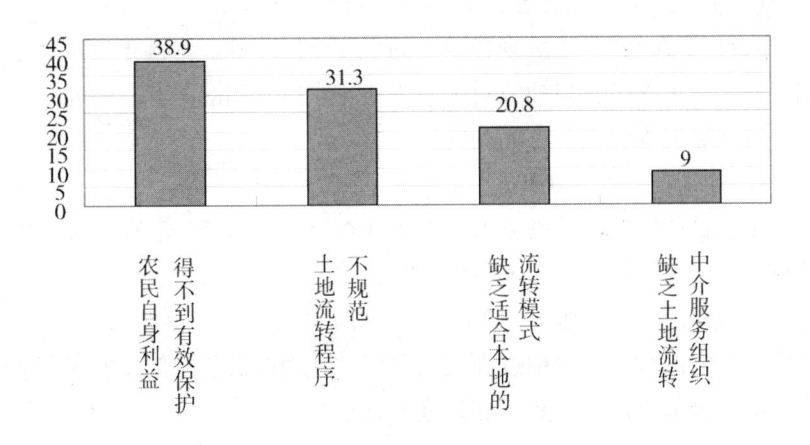

图27 农村土地流转存在的问题（单位:%）

3. 土地所有权私人所有对农业生产的作用

本次调查显示：49.1%的农民认为有促进作用，10.5%的农民否认促进作用，40.4%的农民说不清。从图28可看出，近乎一半的受访农户认为土地所有权的私人所有会对农业发展农民增收有积极影响，农民因此可以自己当家做主，为农民获取财产性收入提供了可能。调查中受访农民反映，现在的集体所有制，很大程度上是村干部所有制，至于村集体成员是否致富无人过问，但村干部利用集体土地出让出租等机会率先致富则较常见。

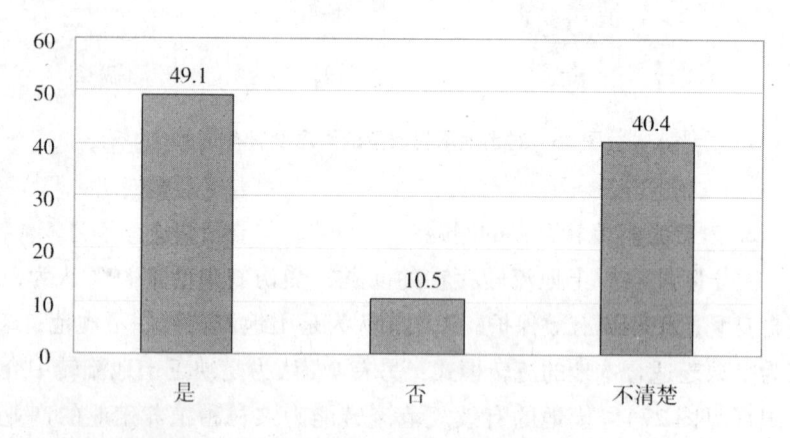

图28 土地所有权私人所有对农业生产是否有促进作用（单位:%）

（十）陕西农民对小型农田水利工程修建的认识

农村基础设施是发展现代农业的重要物质基础。本次走访调查中，我们特意了解了农民对目前农村灌溉方式、农田水利灌溉存在的问题以及小型农田水利工程建设三方面问题。

1. 目前农民的灌溉方式

关于目前农民的灌溉方式，本次调查显示：39.5%家庭的农作物灌溉是靠天，16.5%是自己机械抽水灌溉，22.7%是自己运水灌溉，21.3%是村子有组织地抽水灌溉（见图29）。陕西省各地区都存在靠天吃饭现状，关中地区农民对灌溉费用过高反映强烈。为确保农业的健康发展和农民增收，由政府部门提供公共水利设施十分必要。

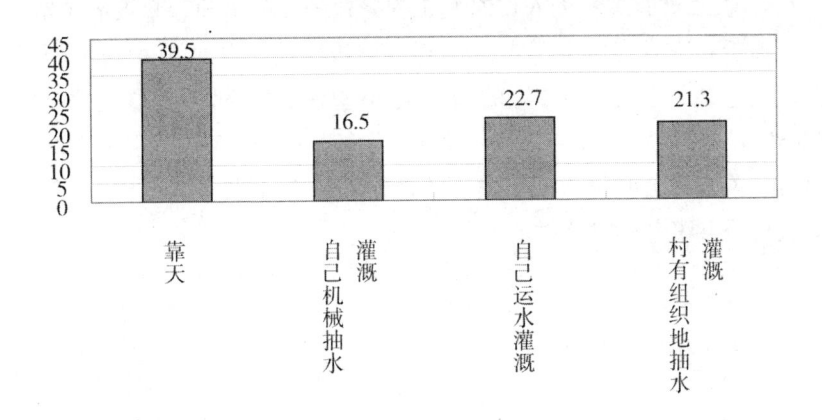

图29 农村的灌溉方式（单位:%）

2. 农田水利灌溉存在的问题

关于农田水利灌溉存在的主要问题，25.8%的受访者认为是农田水利建设较少，34.5%认为是灌溉设备不足，12.9%认为是渠道衬砌率低，4.2%认为是人力不足，高达19.6%的被调查者认为是管理维护不到位（见图30）。这些数据表明，加强农田水利建设，大力增加灌溉投资，强化对水利设施日常管理，三管齐下，方能较快使农田灌溉存在的问题得以解决。

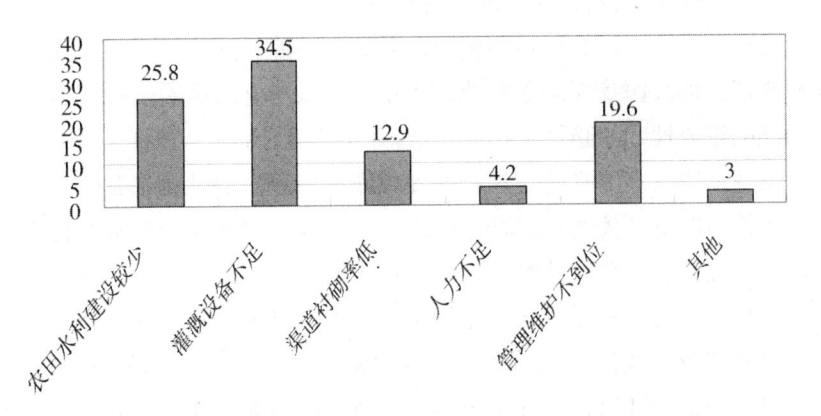

图30 农田水利灌溉存在的问题（单位:%）

3. 农民对有关小型农田水利工程修建的一些事项和政策的了解

关于农民对有关小型农田水利工程修建的一些事项和政策的了解情况，问卷结果显示：4.9%的农民对小型农田水利工程修建非常了解，32.8%表示一般了解，62.3%一点也不了解（见图31）。这一方面表明政府对有关农村公共设施项目建设的宣传不到位，另一方面体现出部分农民对农村公共事务的漠不关心。

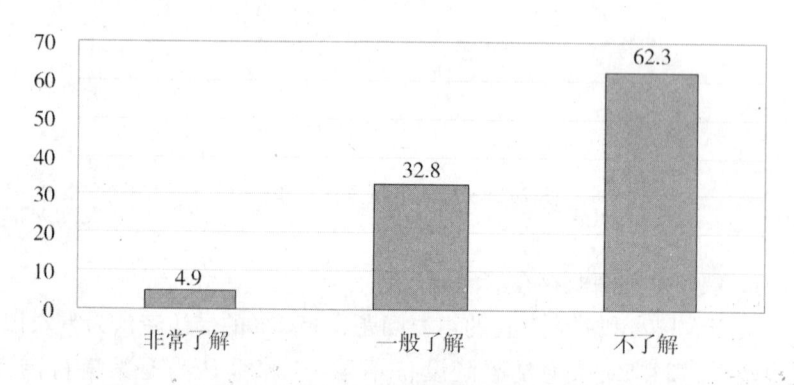

图31 对小型农田水利工程修建的了解度（单位:%）

（十一）对农民担心的问题、农民急需的公共服务的调查

农民目前最担心的问题，本次调查显示：43.3%的农户担心家里人生病，19%的农户担心孩子的教育费用高，33.8%的农户担心收入无保障，3.5%的农户担心治安状况不好（见图32）。

可以看出，陕西农民最害怕自己及家人生病，这一担心凸显深化农村医疗改革，加大医疗保险制度建设力度，从根本上解决农民看病难、看病贵问题的重要性和紧迫性。

高达1/3以上的受访者对收入无保障的担忧，则对政府部门在目前有财力支持情况下，大力推进社会保险、养老保险制度建设及明晰农民土地所有权、提高农民财产性收入提出迫切要求。

农村孩子的义务教育已有法律保障，重在落实，但农村孩子接受高等教育仍面临较大经济压力。许多农民家庭面临的状况是，不让孩子上大学，可能一辈子贫穷，送孩子读大学，眼下就拮据。这些实际情况，需要政府部门、金融部门以及高校共同会商解决方案并设法接济这些孩子。相信对这些孩子今日的较小投资,会带来日后丰厚的回报。另据受访农民反映,农村幼儿教育、学前教育如今也存在收费过高等一系列的问题。农村还对当前社会治安、社会风气表示担忧。

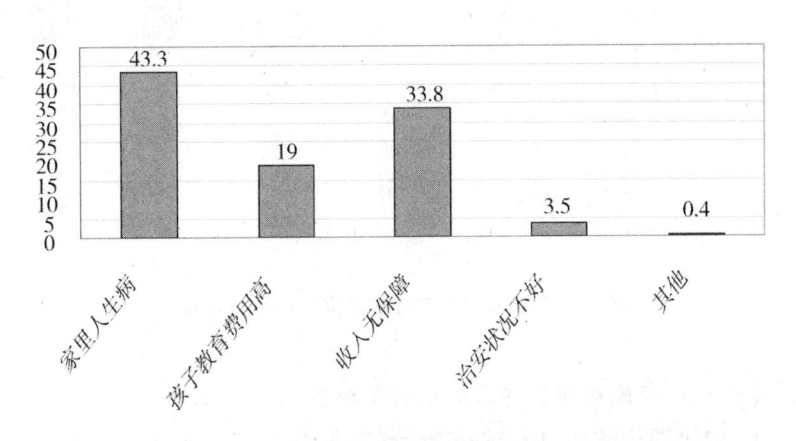

图 32　农民担心的问题统计（单位:%）

（十二）陕西农村存在的突出问题调查

关于陕西农村当前存在的突出问题,本次调查显示:17.7%的农户认为是义务教育乱收费,24.8%的农户认为是征地拆迁损害农民利益,16.7%的农户认为存在截留、抵扣、挪用、套取惠农补贴现象,13.1%的农户认为存在向农民集资摊派行为,7.5%的农户认为有关部门乱收费使农民负担加重,20.2%的农户认为存在制售假劣农资坑农害农行为（见图33）。

调查资料表明,大量农民认为因征地拆迁利益受损。当农民缺乏土地所有权无法充当交易主体时,经济利益被损害不可避免。好的思路就是还地权于农户,由其与交易另一方谈判卖与不卖、价格高低。当农民转让土地由自己做主时,利益被他人损害的抱怨将一去不复返。

调研过程中我们发现,义务教育收费虽被免除,但以各种名目收取的其他费用,反而使农民负担加重;受访农民呼吁,政府部门一定要下重药治理基层干部截留、抵扣、挪用、套取惠农补贴款现象,花大气力打击假化肥、假农药、假种子等坑农害农行为。

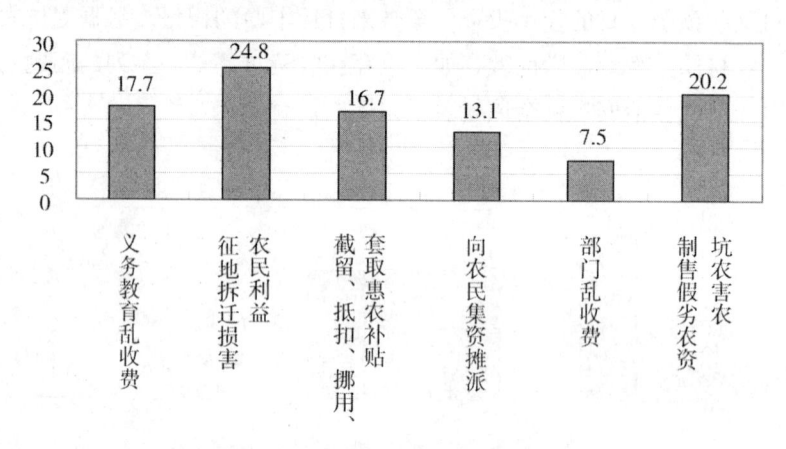

图 33 陕西农村当前存在的突出问题（单位:%）

（十三）农民对强农惠农政策的新期望

1. 农民期望政府对农村的资金扶持重点

本次调查显示：19.9%的农户认为应扶持农民搞好生产；12.2%的农户认为应扶持村企业和种植大户，解决大众就业；18.6%的农户认为应发展教育文化卫生事业；29.3%的农户认为应进行水电路等基础设施建设；4.8%的农户认为应补贴慰问困难户；15.2%的农户认为应对农民进行专业培训（见图34）。不难发现农民最希望得到的还是基础设施、教育医疗等公共产品和服务。农民希望由政府补贴慰问困难户，以最朴素的感情表

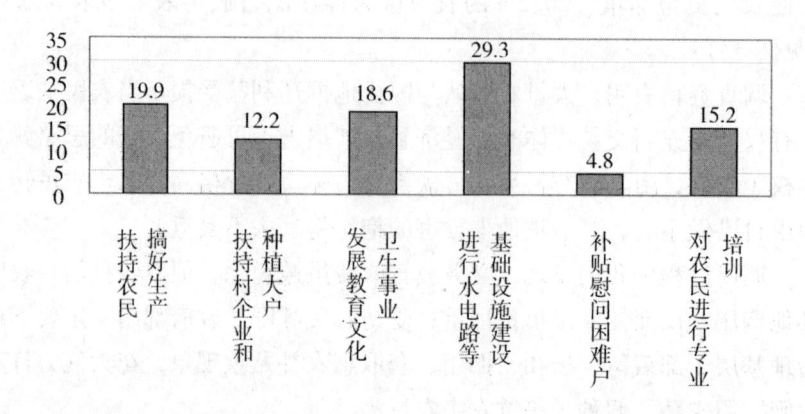

图 34 农民期望政府对农村的资金扶持重点（单位:%）

达了目前我国社会救济制度缺失的现状。另外，一些受访农民希望政府通过资金和政策支持部分种植大户与村镇企业，以带动更多人就业。

2. 受访农民提出的建议

本次调查问卷中，我们特意留出一个问题，希望受访者提出一些政策建议。问卷涉及促进农民增收和对强农惠农政策修正两方面问题。以下是以回收的有效问卷784份为基础对受访者所做建议的统计。

其一，受访者对进一步增加农民收入提出的建议，如表4所示。

表4　　　　　　　　农民增加收入的建议　　　　　　　单位：个、%

建议	样本	百分比
降低农资成本	614	78.3
对农民进行种养技术指导	262	33.4
完善农田水利设施	183	23.3
解决农村剩余劳动力的就业	127	16.2
对农民进行扶贫贷款	91	11.6
扶持局部地区产业化经营	83	10.6
农业信息服务	76	9.7
增加土地以扩大种植	23	2.9

本次调查显示：为进一步增加农民收入，高达78.3%的受访农户建议降低农资成本，33.4%的受访者希望对农民进行种养技术指导，23.3%的受访人建议完善农田水利设施，16.2%的受访人主张应着力解决农村剩余劳动力就业问题，11.6%的农户希望为有需求者提供扶贫贷款，10.6%的农户建议扶持局部地区产业化经营以拉动就业，9.7%的受访者希望获得更多、更及时、更准确的农业信息服务，另外还有2.9%的受访农户期望获得更多土地以扩大种植。从调查结果来看，受访农民最需要的首先是降低农资成本，其原因在于近年来农业生产成本逐年增加，而农产品价格增速缓慢，甚至基本不变，使农民增收十分困难。

其二，受访农民希望出台或修正的惠农政策。

本次调查显示：高达72.8%的受访者建议，首先应该将已有的惠农政策落实到位。这一点清楚表明，我们不乏好政策，但关键要落实、监控、评价，否则，再好的政策也可能无效。51.7%的受访农户希望提高医保报销比例，同时改善医疗条件；47.6%受访者希望整修农村道路；36.6%的农户建议完善公共基础设施；31.4%的受访人希望能够大幅增加对农村学校的投资；18.8%的农户期望基层干部要办实事；17.9%的受访者希望养老保险金能落到实处并逐步增加；12.4%的受访农户希望农村低保政策能落到实处，希望低保户能按期足额领到低保补助金；10.5%的受访者希望提供文化娱乐场所；8.3%的被调查者希望农村贷款更简便更人性化。另外，还有0.5%的农民提出落实宅基地财产权的要求（见表5）。从调查结果来看，农民最盼望的是把现有政策落实到位，还希望解决合作医疗只保大病、忽视小病倾向。随着生产生活水平日渐提高，农民对农村学校、乡村道路建设等公共产品需求日益迫切。

表5　　　　　　　　农民对惠农政策的建议　　　　　　　单位：个、%

建议	样本	百分比
将已有政策落到实处	571	72.8
提高医保报销比例，改善医疗条件	405	51.7
修建道路	373	47.6
完善公共基础设施	287	36.6
大幅增加对农村学校的投资	246	31.4
基层干部要办实事	147	18.8
养老保险金能落到实处并逐步增加	140	17.9
按期足额领到低保补助	97	12.4
建设文化娱乐场所	82	10.5
调整农村贷款政策	65	8.3
落实宅基地财产权	4	0.5

后 记

2012年，由我作为项目负责人，承担了全国农业资源区划办公室下达的"陕西省完善强农惠农政策体系拓宽农业增收渠道研究"项目。在陕西省农业资源区划办公室和西北大学的领导下，我和我的团队组成课题组，首先讨论确定研究方案、规划研究方法，然后设计问卷，并选取关中、陕北、陕南各地的一些村镇，通过实地走访1000户农村居民，现场发放、现场填写、现场回收调查问卷，经过筛选共获得有效问卷784份，形成《陕西省农民收入现状与强农惠农政策调查问卷分析》。在实地调查和问卷调查基础上，我们查阅了大量统计资料和相关文献，通过对改革开放以来主要强农惠农政策的梳理，分析过往政策的利弊得失，探讨土地使用权流转等重大政策在实践中遭遇的困境并加以理论解释，研究陕西农民最期望的政策需求，并据以提出促进陕西农民增收的政策建议。在完成上述工作基础上，形成并向全国农业资源区划办公室及陕西省农业资源区划办公室提交了一份题为"完善强农惠农政策拓宽陕西农民增收渠道研究"的研究报告。

展现在读者面前的这本由中国社会科学出版社出版的《强农惠农政策促进陕西农民增收问题研究》，是在上述研究报告基础上，增添内容、扩展数据、推敲观点后进一步修改而成。本书由我设计提纲，并撰写第一、五、六章及附录1、2，由西安财经学院范云芳教授撰写二、三、四章和附录3。

在本书出版之际，我由衷感谢对本书做出贡献的全国农业资源区划办公室及陕西农业资源区划办公室，感谢其对研究工作的组织和资助；感谢西北大学社会科学处和经济管理学院领导的关心和支持；感谢陕西省重点学科建设项目——工商管理及陕西省人文社科特色学科——现代企业管理与陕西企业成长项目对出版提供的资助；感谢著名经济学家何炼成教授腾出宝贵时间为本书作序；感谢马驰、汪婷同志对研究的全程关心；感谢参与问卷设计、实地调研并提供研究基础资料的我的几位研究生李志明、雷静珊、柴思敏、惠向华、石雪、吴相蕾、张露等同学；感谢中国社会科学出版社喻苗编辑的辛勤工作。

期望本书对相关部门制定农业政策有所借鉴，也期望对后续研究起到抛砖引玉作用。

郭世辉

2015.10